家庭心理学

林昆辉 著

电子工业出版社
Publishing House of Electronics Industry
北京·BEIJING

序

俗话说："人为万物之灵"，灵就在于只有人类才具有的抽象思维能力，无限的创造性智慧和预见未来的能力，并具有丰富的情感生活和无限的动机欲望的"主观心灵世界"。也就是人所独有的世界万物所没有的"人的心理"。

人所特有的"主观心灵世界"是每一个人在人类的生存环境影响之下通过社会化的过程逐渐形成和发展起来的。这个社会化过程就是人（个体）在特定的人类社会物质文化生活中通过与社会环境的相互作用使人（个体）从生物性的自然人逐渐转变为社会人的过程。每一个人（个体）都必须从出生时开始，逐渐完成社会化的过程，从"自然人"转变为"社会人"，才能逐渐形成、发育、成长和成熟为人类所特有的"主观心灵世界"，即"人的心理"，才有资格拥有"万物之灵"的称号。

正是在社会化的过程中，人（个体）所处的群体社会中最早开始通过家庭这个社会的最小单位（或称社会细胞）的中介作用把特定人类社会所具有的文化传统理念、伦理、道德、情操、法律规章、价值观念、理想信念、生存态度、社会角色定位、人际关系行为准则，等等，通过个体的社会内化作用，转变和建构成每个人的内在"主观心灵世界"。可以说，家庭是人类群居的社会形态和社会环境的重要组成部分，是人（个体）出生落地以后生存和生活的第一个社会环境，是个体最早接受教育的社会场所，是人类社会对个体进行社会化的最早执行者。虽然从人的婴幼期到青年期家庭影响逐渐减弱，但家庭生活却要伴随每个人的整个一生。已有研究表明，人的婴幼儿期的家庭生活经验将影响人的整个一生，个体在社会中将会向什么方向发展，将会成为什么样的人都与这一阶段的家庭生活影响密切相关。

在人类社会发展的历史长河中，由于社会形态、社会制度、社会文化的变迁，家庭形态和结构也在不断的变化，如有群婚制社会，一夫多妻制社会，一妻多夫制社会和一夫一妻制社会，等等，但不管如何发展，以家庭为单位的社会环境基本保

持着。当今社会家庭的结构和形式变得越来越小，变得更直接、更简单，但家庭的调节因素也越少。由于当今社会，新家庭的建立，一般都是由成年男女通过恋爱婚姻结合而建立起来的，但他们很多人对家庭的本质，家庭的管理，家庭的角色关系（纵向和横向的关系）的协调，如何发挥家庭的社会功能和心理功能，增加家庭的正能量，减少负能量，等等，都缺少关心和思考，缺乏必要的知识和了解，往往使家庭问题发生失调、失控、甚至危机频发。因此，如何发挥家庭良好的社会功能和心理功能，使家庭成为一个温暖、温馨、和谐、协调、稳定的人类群体社会的重要组成部分，成为整个人类社会健康、和谐发展的重要推动力，是值得人们关注和研究的问题。

《家庭心理学》一书的作者林昆辉先生，是中国心理干预协会危机干预专业委员会的主任委员，也是在家庭生命教育钻研极深的临床心理学家。他把家庭和心理学、社会学的理论和实践紧密结合起来，对于与家庭有关的方方面面诸多关联因素进行了深入细致的分析和阐述，特别是对家庭的本质，家庭的不同类型，家庭的结构与管理，家庭角色的各种关系（纵向和横向的关系）的对待、处理方式方法，都提出很有启发性的阐述。其中对于家庭心理学，家庭管理心理学，夫妻心理学，家庭中的教养心理学和爱情心理学都有专编论述。这是一本值得广大读者参阅的好书，尤其值得那些准备或已经建立了新家庭的成年男女朋友们细心阅读。

此为序。

——中国心理干预协会理事长　张伯源

写于北京大学燕车园

2014年7月14日

目录 CONTENTS

13 　Chapter 1　绪论：家庭与管理的心理学

19 　Chapter 2　家庭心理学（家庭观）——自我管理

21 　part 1　婚姻的真相——家庭与恩情

　　　　　第一节　碎裂满地的爱情　21
　　　　　第二节　亲情的滋生与挑战　23
　　　　　第三节　夫妻之爱——恩爱之情　25

28 　part 2　家庭角色与心理卫生指标

　　　　　第一节　亲情的发展　28
　　　　　第二节　角色的发展与结晶作用　31
　　　　　第三节　家庭角色的心理卫生指标　34

41 　part 3　家庭角色关系的原型与本质

　　　　　第一节　家庭角色原型　41
　　　　　第二节　家庭角色关系的本质　44

48　part 4　两性家庭观的调适

　　第一节　两性家庭观的差异　48

　　第二节　女人与男人的调适　52

57　part 5　家庭发展与重建——爱与美

　　第一节　经营幸福美满家庭的三个方法　58

　　第二节　家庭重建　61

67　Chapter 3　夫妻心理学（婚姻观）——平行管理

69　part 6　夫妻角色管理模型

　　第一节　四大类型　69

　　第二节　A型：冲突型家庭　72

　　第三节　B、C型：互补型家庭　76

　　第四节　D型：疏离型家庭　82

88　part 7　婚姻的发展与调适

　　第一节　夫妻满意度坐标的发展　89
　　第二节　新婚阶段的危机与调适　90
　　第三节　已婚阶段的危机与调适　95
　　第四节　丧偶阶段的危机与调适　99
　　第五节　离婚阶段的危机与调适　102
　　第六节　再婚阶段的危机与调适　107

110　part 8　夫妻角色发展与平行管理

　　第一节　夫妻角色的发展　110
　　第二节　家庭角色原型与平行管理　112

125　Chapter 4　教养心理学（儿女观）——向下管理

129　part 9　亲子教养行为的本质

　　第一节　合情　129

　　　　第二节　合理　135

　　　　第三节　合法　138

　　　　第四节　情理法的双趋冲突——不快乐　142

　　　　第五节　超越双趋冲突的父母之爱——教养行为的

　　　　　　　　反应炉心　144

149　part 10　快乐的生活观

　　　　第一节　前题：快乐的父母　151

　　　　第二节　快乐生活观的二大金钥　152

155　part 11　快乐生活观的五个身心指标

　　　　第一节　快乐的生理状态　155

　　　　第二节　快乐的心理状态　158

　　　　第三节　快乐的精神状态　163

　　　　第四节　快乐的行为状态　165

　　　　第五节　快乐的语言状态　167

172　part 12　快乐生活观的教养技巧

　　第一节　赞美　172
　　第二节　接受　175
　　第三节　感谢　180
　　第四节　爱语　183
　　第五节　爱与被爱　187

192　part 13　家庭动机与情绪教育——冲突管理

　　第一节　七情六欲　193
　　第二节　父母的七情六欲　197
　　第三节　孩子的七情六欲　204
　　第四节　冲突管理——处罚　213

217　part 14　家庭冲突与体罚

　　第一节　家庭人际关系的冲突　218
　　第二节　体罚　220

　　　　　第三节　撒旦与文明　223
　　　　　第四节　失能的父母　225

228　part 15　**孩子的梦公园**
　　　　　第一节　梦的解析　228
　　　　　第二节　美梦成真的技巧　230
　　　　　第三节　消除恶梦的技巧　232
　　　　　第四节　梦公园的园丁　233

236　part 16　**结论**

239　Chapter 5　**孝养心理学（父母观）——向上管理**

241　part 17　**孝顺心理学**
　　　　　第一节　子女的终极辩证：孝vs顺　241
　　　　　第二节　向上管理——孝顺的中介变项与后置变项　246

249 part 18 **孝养心理学**

  第一节 毛发与孝养 249

  第二节 眼睛与孝养 251

  第三节 耳朵与孝养 253

  第四节 鼻舌与孝养 255

  第五节 牙齿喉咙与孝养 257

  第六节 皮肤与孝养 258

  第七节 肌肉骨骼与孝养 259

  第八节 胃肠与孝养 260

  第九节 心肺血管与孝养 261

  第十节 肾脏膀胱与孝养 263

  第十一节 运动与孝养 263

266 part 19 **老人心理学**

  第一节 如何面对急速老化的身体 267

  第二节 如何面对角色的权力更替 272

　　　　第三节　老年人的动机与需求　276

　　　　第四节　老年的生涯规划　280

287　Appendix 附录　爱情心理学

289　part 20　爱情是什么

　　　　第一节　爱的本质　289

　　　　第二节　爱与被爱　296

308　part 21　爱情的考验

　　　　第一节　心爱与性爱　308

　　　　第二节　爱与被爱的动机　312

323　part 22　爱情的誓言

　　　　第一节　爱与被爱的情绪　323

　　　　第二节　爱与被爱的承诺　328

绪论：家庭与管理的心理学

Chapter

1

家庭是个体与其依存的世界（大团体）之间，最重要也是最基本的中介小团体。人是（个体）如此地渺小与脆弱，世界是如此地浩瀚，"家庭"也就成为人类——唯一进可攻、退可守的共生小团体。家庭是人类社会群居本能的最小单位，家庭也是人类最古老、泛文化的共同社群制度。家庭型态的递变，只是把家庭更单纯化、直系化、血亲化，让一至三个世代的父母子女，更紧密地生活在一起；而把家族中众多旁系亲属，割离于家庭生活内容与影响力之外（从家族中把各个家庭独立出来）。家庭制度的演化向度，明显地指引出人类追求生存的主动调适——以更小的、更亲密的、直系血缘的家庭团体，来面对更多元而快速改变的社会实体大团体与文化虚拟团体的变迁，而企求维护人类发展之延续与安全的保障。

快速的社会变迁与多元文化交流，让家庭的组织规模愈来愈小，沟通层级愈来愈短，似乎也愈容易控制。可是这种"形式化"的家庭改造，似乎并不足以解决当代人类所面临的困境。"良质化"的家庭改造，在联合国"国际家庭年"的全球性呼吁之下，虽然已见其端。可是在不同文化区域的社群生活中，家庭失序、失调以致失控的危机，不仅造成社会不安与犯罪的严重后果，更直接使家庭成为压迫个体，戕害自我成熟发展的温床。这现象促使"良质化"的家庭改造运动，更急切地成为人类共同的需求。人们更用心地思索——家庭是什么、家庭的本质、价值等内涵。企图从"不知而行",演进至"知而后行"与"生而知之"。

"不识庐山真面目,只缘身在此山中。"人们生活在家庭之中,享受家庭的经济安全,生理、心理与精神功能,可是却疏于关照自我的家庭角色行为,也未曾在教育系统中,获得完整的信息或训练。因此,经由婚姻建构新家庭的成年人,就好像瞎子摸象般地困惑,而几乎不知所措。出生而进入家庭的幼儿,更陷于权力之下位,而几乎无力可施。因为国家没有制订"家庭教育法",学校没有教授"家庭管理学",家庭没有专业的父母带领,家人没有深入地体悟家庭角色的权力与义务。现存的一切现象,让所有的人都兀立在家庭"良质化"改造的浪潮下,迎接铺天盖地而来的毁灭性巨浪。

在家庭生涯发展的权力交替与重整历程中,因为家庭是社会学上最小的社会团体,是一个经过认证的正式小团体,是一个由不同家庭角色所结构而成的正式组织。所以家庭角色制度化的家庭权力系统,化身为"家庭伦理"而相对于"家庭之爱"——权力与爱,成为家庭的两大主轴。所以,家庭生活若未能有效管理,管理者与被管理者多重角色扮演与轮替,将使家庭之爱横尸在家庭权力的脚下。

男女两性始于爱情与婚姻的结合以及家庭的建构，历经不同世代的家庭重组、家庭角色变迁、家庭角色行为互动；且于子女教养历程中，伴随子女的成长、结婚与家庭经济权力之转换，成为被孝顺的对象，而融入于家庭生涯的世代循环之中。家庭管理的核心，在于担当家庭经济的夫妻，他们往上孝顺父母扮演子女角色，又往下教养子女扮演父母角色。当代为人父母者，倘若缺乏家庭管理之专业技能，他就只能成为"失能的子女与父母"，只能带着家人承受一波波、湿淋淋的恶浪。家庭管理的专业知能，必须通过学校之家庭教育、社区之家庭教育与社会之家庭教育三大系统的辅助，才能自立更生地独撑家庭教育之重任。当代为人父母者，不管是为人、为己还是为了下一代，都必须戮力学习家庭管理的专业知能，才能享受家庭生活的珍贵与醇美。

家庭管理心理学区分为"家庭心理学"、"夫妻心理学"、"教养心理学"与"孝养心理学"四大部分，及附录"爱情心理学"（第五大部分），爱情心理学虽然不在本文的范畴中，却贯穿家庭心理学的四大系统。爱情心理学是揭示"爱情观"，研究"爱与被爱的方法"，期能"美之又美"。家庭心理学是揭示"家庭观"，研究"角色管理的方法"期得"恩爱之情"。夫妻心理学是揭示"婚姻观"，研究平行管理的方法，期能"凤凰于飞"。孝顺心理学是揭示"父母观"，研究"向上管理的方法"，期能"老有所欢"。教养心理学是揭示"子女观"，研究"向下管理的方法"，期能"幼有所爱"。个体在毕生生活发展不同阶段中，扮演不同的家庭角色，领受与操作相对或绝对的"情爱"与"权力"，而终生存活在以上五种心理学的范畴之中。如何经由学习系统，了解自己在家庭生活发展中，各个相对角色的行为与心理历程，将使得人类享有更幸福的家庭生活，让家庭这个中介变项，有利于个体之成熟与发展，更有利于社会之发展与进化。

每一个家庭角色的承担，都有其相对的、特定的、习惯化的心理历程。就算缺失功能的家庭角色扮演，也有其独特的心理历程。这些心理历程的制约学习，是经由个体的素质（天生的气质因子）与各种团体次文化与主文化互动而成的。家庭角色行为知识的学习，将介入习惯化的心理历程，而促成更有效益的家庭生活。学习家庭管理心理学，将帮助个体发展有效的家庭角色行为知能，让每一个家庭更幸福更美满。男女两性的"爱情"，经由婚姻与家庭的洗炼，必须解构而后重构为家人的"亲情"，以及夫妻的"恩爱之情"。爱情无法存留在家庭角色模块中，所以列于附录请读者另行参详。

家庭心理学（家庭观）
——自我管理

2

婚姻是爱情的坟墓，这绝对是千古不变的真理。结婚对两个个体而言，最重要也最具体的改变，就是——两个人合组一个新家庭。家庭的生活动力，不是男女的爱（情），而是夫妻之（亲）情。家庭的生活方式亦非两人世界，而是全家所有的人，甚至扩及双方原生家庭的所有人。错误的情爱模式与行为期望，不但造成婚后自我的失调，也将导致婚姻的失败，甚或遗祸下一代的子女。所以，建构正确的婚姻观，才能体谅男人和女人对家庭观的巨大差异。只有学习家庭心理学，才是步入红地毯之后，永浴爱河的最佳保障。

婚姻的真相——
家庭与恩情

在山之巅、在海之滨,当两个人决定"我们结婚吧!"而踏上红地毯之时。婚姻的誓约,并不只是海誓山盟的延续;也不只是心理学上的意义——两个人同心意爱日夜相随。婚姻还有社会学上的事实——一个家庭组织的成立。还有经济学上的事实——婚后一起生活的所有行为,都变成相互联带的经济性行为(每件事都和金钱连在一起)。结婚的真相,则是——两个亲爱的人,在家庭权力系统中的组织性与经济性行为。

第一节 碎裂满地的爱情

婚姻,就好像一个炼丹炉,用柴、米、油、盐、酱、醋、茶这七味真火,把两个人所成就的爱情之心,放在"家"这个炼丹炉里日夜煎熬(图1-1)。

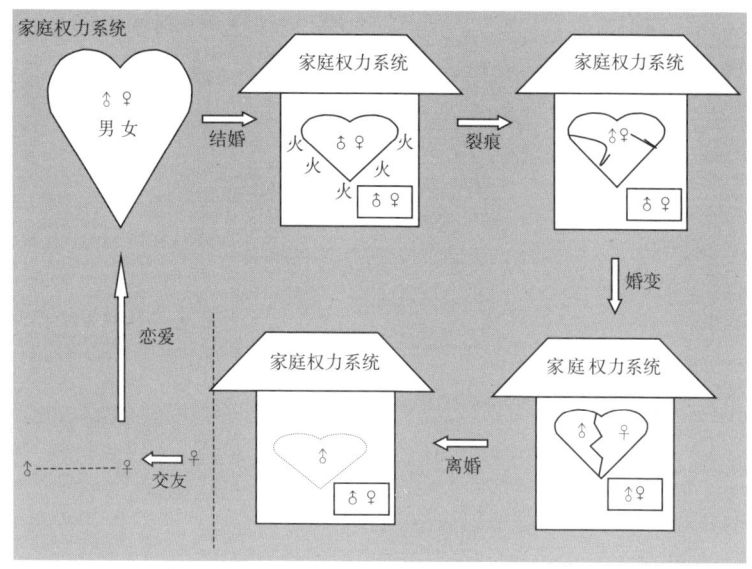

图1-1 碎裂满地的爱情

原本是非经济性行为的爱情，婚后立刻变身为经济性行为。从来不曾放在心里的柴米油盐酱醋茶，变成每日缠身的要务。原来是为了爱与更爱而成家，没想到成家后，上有家庭权力系统从头盖住，下有七味真火狂烧热燃。再加上双方原生家庭成员的煽风点火，爱情只能在家庭组织中崩解。

婚前，两人乘着爱的翅膀四处游玩相爱，就好似"比翼双飞鸟"。婚后却发现，两人一样要相爱，但场地换成固定的地方一家。在家中相爱时，才赫然发现"谁爱谁"变成"谁管谁"，原本从不计较的种种都变成割喉般难以忍受，而且从早到晚日复一日。四处撞壁后，两人变成了"折翼之鸟"。两只折翼鸟只在屋里飞来飞去，再经七味真火熬烧，就变成了名符其实的"烤小鸟"。家，原来不只是相爱。家，竟然没有爱情，没有罗曼蒂克情怀的立足之地。

成家之后，爱情之心就会碎裂一地。有些人不明就里，成家后还要求对方像恋爱般的行径和感觉，而令自己和配偶不断地相互折磨。往往一方满地猛拾碎片，企图又粘又补。可是另一方呢？只是望着碎片兴叹，因为刚补好后马上又会碎裂。现实的家庭生活，不可能天天像约会般度日子。如果婚姻一定是爱情的坟墓，那么家庭里夫妻之情又是什么呢？"亲情"吗？亲情足以守护这个家，守护夫妻之情吗？

第二节　亲情的滋生与挑战

结了婚、成了家，就从情人变成家人。男女朋友讲究缠绵悱恻的爱情，成为家人讲究的是安定醇厚的亲情。成亲而为夫妻之后，亲情就日日自然滋生。如何去觉察、发展与享受安定而贴身的"亲"情，从"恋人"变身为"亲人"，是每一对夫妻必须履行的功课。需明确地认识到自己的人生，已经由爱情转为亲情；明白承认两人激荡的爱恋，已质变为稳固的亲情，才能在婚姻中学习发展亲情、享受亲情。

亲情又分两种，一种是姻亲之情，一种是血亲之情。夫妻的亲情是姻亲，以虚线表示。子女间的亲情是血亲，以实线表示（图1-2）。

如下图中，第一代祖父母之间的亲情是虚线，但与第二代子女的亲情都是实线。第二代的姐弟间的亲情是实线，第二代的父母与儿子间的亲情也是实线。可是，第二代的妻子，她与先生是虚线，她与第一代的公婆也都是虚线。她在整个家族的地位，必须靠子女来连结。因为血亲关系无法斩断，姻亲关系在办妥离婚手续后就消失了,而且完全不会破坏血亲的链结。

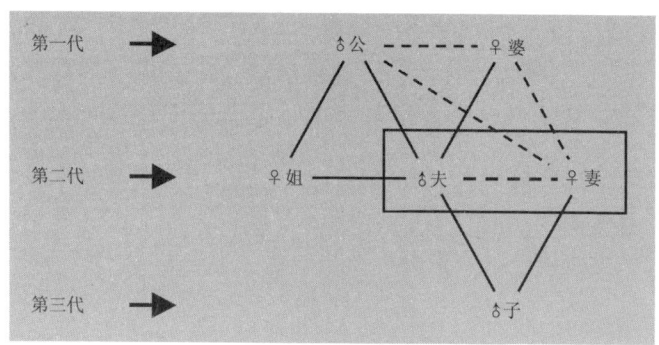

图1-2 亲情的种类

亲情这两个字,在父系社会里,对女性是非常吊诡的。离了婚的女性必须清楚地了解,"他们三代人"包括"你的儿子",都是以血亲建构成原生家庭的城堡。你和城堡内每个人的虚线都断了,你的孩子与你仍有血亲关系,可是你自己的人已在城堡之外。毋需怪谁无情,更不要怪孩子无义,记住,这个城堡永远是孩子的原生家庭,不管你在或不在。记住,你不在城堡里面而在外面,你的原生家庭在你娘家。

结了婚的男女两性都必须了解,姻亲之情是脆弱的,是经不起尝试错误的。婚姻中,如何觉察日益滋生的亲情?如何培养、滋养、驯养日愈成熟的亲情?如何享受细细碎碎散布在日常生活琐事里的亲情?如何搜集家人的亲情当做生活的动力与生命的价值?如何丰盈数不尽的亲情,来丰厚家人间醇美的情谊?这些都是非常重要的价值工程。因为姻亲之情,挡不住重大或连续的负向"动机—情绪—行为",所以,控制自己负向的动机与情绪,有效洞悉其他家人的动机—情绪—行为,就变成夫妻两人要一起努力的课题。

第三节　夫妻之爱——恩爱之情

爱情碎裂满地，亲情又像瓷娃娃般易碎，夫妻这组家庭角色该怎么承担呢？为什么结婚？只为组成一个家来传宗接代吗？热恋后的男女都急着要结婚，因为两人想要更爱更美好，想要更亲更近，更加想要"生出"融合两人精华的新生命——我们的孩子。结婚就是成家。"家"为什么可以满足两人的愿望，夫妻之情为什么可以超越当头热恋呢？因为，夫妻之爱的本质，就是"恩爱之情"（图1-3）。原来，两性间的情爱，可以从友情质变为爱情，次由爱情质变为亲情，再由亲情质变为恩爱之情。

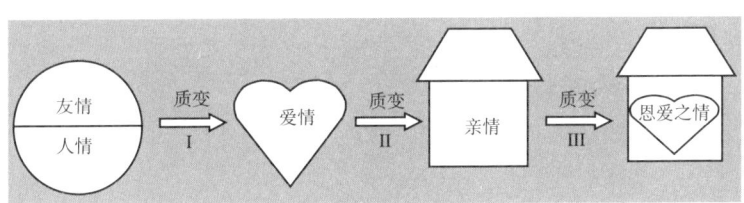

图1-3　两性情爱的演变

什么是恩爱之情呢？寻常夫妻都以老公、老婆互称。殊不知，老公是老"恩"公的简称，老婆是老"恩"婆的简称。丈夫是恩公，因为日夜相叠的恩情，所以称为"老"恩公，恩婆亦然。俗话亦说："夫妻"是"相欠债"，结婚愈久愈能品味对方隆重的恩情。人的一生中，恩情最大是父母，其次就是配偶。父母赐我生命，配偶助我创造与延续生命。一个女人离开她的原生家庭，勇敢地住进我的原生家庭，她和我结婚生育子女，她帮我照顾父母子女和家庭，她把青春、把对自己的热爱，转换成母亲和媳妇的辛劳。没有她就没孩子、就没孩子的妈，就没老婆、没媳妇、没这个家。想着只身之苦，想着思亲之苦，再想着孤寡之苦，老婆大人难道不是日夜施恩于我的"老恩婆"吗？"老恩公"亦然。

愈是亲近的人，易狎易昵。权力上位者，易有轻亵的言行。言行愈亲密，却愈是轻忽怠慢，不把对方当人，极度不尊重对方的人格。权力上位者，也易溺爱对方，纵容对方恣意横行，让对方又娇又傲需索无度而不可自拔。于是权力位阶"明上暗下"而后"先上后下"，被溺爱的人恃宠而娇，只顾满足自己的需求，而把对方一步步踩死在脚下。狎亵既出，初时不觉其害，中期不堪其苦，末了则罪己责人，生不如死。

为什么会变成这样呢？因为彼此失去了敬重的心，因为权力系统侵蚀了爱恋。爱情之美，不在于幻化的情欲与神秘的性爱，而在于被对方"尊敬"，被对方当做"生命中最重要的人"。那种被高高捧起在掌心，那种不敢有任何轻慢懈怠的态度，那种不敢有丝毫亵渎的心意，那种虔诚、尊崇与敬重的言行，让恋爱中人的生命为之光彩夺目。

结婚日久，尤其生了孩子以后，爱情褪色了，尊重的敬爱也消失了。婚姻生活难堪的，不是激情已然不再，更不是日复一日的行礼如仪，而是不再被尊敬崇拜、被敬重、被礼遇、被需要。被对方当成微不足道的人，甚至被当成若有似无的人，让每个人黯然失色，生命没了光彩，甚至心灰意冷苟且残存。有什么样的侮辱更甚于亲人对你的轻蔑呢？不看你，不听你，不说话，不回应，不在乎，不在意，不把你当一回事，不把你当人，或是把你当寻常人，当外人，当可有可无的人。

"恩爱夫妻"的"恩爱"两个字，向来只被用来形容夫妻关系。"恩恩爱爱"正是夫妻之情的最佳写照，爱情+亲情+恩情=恩爱之情。人与人之间的关系，若融合了以上三种情感，几乎就等于把人世间一切感情揉合在"夫妻"里头。因为感恩知恩，所以尊崇对方，所以更加敬重对方，故俗称：夫妻要"相敬如宾"。夫妻生活的典范，不在于把对方当贵客看待，而在于放在心头、摆在舌头的"相敬"。这个"相敬"，救援了"亲人"因为太亲近而生的狎亵与轻慢。更因为感恩与知恩，所以夫妻间的行为变成了"报恩的行为"。从感恩的心到报恩的行为，这就是夫妻间家庭生活的真相。当爱情转变为亲情，如凤凰般浴火重生为恩爱之情时，更加淋漓尽致地描绘出"凤凰于飞"的祝福——恩恩爱爱。

延伸思考

1. 以血亲为体的亲情，和以姻亲为形的亲情有何不同？

2. 男女相识到结婚生子，两人的感情发生了三次质变。你的生活场中，有没有人彼此的角色关系改变了，感情却没随着改变，不但"卡"在前一个角色的感情之中，更忘了去经营当下角色的感情关联？

3. "知"恩才会"报"恩，"感"恩才会"敬"爱。回顾你的原生家庭时，你可"知"恩？如何"感"恩？

家庭角色与心理卫生指标

王子与公主藉着婚姻的魔法,变成了新的国王与皇后。可是,在步入红地毯前的恋爱期中,当他们还是王子与公主的时候,他们在各自的家庭中,扮演什么角色呢?一般而言,子女并不会积极去探索其原生家庭角色的承担。恋爱阶段,可视为割离原生家庭角色的历程。恋人们把自己与家人的各种连带关系,移转到情人身上,把三千宠爱齐注到恋人心中。于是,家庭角色关系发生了质变——原来,世界上还有人这么关心我,甚至比爸、妈、家人更关心我、喜爱我、呵护我……。慢慢地更加发现……在自己心中,恋人的地位竟然比父母家人更重要……。家庭角色定位的异变,就在为之狂喜、为之饮泣的历程中慢慢成形。

第一节　亲情的发展

热恋之中的个体,其家庭角色徒具其形而不存其质。家庭中亲情之爱的内涵,逐渐被爱情所取代。可是结婚之后,尤其在子女出生之后，爱情又逐渐被亲情所取代，图示2-1如下。

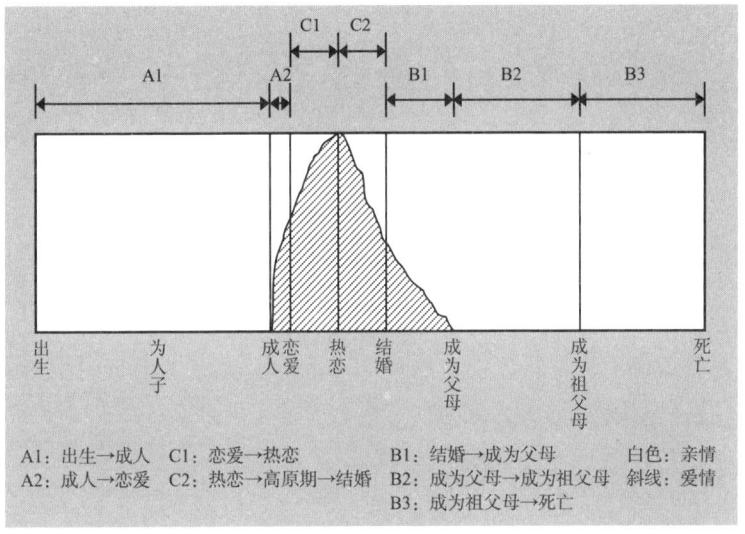

图2-1 家庭的角色

个体一生之中，亲情占有绝大部分的时间（A1A2B1B2B3），爱情只占有一小部分的生命（C1C2）。事实上在真实的生命里，C所占有时间往往比图示更短，或许这也是爱情炽热动人的原因之一。家庭角色之内涵本质，在亲情与爱情两极的互动，造成家庭角色定位的异变与发展。个体在不同阶段扮演不同角色，往往基于角色内在本质的正确体认，而置身于错误的角色定位，以致产生错误的角色行为与相对的角色期待。

在婚前的原生家庭中，以父母为中心的家庭关系里，只有亲情而无爱情，爱情必须向家庭之外去寻求。爱情在人生中扮演一种奇妙的中介变项，列表如下（表2-1）。

表2-1 爱情在各阶段扮演的角色

家庭别	出生之原生家庭	热恋期	结婚建立新家庭
本质别	被动式接受的亲情之爱	爱情	主动式给予的亲情之爱
角色别	子、女	情侣（兄-妹、姐-弟、父-女、母-子）	人父、人母
权力别	客体	互为主体	主体
时间别	中期（一、二十年）	短期（数月~数年）	长期（数十年）

亲情分成A、B两大类，再细分成A1A2与B1B2B3五种状态（图2-1）。A1是出生至成人阶段，A2是成人至恋爱阶段。这两种亲情的本质，都是"被动式接受的亲情之爱"。B1是结婚至成为父母，B2是成为父母至成为祖父母，B3是成为祖父母至死亡。这三种亲情（B1、B2、B3）的本质，都是"主动式给予的亲情之爱"。A1阶段是为人子女，尚未有经济能力，享受A型的亲情，则是无可厚非。可是到A2阶段，成人至恋爱或至结婚之前，此时个体已届成人期，且大都已有经济能力。尤其是已有能力关怀或帮助家人，却仍对原生家庭要求A1型亲情，以致造成许多家庭人际关系的冲突。更严重的是，这时期的青年人，容易在不同的生活场，表现出矛盾对立的角色行为。在家里像孩子作威作福耍赖不负责，在外却体贴入微尽心助人，以致造成自我角色内在的错乱与人格的创伤。当A1 = B2，亲情是无比地甜美。A1 = A2，亲情却变成伤痛与无奈。

随着爱恋的开始，人愈是往爱情里掉，能用在亲情的时间就相对变少。此消彼长的结果，热恋期的男女根本就无心看顾亲情。在C1、C2阶段，亲情被存而不论封印起来，被视而不见、被听而不闻。可是爱情却又充满不确定与不安全感，对失恋者而言，没了爱情之后，也只能打开亲情的封印来救援自己。事实上，爱情的成败，是在于A1阶段有否学得"被爱的能力"。所以，A2阶段能够抛弃A1阶段的习惯（十几年来等家人爱的习惯），转而主动去爱家人（A2 = B2），这才是进入C阶段后，能够去被爱与爱人的具体保证。

藉着婚姻，人类又重建了B1阶段的亲情连带关系，爱情和亲情在此阶段发生融合与互斥的现象。婚后成为父母之后就进入B2，亲情盘据了整个生活。不管孩子的反应好不好，都必须努力想法子给孩子亲情之爱。这个阶段的亲情，是主动式给予的亲情，这是天下父母心，同时也是A2阶段努力的目标，亦即A2=B2。因为家庭角色的改变，亲情的内涵也随着发生两次的质变，第二次的质变发生在老年期。

成为祖父母之后，解除家庭的经济责任，以及家庭中至高无上的权力之后。爱情当然难求，可是亲情呢？他只保有亲情，可是$B3 \neq B2 \neq B1$。他主动爱人时，别人嫌他烦。他想等别人来爱他时，怎么等也等不到。老年人只剩亲情，可是这种亲情淡然无味，这是亲情的第二次质变，变得强烈地需索，又变得无奈。除非，又从亲情里出走，努力去经营人情和友情。在生涯发展末期，如果家庭已不能提供亲情的支持，身为祖父母的人必须学习接受事实，学习把生命的出入口移转至友情与人情，更必须学习如何当自己最好的朋友。

第二节　角色的发展与结晶作用

从爱恋到结婚，是一个非常奇妙的历程。子女向家庭之外，去寻找一个没有血缘关系、没有亲情之爱的外人，而在恋爱的过程中，双方进行繁复而多重的家庭角色扮演。随着爱苗的滋长与肉体关系的发展，双方深度扮演"兄—妹"与"姊—弟"的角色行为。关怀之情深与互动之繁复，远远超过各自原生家庭中真正的手足之爱。在热恋期中，双方更经由性的接触与意义的提升，进而深度扮演"父—女"与"母—子"的角色行为。浓烈的亲情之爱与慕孺之情，如痴如醉地洋溢在爱侣的脸上。双方可能在热恋期中结婚，或在热恋之后进入高原期（意即：长时间持续的亲密互动，已变成习惯或规矩），而在高原期中确立婚约，抑或是陷入低潮期宣告恋情破裂。

从开始谈恋爱到热恋期，家庭角色扮演较易偏于单向性与刻板性。例如：A对情侣可能从"兄—妹"发展至"父—女"模式；B对情侣或许由"兄—妹"进展至"母—子"模式；C对情侣也可能自"姊—弟"发展至"母—子"模式；D对情侣则可能由"姊—弟"演变成"父—女"模式。但是进入高原期之后，双方由"约会"变成"一起生活"，从现实生活割离出来的第四空间之旅——意即从只呈现自己最好一面的短期享乐型约会，变回繁琐平淡的现实经济性生活之中。双方开始尝试交替性的家庭角色扮演，以寻求现实生活中有效的共同生活模式，所以开始发展双向性、交换性与灵活性的角色关系。原来刻板化的"兄—妹"（姊—弟）或"父—女"（母—子）角色行为面临挑战，而被要求置换成"姊—弟"（兄—妹）或"母—子"（父—女）角色行为，进一步被要求在不同的生活时空中，能够灵活地交换不同的家庭角色模型。

高原期中会出现多重家庭角色模型的情境，双方不能只停留在"父—女"或"母—子"的家庭角色关系中，还必须降落至"兄—妹"或"姊—弟"的家庭角色关系，甚至必须充分地深度扮演这四种不同的家庭角色关系。这种不同家庭角色模型的全面角色扮演，正是爱情对人之毕生发展最奇妙的贡献。家庭角色全面角色扮演，提供子女一种尝试错误的实验性历程，让个体在婚后成为新家庭的主体之时，才能够更有效地维护与发展家庭中的角色关联。不论个体尝试角色扮演的深浅与成败与否，双方都可能结婚，差别点就在：成功的全面角色扮演者，较有能力去管理、发展其新家庭，较有能力把爱情转换成亲情，较有能力共同去面对与解决（新家庭）现实生活上的各种难题。

爱情，其实是所有亲情的浓缩体。就个体毕生发展而言，它不只是一个中介变项，它更是一个"中继站"。在结婚之前，活生生的家庭角色行为实验室，往往就是这一个中继站（而非原生家庭）。许多人迷失在现象界的肉欲之美与心灵的偏执，疏漏了爱情的本质——家庭角色行为深度的全面角色扮演之价值与真相。愈是炫丽的爱恋，就使得恋侣离家越远，而自立于爱恋的象牙塔中。此时家变成旅社，生活的核心与生命的原动力，也都从原生家庭之中，从自我与亲人的联结中，"抽移"到恋人身上。

有些人对情人关爱备至、细心呵护无所不用其极，但是却对原生家庭的家人不爱不理。不管造成的原因为何，我们无法想象一个不爱父母的人，他却能爱你爱得死去活来？老实说，我们怀疑这种人是否"真"的"爱"你，他的"爱的能力"被高度存疑，他只是在"求"爱而不是"爱"。遗憾的是，这种抽离式的家庭角色定位之变异，却层出不穷地出现在每一个世代的子女身上。所以，如何经由正确的情爱教育，引导子女在恋情中，回归原生家庭角色关系，训练绝对主体性之家庭角色行为能力，发展正确的、更美好的原生家庭角色新定位，以及建构原生家庭的幸福感，也就成为恋人们毕生发展的重要关键。爱情稍纵即逝，"角色的结晶作用"——家庭角色关系的全面扮演，也只出现在恋爱期间。许多人在恋爱经验里，或是坠入两性的激情与渴望，抑或是迷离于事件的现象冲突，却不知如何积极地、有意识地深入家庭角色的全面扮演。

个体能不自限于单一家庭角色扮演，而以多元与多重家庭角色扮演来丰富爱情关系的内涵，进而为创立新家庭的角色行为练习，这样的觉察并不一定为恋人所觉知，疏忽于外者有之，困陷其内者却也不少。而角色的结晶作用，有两个阶段的发展历程。初阶的角色结晶作用是——随意抉择自己不同的家庭角色扮演，而后要求对方必须自动地扮演相对应的家庭角色关系。高阶的角色结晶作用刚好相反——主动觉察对方对家庭角色的需求与满意度，而主动调整相对应的家庭角色关系，来满足对方的需求。事实上，男女双方都必须从初阶进化到高阶，否则不论"爱有多深"、"性有多强"，彼此都将葬身在日常生活家庭角色扮演之中。

第三节　家庭角色的心理卫生指标

为人子女者从小到大的历程中，往往忙碌于各发展阶段任务的完成，各发展阶段核心危机的处理，以及各发展阶段新能力的养成。从出生至经济独立为止，甚或在结婚自组新生家庭之前，个体生活的重心都焦注于遗传、生理因素与社会文化环境的交互影响，以及自我意识、能力与自我实现的完成，亦即"绝对的自我中心"。此阶段的个体，社会文化对其家庭角色行为的规范，一直锁定在好孩子、好学生、好子女的角色，他们只要"被动地"完成父母师长对他们的"角色期待"即可，不需要"主动地"去维护这整个家的安全，以及所有家人的情爱。他们对自己家庭角色的认知，并不被父母明确告知或要求。他们往往也不需要，或者主动地去了解其他家人的角色行为、关系与期待。他们活在"个别角色"之中，而非相配对的"角色—角色"模块中。

在某些社会文化环境下（如：当代台湾地区），个体虽然是在家庭中出生与成熟，可是他人之"角色期待"之实现，却取代了自我的家庭角色认知。绝对自我为中心的家庭生活模式，又指向性地模糊了所有家人相对性的角色行为与需求。尤其是以"各个个体"的苦乐需求，取代了"家庭"这一个"小团体"存在的意义与价值。子女们从家庭中领受个体发展所需要的一切养分，却可能会抱怨养分供应贫瘠，而不主动地去了解"这个家庭"以及所有"家人"的需求。子女们不被要求，也不自我要求"为了这个家，所以我要……"，或者"为了我的家人，所以我必须……"。如图2-2所示，A行为：被动式与接受性的角色扮演，应该在个体发展的每一个序阶，逐渐发展为B行为：主动式与给予性的家庭角色行为。

每一个家庭成员在不同的时间点，会改变A或B两种角色行为。当我们以日、周、月或某个时段来观察或自省时，若把B行为当分子，A行为当分母，所得到的值为R时。简式如下：$B/A=R$，R值如表2-2所示。

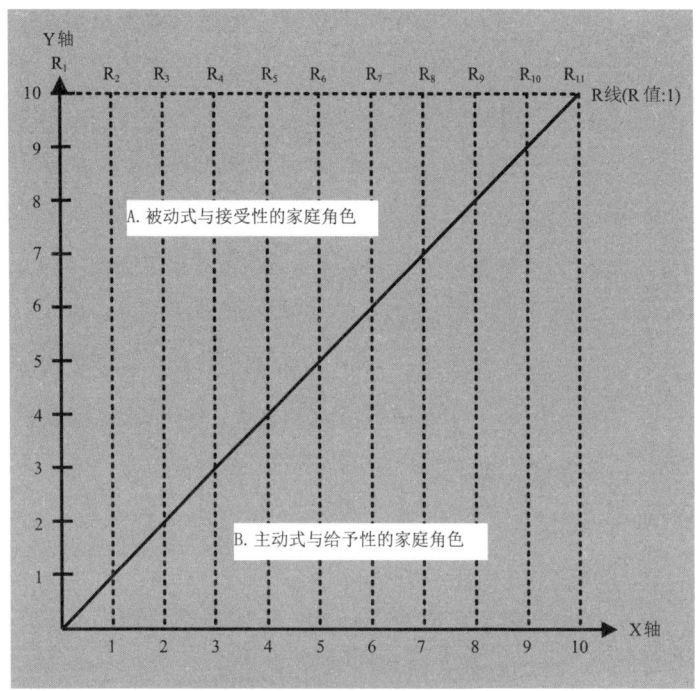

图2-2 家庭角色心理卫生指标
X轴：每日有效生活时间　　Y轴：角色行为数量

假设X轴依个体每日的有效生活时间区分为10个时段，Y轴依角色行为之数量区分为10个单位，则在每一个发展时程中，A、B两种角色行为模式，呈现某种比例关系如下表2-2：

表2-2　A与B两种角色行为与R值曲线变化表

B	0	1	2	3	4	5	6	7	8	9	10
A	10	9	8	7	6	5	4	3	2	1	0
R值	0	0.11	0.25	0.43	0.66	1	1.5	2.33	4	9	（0）=10
R曲线	R_1	R_2	R_3	R_4	R_5	R_6	R_7	R_8	R_9	R_{10}	R_{11}

B/A=R，R=0.11→9，0为全A，（0）为全B。各发展时程的R值，由R1至R11可绘出一条角色行为曲线，R值的代表值即

part 2　家庭角色与心理卫生指标

为个体之日、月、年以至毕生家庭角色行为的代表值，曲线的变化则表现出个体家庭角色的发展，请参见下列四图：图2-3，图2-4，图2-5，图2-6。

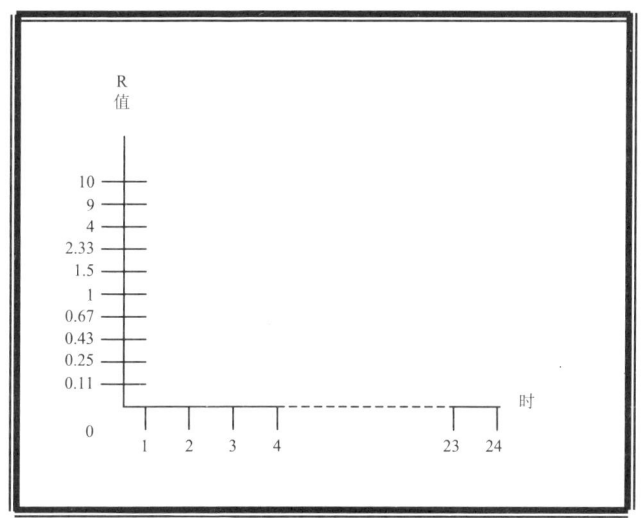

图2-3　R值日线图

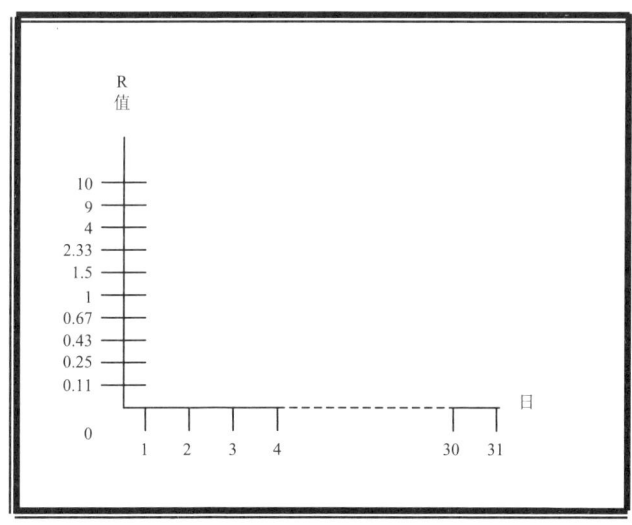

图2-4　R值月线图

37

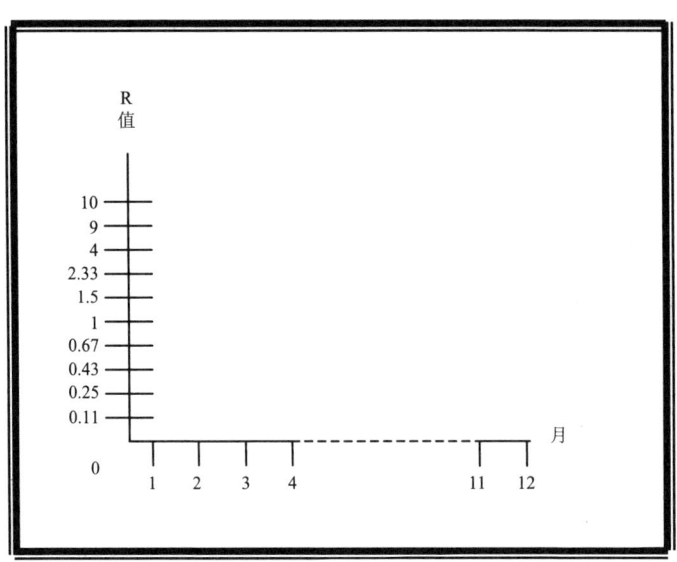

图2-5　R值年线图

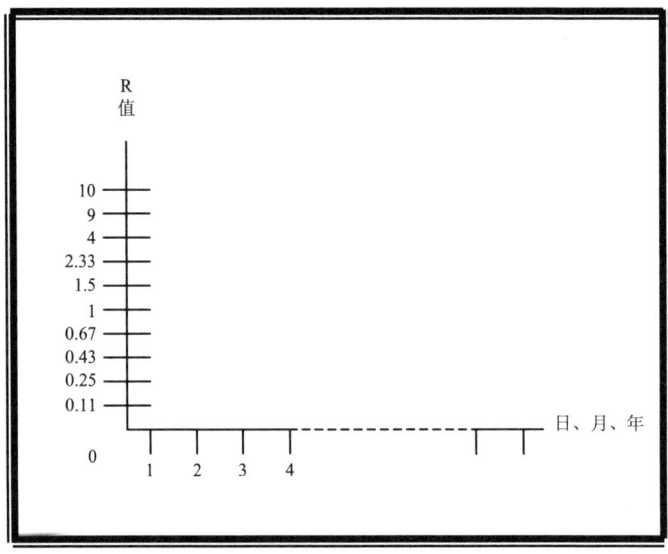

图2-6　R值家人分析图

各条R线代表AB两种行为出现的比例。当R值<1，代表个

体之家庭角色行为的心理卫生指标愈趋不健康；R值>1，代表个体之家庭角色行为的心理卫生指标愈趋健康。在毕生发展的各个阶段中，家庭中成员的R值愈早>1、愈多时间>1、愈多家人>1，则此一家庭的心理卫生指标愈为健康。

用不同的时间单位，可用R值画出各家庭成员的日线、月线、年线图。如图2-3所示，以一天24小时来观察一个家庭成员，当我们在不同时段标示R值时，就可以得到该成员一天的R值日线图。如果R值>1较多，就是该成员的心理卫生较佳，反之亦然。图2-4则以R值的月平均值来标示成员一个月的家庭心理卫生状态。图2-5则以R值的年平均值来标示成员一年的家庭心理卫生状态。

图2-6为R值家人分析图，则可以不同的日程或时段为单位，把家人用不同的代码标示在同一张图上。如图所示，A为父亲代码，B为母亲代码，以月为单位（标示1、2、3、4……月），父母两人的R值可得到两条不同的R线。因此，可任选不同的家庭成员，用不同的符号和线条，以量化的方式绘出R线来比较分析，即可一目了然。进行家族治疗时，可设定现在的R线及期望的R值进行家人的R值管理。

R值的正向管理（R>1），无法以"义务"或"责任"强施于个体身上，只有在个体领悟"家庭"之意义与价值之时，或者承担家庭权力核心成为一家之主之后，自己及家人之R值的正向管理发展，才会成为个体家庭生活与管理的核心。但是，个体在婚前往往很难领悟家庭之意义与价值；婚后承担一家之主的权力后，却又不懂得R值之正向管理发展（动机管理），而陷落在人格模式之事件管理的错误习惯中。

掌理家庭的人R值<1，或全家人的R值时常<1，再加上生

活事件的纷扰，足可预期这个家庭将面临的困境。掌理家庭的人以及全家人，都必须接受家庭角色行为的心理卫生教育，家人才能了解生活中不断重复发生的冲突情境，不是谁不喜爱谁，更不是谁对谁有恶意，而是每个家人没做好自己的家庭角色管理，而让自己的R值<1，让家人的R值也<1所导致的必然结果。

延伸思考

1. 请尝试以平均年龄75岁，画出你的图2-1，算一算你的一生中，亲情和爱情的比例为何？

2. 角色的结晶作用，是爱情对人生的大礼。请问你是否谈过恋爱，是否在爱情里充分地去"练习"各种家庭角色扮演？

3. 请你自己测量一下，你的R值通常>1或<1？你是否愿意一直让R值>1？

家庭角色关系的原型与本质

第一节 家庭角色原型

人际关系包括：家庭人际关系与社会人际关系。前者是指家庭成员之间的关系，后者是指家人以外的任何人际关系。两种人际关系的现象，都呈现有亲疏远近、美丑好恶与爱恨。个体大多在家庭人际关系里出生、成熟与生活，再藉着家庭人际关系、班级人际关系、校园人际关系，而扩充至整个社会人际关系。家庭人际关系的练习，攸关社会人际关系的成败。家庭人际关系内涵的"家庭角色原型"，不但是家庭角色扮演的泛文化规则，更是社会人际关系最基本的规则。家庭角色原型如图3-1。

家庭角色原型，是一切人际关系的基础。父、母原型（父→子，父→女，母→子，母→女）是绝对性地给予，及主动性地关爱。子、女（子→父，子→母，女→父，女→母）原型是绝对性地接受，及被动性地被关爱。兄、姊原型（兄→弟，兄→妹，姊→弟，姊→妹）是相对性地给予，及互动性地关爱。弟、妹原型（弟→兄，弟→姊，妹→兄，妹→姊）是相对性地接受，及互动性地被关爱。在家庭血缘关联下，两性与同性间之家庭角色原型关系如下图，直线键结代表多重角色之扮演，横线键结代表"互补型"角色关系的互动，双斜线键结代表"冲突型"角色行为的对立。

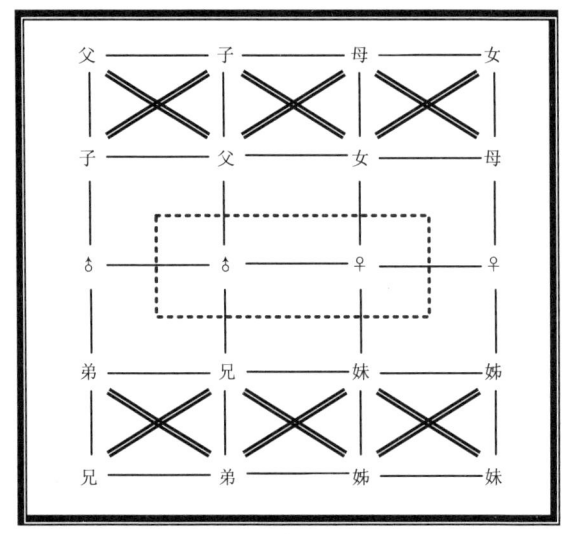

图3-1　家庭角色原型

多重的家庭角色扮演，让个体在最安全、最容许犯错的小团体中，充分练习互补的家庭角色模块与冲突的家庭角色模块。互补型的家庭角色扮演，让孩子学习主动（弟、妹）或被动（兄、姊）调整自己的角色行为标准与相对角色行为期待，来创造与维护家庭角色关系的顺应性行为。冲突型的家庭角色扮演，则让孩子学习面对相当的权力位阶的家庭角色冲突时，如何在"家庭之爱"与"家庭权力系统"二者之间有效地抉择。透过亲子教育系统，父母对子女教养的一个重心，即为多重家庭角色模块的"认知"与"互动规则"。子女必须学会——家人不是以"我"为中心展开，家庭人际关系不是

part 3　家庭角色关系的原型与本质

"我v.s我的父母"、"我v.s我的兄弟姊妹",而是"当子女的我v.s父母""当兄弟姊妹的我v.s弟兄妹姊"。这种对多重家庭角色的觉察,互补与冲突角色的抉择,以及行为后效的承担,正是孩子在家庭中成长最重要的课题——在家庭角色行为模块的转换间,学习发展爱的能力与被爱的能力。

社会人际关系,亦以家庭角色原型为基础。同性的朋友,概以"兄—弟"或"姊—妹"相称。异性的朋友,则以"兄—妹"或"姊—弟"相叙。人与人正常接触之时,自然会依年龄、辈份、职业位阶、权势,或财力而称"兄、姊"或道"弟、妹"。若条件相当而双方执意扮演冲突角色"兄—兄""姊—姊""兄—姊"时,人际关系容易变差或破裂。友谊与人情的建立,必须奠基于互补型的家庭角色扮演。社会人际关系亲疏演化,也就由"四海之内皆兄弟"→"称兄道弟"→"情同手足"→"义结金兰"。没有血缘关系的非家人,更凭借着家庭角色原型的操作,常常成为"干爸妈v.s义子女"、"干哥哥干姊姊v.s干弟弟干妹妹"。忽然间,好似又变成一家人了。从社会人际关系,硬往家庭人际关系移动的泛文化现象,我们更清楚地看到了"家庭角色原型"对人类一生的影响。

异性间的友情发展为爱情时,最明显的是两个人相对家庭角色原型模块的改变。"兄弟姊妹"相对双向的角色模型,会发展成"父母→子女"绝对的单向角色模型。原来是"兄—妹"原型,易发展成"父—女"原型。原来是"姊—弟"原型,易发展成"母—子"原型。尤其是经过"性关系"之后,发展或改变中的角色原型都会固化下来。所以,炽热的异性恋里,男女两性的关系,不是"父—女"

就是"母—子"家庭角色原型。炽热的同性恋者,也分别由"兄—妹"或"姊—弟"原型,历经性关系的淬炼,而发展成固定的"父—女"家庭角色原型。不论男同性恋或女同性恋者,扮演女人角色者,必须"听从"扮演男人角色者的话。男性角色的权力位阶,大于女性角色的权力位阶,就算扮演男性角色的男人或女人个性懦弱,扮演女性角色的男人或女人个性强悍,日常生活里还是扮演"父—女"角色原型。只有在处理特殊重大事件时,才会短暂出现"子—母"角色原型内涵。

第二节　家庭角色关系的本质

爱与权力,是家庭生活的两大主轴。亲情之爱,沿着个人家庭角色生涯的发展而质变。不管当事人知不知道、懂不懂或能不能改变,三个阶段的质变是必然的。不知、不懂、偏离或相背的角色内容,只会为当事人和相对人造成不可避免的困扰。权力亦然。每个人在家庭中领受到的权力位阶,亦随家庭角色的发展而递变,如图3-2。

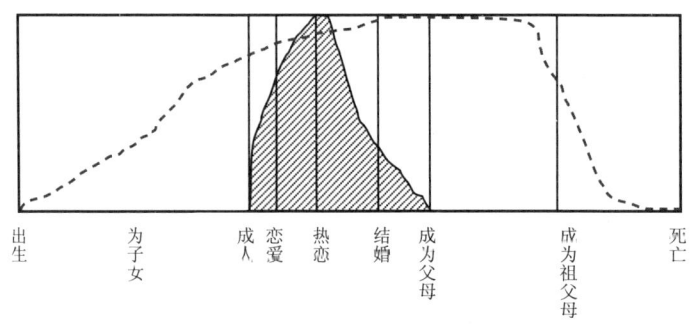

图3-2　家庭角色关系的本质

上图中，斜线部分是爱情，其余皆为不同形式的亲情。虚线代表权力位阶，随着年龄的增加，个体在原生家庭中的权力位阶逐渐上升，出生序会影响一个人的家庭权力位阶，但个体若有特殊才华或表现，权力位阶也会突破出生序的影响。个体长大成人就业之后，家庭的权力位阶也会随之上升。赚的钱愈多，对家庭经济的贡献愈大，权力位阶就会突破限制而居高不下。结婚成家，尤其有了小孩之后，可能在自组家庭成为一家之主，而拥有最高权力位阶，但也可能因还住在原生家庭中，在主掌家庭经济大权时，亦即父母退休之后，其权力位阶也将高升至顶点。通常中年人一直位居高位，直到老年退休之后，把家庭经济大权交给下一代，其权力位阶又开始降至谷底。一般而言，若退休即交出所有财产，权力线必然急速下降。若仍保有大量财产，权力线则缓速下降。

个体在生涯发展初期，第一个接触到的社会组织就是家庭。依随着家人的生灭成败，家庭权力系统会自然地建构与发展。他必须服从上位者，他可以命令下位者，但他必须和平行权位者协调或竞争。他可以向上位者挑战，他也必须接受下位者的挑战。家庭伦理道德教育，就是指称：在父母兄弟姊妹既定的家庭权力系统中，家庭角色行为中情爱与权力的规范。任何权力抗争的行为，任何以权力欺压情爱的行为，任何假爱之名行权力之实的行为，都将严重破坏家庭人际关系，破坏家人的亲情以及这个家的安全。

家庭沟通行为的模式有两种，一种是"爱>权力"，另一种是"权力>爱"。因为"爱>权力"，所以父慈、子孝、兄友、弟恭。若是"权力>爱"，则夫妻反目、兄弟阋墙、戚友相争、亲子成仇。家人互动之时，口口声声都是情，甚至所有伤人的言语、关怀，也都说初心本意为了爱。在家里，我们避开"钱"只说"爱"，绝口不提"权力"。处理"家庭"这个主题时，市面上看得到的书籍、文书、戏曲、饰品、杂物……等，关注的都是"爱或不爱"，以及"爱的方式"、"爱的时间"、"爱的地点"、"爱的人"等正确或不适当。

当众人歌颂"家庭之爱"时，却不知爱或不爱都得顺"势"而为才成。"顺"什么势呢？权势。也就是家庭权力系统。每一个家庭角色，都搭配着相对的权力位阶，一样是亲情，一样是施与受，可是上对下或下对上或者平辈之间，却有着不同的爱与被爱的方式。上位通常拥有权、钱和爱，因为有权，所以爱与钱变成了筹码。因为没有权和钱，所以"爱或不爱"变成下位者最常押注的筹码。当"爱或不爱"，变成上下位的家人间互动的筹码时，家庭人际关系亦即跌落谷底。

权力令人腐化，绝对的权力令人绝对的腐化。每一个父母在自家宅院里，几乎都拥有绝对的权力。每一个承担父母角色的人，都必须努力觉察与管理自己——权力薰心的自己、大权在握的自己、旁若无人的自己、目中无人的自己、斩钉截铁的自己、言出必行的自己、不容反抗的自己、君临全家的自己。握有绝对的权力之后，性格、语言、行为、动机与情绪都会发生改变。变得跋扈、变得专断、变得暴躁、变得易怒、变得多变、变得大声，变得不可理喻、变得不能商量。"国王之爱"、"皇后之爱"，相对于"庶民之爱"，可想见"爱与权力"的竞争中，哪个获胜的机率比较大。权力横行最为严重的组织，就是"家庭"。正视权力的影响，主动以爱来融合与消解权力的对立，才是家庭人际关系的本体。谈情论爱，却漠视权力位阶的影响，根本就是虚情假爱。如何让"爱>权力"，正是经营家庭的核心指标。

明白地确认家庭权力体系的移转，了解权小、权大、争权、掌权、用权、滥权、失权、与无权等现象，交错发生在三个家庭世代的轮替之中，正是开启家庭向上管理（孝顺心理学）平行管理（夫妻心理学）与向下管理（教养心理学）的契机。

延伸思考

1. 用家庭角色原型来分析人际关系时，人际冲突是因为事件的认知不同，还是双方扮演的家庭角色冲突所致？当事件或客观环境不能转圜时，我们可以改变什么来让冲突发生？

2. 请用家庭角色原型来解析"夫v.s.妻"的角色内涵？

3. 请检视您的家庭人际关系，哪些角色模组是"爱>权力"？哪些角色模组是"权力>爱"？

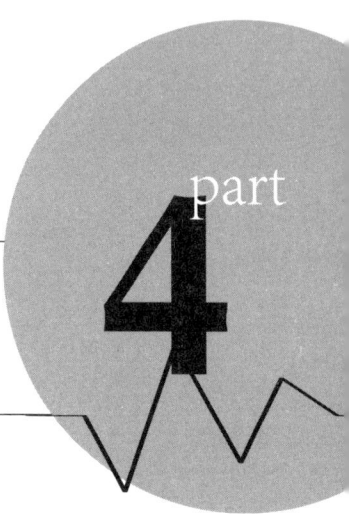

两性家庭观的调适

男女两性缘于生物设计的差异与文化的控制,发展出两种截然不同的生涯历程。家庭,偏又把两个不同的生涯历程"融合"或"组合"或"附合"或"并列"在一起生活,甚至要求或期待"成为一体"。很明显的,进入婚姻制度内的男女两性,各有各个不同的家庭观。夫妻对于男女两性家庭观的认知,决定了互相了解、原谅与宽容的空间。用自己的家庭观,去怀疑或否决对方的言行,或者自怨自尤于自我认知与行为之间的挫败,都是当代家庭常见的通病。

第一节 两性家庭观的差异

每个女人对自己的原生家庭,自有其优劣好恶的评价,对于自己婚后自组的家庭,更有一番深切的期待。女人必须很清楚地知道她自己到底"要"的是什么?而男人也需明白,自己结婚前和结婚后,要的是一样的吗?

一、女人生涯发展的终点——家庭

当代的台湾文化中，女人一生所有的成就与荣耀，都归结于家庭。家庭主妇如此，职业妇女也是如此。照顾"我的"家庭，变成女人的天职。幸福美满的家庭，变成女人一生努力的终极目标。对女人而言，"家"就是"我的家"，家是"我的"。我的家包括：我，我的孩子，我的老公，我的宠物，我的房子，我的车子，我的……。

结婚之后，女人把她的世界，从原生家庭或职场或情人身上，移至自己的家庭。并以自己的家庭为中心，把日常生活需要走动的地方（图4-1）串连起来，以骑摩托车可到，或公交车、地铁可到为疆界，划出一个大约一至三公里的生活圈。这个生活圈就是她的"世界"，超过这个疆界的，要老公载才去，或用电话联络就好（汽车是女人的翅膀，有车的女人，她的世界将无限宽广）。

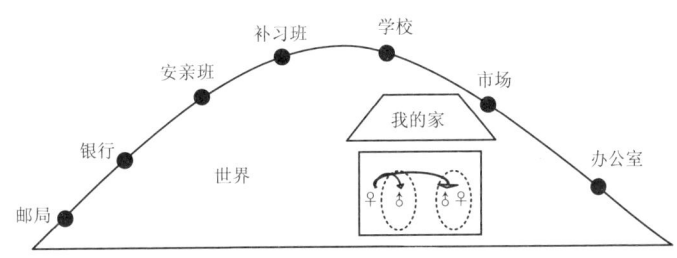

图4-1　家——女人生涯发展的终点

她还进一步把目光的焦点，全部投射在老公身上，尤其在新婚未生子女的阶段。守着我的家，守住我的老公，变成她生活的全部。八爪鱼般服服贴贴地生活照顾，初期真让老公享尽艳福。日子一久，老公发现身陷罗网时，便奋力挣脱而去。于是天罗地网就开始撒向子女，然后紧紧密密地收网，终其一生为子女而活，为这个家而活。女人，老是忘了"我"，忘了为"我"而活，而活在"我的"世界里，尤其是"我的家"与"我的子女"的世界里。乍看之下，多么伟大动人的情操，多么圣洁感人的母爱啊！可是，仔细一想，她不为自己而活，不用自己的生命向自己负责，却去要求子女的生命，用子女一生的成败来向自己负责。

女人一结婚，这一生就好像结束了。结婚以后，她的时间、她的空间，她会面临的人和事件，好像一切都变成了定数。一开始，她努力去创造与维系家的定数与规律，而后她慢慢地发现她存在的价值就是在守护这个定数与规律。有些外在条件，要求女人守住这个角色，但是可以满足女人身心灵的需求；有些外在条件，强烈地压迫与摧毁女人的身心灵，却仍要求女人死守这个角色。有时候，是她自己油尽膏荒，自己实在撑不下去了。有时候，是她智慧熟成，自己对人生有新的抉择。

女人该不该、愿不愿、能不能扮演这个角色？该不该、愿不愿、能不能挣脱这个角色？到底该由谁决定呢？该在乎谁？又有谁能评断呢？答案只有一个，就是女人自己。女人是否能经由知识的学习，了解文化对女人生涯角色的制约，并有足够的能力与智慧，能够主体性的觉察、抉择、发展与享受——身为女人的一生，这才是最重要的。愈是文明的文化，将提供更多的机会与空间，让女人拥有她自己以及自己的人生。愈是文明的社会，将解放更多的律法风俗与制度，让男性不必占女性便宜，让女性不必为亲代或子代"牺牲"，让女性可以和一般人一样"当人"。

二、男人生涯发展的起点——家庭

女人成家为了守着家，男人成家为的是离开家。先"成家"，而后"立业"。男人不能守在家里，男人的世界在家外头。家，是男人生涯发展的起点，离家闯荡事业，拥有成功的事业，是男人的第一个天职。事业与家庭两相得意，才是男人的终极目标。对男人而言，"家"就是"我家"，我家包括：我的妻子、我的孩子、我的宠物、我的房子、我的车子、我的……。家里只少一个人，就是我。

男人为"我"而活，女人为"我的"而活。年轻人为"我"而活，年纪大的人为"我的"而活。"我家"里没有"我"，男人没把自己算在家里。女人一直无法谅解，男人回家为什么不能放松下来，好好关心家人、关心这个家，像女人一样享受家的幸福感。坐在客厅的那个男人，好像只有形体，灵魂不知道哪儿去了。原来，家里的老公只是"虚线"，老公的心"永远"在家外头。在哪里呢？在家与世界的中间。他就兀立在那里，坐在"他的车子"里，看着左手边的世界，又看着右手边的家，他把自己定格在家与世界的中间，一个不是家也不是世界的地方（图4-2）。

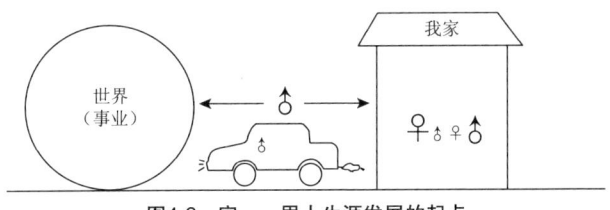

图4-2　家——男人生涯发展的起点

车门一关、音乐一放，车里是一个完全独立的空间，除了他没有别人，车子似乎是男人唯一拥有的地方。男人都知道，家不是他的，家是老婆的。回了家，男人根本就无立足之地。家里每个地方，都有老婆的头发，不管在哪个房间，都有人会闯进来。就算没人闯进来，也会听到穿墙而来的声音"老公你在哪里？"、"你在那里干嘛？"对男人而言，世界与职场是压力，家也是压力。"家累"一直被用在男人身上，家是男人的勋章，家反映男人的成就。每天处理完职场的"大事"，男人都在思考用什么心情回去处理家里的"小事"。到了家门口，男人就得面对自己毕生至此的成就——我给老婆孩子住怎样的房子，看怎样的电视，过怎样的生活。

下了班的男人，总在职场和家之间徘徊。回了家的男人，总把心思抽离了家又回头伫立。男人像本性孤独的一匹狼，他需要孤独，他需要自己独处以及独处的时间与空间。家里无法独处，他就找尽借口到家外头独处。出不了家的男人，就把形体放在家里，失魂。常看到许多车，停在某些公共空间的树下、岸边、路旁……，车里都有一个若有所思的男人。常看到许多男人，下班回家后又出门，定时定点打牌、打球、泡茶、钓鱼或小酌。他们都不是在做当下的事，他们这么做，都只为了孤独，都只为了不在职场，也不要在家。睡觉，才回家。

第二节　女人与男人的调适

家，是男人生涯发展的起点，却是女人生涯发展的终点。泛文化的规范，把一起生活的两个人，一个紧紧绑住不准逃离，一个奋力外推必胜必成。被绑住的女人，不甘心的时候，人与家的冲突就开战了。她与老公的战争，她与孩子的战争，她与家事的战争，她与这个家的战争，她与自己的战争。被外推的男人，无论是高成就或没成就，就变成一个没空回家、没脸回家的男人。有的男人吃完晚饭才回家，有的男人吃完夜宵再回家，有的男人回家吃饭，有的男人在家做饭。有的男人吃完饭，就又出门去喝茶？钓鱼？打牌？打球？运动？散步？有的男人心灵魂魄都没回家，有的男人回家当一家之"王"。

一、女人的调适

不同的文化（国家）与次文化（家族），制约了"女人"的角色意识与行为规范，以及毕生生涯的发展模式。男人，亦有其角色行为模块。如果把文化的影响，视为一组方程式，女性就必须经由学习，经由知识启发的智慧，让自己能在生涯发展的各个阶段，预先或当下觉察大部分的必然与或然，在知而后行的条件下，抉择自己"女人"角色扮演的限制与突破。

女人之所以变成"非人"，大都葬身在"家庭角色"的扮演之中。当女人不再为"我"而活，而为"我的xx"而活的时候，她的自我就完全沦丧了。她不再是她自己，她的名字失去了意义，她从一个人，变成一组家庭角色，她变成"太太"、"妈妈"、"女儿"、"婆婆"、"姊姊"、"妹妹"等角色，而不再是一个"人"。当她抛弃基本人权，抛弃自我的价值，抛弃一生的想望，抛弃自己动机意念与情意之时，她只能因守在各组家庭角色的相对行为规范与相对行为期待之中。

女性需要知识、智慧与勇气，来抉择自己与"女人方程式"的关联。而不是在连串的事件与人际关联中,痛苦、悔恨、哀泣或愤怒。女性还需要学习"家庭"相关的知识,以及"男人方程式"对两性的影响,否则,婚姻只会成为一场荒诞的闹剧。男人的恋爱观,男人的家庭观,男人的夫妻观,男人的亲子观,几乎都和女人不同。不知己又不知彼,如何在同一个屋檐下传宗接代呢?

女性需要自由,心灵与行为的自由。不管在婚姻里外,独立的经济能力,变成追求自由的保障。对当代的女性而言,有钱意味着有权、有人权,有学习意味着有成长、有智慧、有自我、有人——女人的生涯。女人必须主动地调适她与文化的关联,主动调适她与家庭的关联,主动调适她与丈夫的关联,主动调适她与孩子的关联,主动调适她与男人的关联,主动调适她与自己的关联,主动调适她与自己身体、动机、情绪、语言与行为的关联,尤其是主动调适她与自己毕生生涯发展的关联。这样她才能成为女人,一个真正的女人。不管有没有男人、有没有家、有没有孩子、有没有爱人(同性爱人或异性爱人),她都是一个真正的"人",是自己所抉择所享受的真女人。

二、男人的调适

女人可以通过自省,来"改变"自己的心身状态。男人似乎较为困难,男人较易于从A状态"跳"到B或C状态,来解除A状态之苦。领受优势文化的男人,很清楚自己的家庭观,也很清楚家中的老婆怎样过日子。只是,他会顺势而为或有所不为,没有绝对优势力量的逼迫,男人能不改就尽量不改。男人知道什么是坏男人,什么是好男人;大部分男人告诉自己，我两者都不是，我只是个男人。

男人怎么"爱"家、"爱"家人，看他的职业和财富来决定。职业决定他可以拥有多少闲暇时间，以及他有多少财富。男人对自己的职业、财富与时间的满意度高，他就较能释放他的情爱于家人。反之，则不然。当然，这两极现象也有例外。例外来自"对家人的满意度"，满意度高，家中的男人是"实线"，钱与权都会融化为"亲情之爱"。满意度低，家中的男人是"虚线"，男人用钱或权来取代亲情之爱。

男人常不自觉地，把女人物化为性，或用单一家庭角色来取代女人这个人。"擦掉"XXX这个女人的名字，"否认"她也是人的这个女人，直接要求"当人家老婆的人""当人家妈妈的你"……等，径直用单一角色行为标准，砍掉了一个女人所有的可能性。男人疯狂地去爱一个独一无二的女人，再用婚姻把她捆绑在家庭角色里，让她的身心灵通通在家老死。当然，男人不尽皆如此。

男人需要调适的可能是文化与体能优势所带给他的"权力"。通常领受家庭权力系统最上位的男人，会被绝对的权力与体制的优势冲昏了头，而让权力和拳头，模糊或取代了对女人的情爱。最可怕的是，用权力和拳头来表达爱，有人是不自知，有人是乐此不疲。不知者不见得无罪，因为他的女人为此受苦。乐此不疲者，明知故犯者，罪加三级。

男人一定要调适自己和男性、女性的关联，主动调适自己和权、钱、性与爱的关联，积极调适自己和自己身心状态的关联。男人终其一生，都必须调适自己对自己和对他人满意度的关联。不知道或没有能力调适自己的人，对男人或对女人而言都是无止境的灾难。

调适的能力、动力与勇气，来自于一个男人对自己的尊重，以及对异性等同的尊重。基本人权教育，将是男女两性相互调适最重要的基石。优质家庭次文化与社会文化的重建，则是带动两性调谐的最大工程。

延伸思考

1. 两性的家庭观有何差异？
2. 为什么家是女人生涯发展的终点？
3. 伫立在家庭与事业之间的男人，到底需要调整些什么？

家庭发展与重建——爱与美

"爱不爱你的家？"、"爱不爱你的家人？"通常，我们得到的答案都是"爱"、"很爱"、"非常爱"。只有少部分人会回答"不爱了"或"他们不在乎"或"他们不让我爱"。回答肯定句的那个族群，还会问出下一句，"可是，要怎么爱才对？"、"到底，我该用什么方式来表达我心中的爱呢？"在尝试的历程中，有成功有失败，有人继续爱，有人不爱了。有人爱或不爱都很快乐，有人爱或不爱都很痛苦。家庭持续发展中，家人们爱或是不爱，苦或不苦，乐或不乐等，都会发生改变。

有改变的可能性，并不一定得"变"或者"不变"，重点在于变或不变是否为家人所觉察、抉择与享受。觉察是便捷的历程，抉择却要有能力、有动力、有勇气。"想要"是好的动机，是必要的条件；但可行与易行的"方法"，才是大家欠缺的充分要件。家庭发展源自家人发展，家庭重建源自家人的重建。家人正向的发展与重建，促成家庭正向的发展与重建。反之亦然。

第一节　经营幸福美满家庭的三个方法

伴随着子女的出生、长大、结婚与掌理家计大权，家庭也随之发展。在家庭发展过程中，家庭财物的兴衰影响甚巨，可是一家人亲情之爱的存亡，却更直接造成家庭的破碎与幸福。只要还有亲情存在，这个家庭就还有重建的可能性。只要还有一人存有亲情之爱，这个家庭就有可能发展成幸福家庭。只要我们努力去爱每一个家人，爱这个家，一家人的亲情之爱就会油然滋长。到底要怎么"爱"，才能让全家人幸福洋溢共享天伦之乐呢？经营幸福美满家庭的三个方法如下：

一、爱自己——让自己更美

爱家人、爱这个家的先决条件，就是你必须先学会如何爱自己。爱就是美，美就是我。爱自己就是想尽办法，让自己愈来愈美。让自己的身体、相貌、声音、动作、语言、心情、思想、心灵与生活的每一片段，都愈来愈美、美之又美，就是爱自己。

太多太多的人，在结婚之后（为了照顾家人）没有把自己照顾好。更多更多的人，在家庭之中，把自己弄得蓬头垢面、粗鲁难耐。身体不健康、身材没打理、心情不舒畅、自我不满意等现象，让一个人污秽了自己的美、自己的自我与自己的人生。虽说千万个理由——为了家人而牺牲，可是一个个美又不照顾自己的人，以爱为名的奉献，却是所有家人都无法承受的"爱"。爱是共荣，你枯我荣，于心何忍？你荣我枯又如何相配互爱呢？

二、爱家人——让家人更美

亲情之爱是家人之美的相互契合、相互发现、相互成长与相互享受。以自己的美，照亮这个家庭，才能引发家人之美，美与美才能相互滋长。我们先要妆扮自己的心灵、动机、行为与形象，才进而去妆扮家人的心灵、动机、行为与形象。带领全家人一起创造与领受美感的经验、心情、对话与活动，让自己美，家人美，家就是美。

一定要注意的是，"爱家人"是第二个步骤。常见的问题是，把爱家人当做第一个步骤，甚至当做"唯一"的步骤——只爱家人。主动去觉察每位家人的心身状态，积极去探索家人的家庭角色满意度与需求；然后努力调整自己的角色，在满足对方角色需求的先决条件下，让每个家人都因为我的心身状态，因为我所说的话，因为我所做的事，而变得更美、更好。并且，更进一步去引领家人，互相激励让对方更美更好。

把"美"当做衡量每一个家人的标准，"你现在看起来好美！"、"这个表情真美！"、"你比昨天漂亮喔！"、"听你说了这句话，觉得自己都美了起来！"、"只要和你在一起，就觉得一切好美好美！"、"记得要更美、更美呦！"、"你看，妹妹从这个角度看，特别的美！"、"你们说，爸爸有没有越来越帅！"、"我们都觉得，奶奶你越来越漂亮越来越可爱了！"、"哗！迷死人了，你们看大哥那个酷样！"、"来，我帮你把头发整理一下，哈！好美呢！"通过适当的语言和行动，每一个人都可以有效地爱家人——让家人更美。

三、爱这个家——让我们家更美

爱自己、爱每一个家人，以及爱这个家，恰好是三个不同的阶段。爱每一个家人并不全等于爱这个家。就如完形心理学的基本概念——部分之和不等于全体，家是一个集合的、整体的格式塔（Gestalt），部分格式塔之和并不等于整个格式塔。家是社会组织中，最小的社会实体。家是由家人、住所、陈设、使用物件所组成的，尤其是以"我们一家人"的概念为核心所结构而成的。人们常指称——这是我家，可是家不是那栋房子，家不是那个地址，家——就在家人的心里（图5-1）。

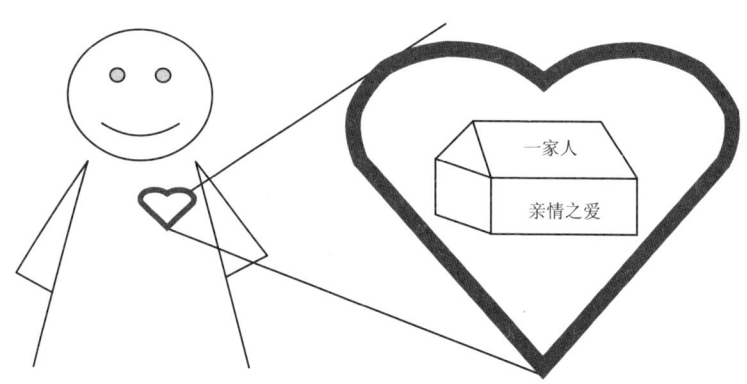

图5-1 家，在家人的心里

所以，家人们聊天说话时，要主动地密集地使用两句口头禅——我们家与我们一家人。有一个家人常说这两句话，就会引领全家人渐渐也常用这两句话。嘴里常说，心里就会长存，行为就有明确的指标。从"我好美""你好美"，一直到"我们家好美"、"我们一家人都好美"，适当地正向沟通语言，将带领每一个家庭登入幸福之门。

第二节 家庭重建

对自己家庭角色的满意度，对家人之家庭角色的满意度，以及对这个家的满意度，决定了这个人和自己、和家人、和这个家三者间的关联。这个家好不好？家人感情好不好？每一个家人好不好？面对自己、家人和这个家时，有没有幸福感，也就取决于此。任一个家人和任一种满意度出问题时，依照他的家庭权力位置，就会对这个家、家人与他自己，产生大小不同的破坏力。当然，权力位置愈高，破坏力就愈大；反之则愈小。每一个家庭都会承受若干或大或小的破坏，当破坏的损害已超过幸福动机的阈值时，家庭即将解组；而且解离后，各人各自安顿，反而是好的。当破坏的损害仍在幸福动机的阈值之内时，家庭重建——就变成某人或全家人最重要的课题。

家庭重建是指：家人回归家庭自我管理的基本价值观——感恩的心与报恩的行为，从而愿意"放下"每一个人的"错"，而相约开始做"对"的家庭角色扮演，来提高对自己、对家人与对这个家的满意度。

一、心灵之钥——满意度

家庭形式破坏、家庭功能解组、家庭冲突不断、家庭气氛恶劣，都不是因为单一事件或一堆堆的事件所致。非关创伤事件，而是创伤心理——三种满意度的破坏。三种已经破坏的满意度，相对于三种家庭实体，就在家人之间产生恶性的循环。丢进去的生活事件愈多，满意度破坏就愈严重，创伤事件就愈多,创伤心理就更严重,家所承受的破坏就愈严重,家人就愈……就这么一直恶性循环,直到家毁人散或死亡。

个体从出生到死亡的历程中,他的家庭角色愈来愈多,有的是主动建构的,有的是附带联结的,有的是被动附挂的;若再联结上家族角色系统(曾祖、祖辈、岳父母、公婆、婿媳辈、曾孙、孙辈、叔侄、姑姨、婶舅、堂、表、甥),那就从个位数、十位数晋级百位数的角色扮演与角色关联了。虽然如此,每个人还是会抉择或被抉择,固定生活在几个主要或次要生活场中。而主动或被动的抉择或被抉择,扮演某些相对的家庭角色群组。对个体而言,某个或某些个家庭角色,可能是苦的或是乐的或是不苦不乐或是又苦又乐。但对个体而言,扮演某个或某些个家庭角色,会令他自己满意或不满意,其实无关苦乐,无关主被动,无关抉择被抉择,而在于先前经验的认知偏差,以及认知失调后的行为效能。

每个人都有多重家庭角色扮演的可能性,不同家庭角色的权力位阶与角色行为规范,以及相对角色期望与被期望的角色行为标准,都可能发生大小不同的冲突。这些冲突,可能来自个体内在对各个角色的认知失调,也可能来自相对角色模块外加的认知差异。当对方扮演的家庭角色类别或家庭角色行为,与我们所期待的不同;或对我的角色行为期待,不符我的角色认知,我们对某些家人的满意度就开始下降。当对方无法或不愿觉察这种冲突状况,当对方无法或不愿改变这种冲突状况,当对方坚持把冲突归因于我的错误而要求我改变时,我们对某些家人的满意度就严重下降。当其他的家人,未能主动或被动,有效协调这种冲突状况时,我们对这些家人的满意度也随之下降。

当我们对某位家人的满意度极度偏低,或对各个家人的满意度普遍性的低落,或自己的家庭角色满意度也极度偏低时,我们就会发展出一种投射性的想法——这个家不好,这个家怎么会这样,我的家为什么会这样,这样子的家我再也待不下去——终于发展出家庭生活最大的杀机→家庭满意度偏低。这种对家庭组织、成员……全面否决的负向刻板印象,造成扩大的"月晕现象"。只要想到、谈到、听到、回到、看到这个家或家人,都会产生负向的动机意念或情绪脸色或行为态度,而这些负向反应的矛头将再刺向自己、家人或这个家。

二、满意度定位表

家庭重建有三条重建之路,第一条路是重建自我家庭角色满意度,第二条路是重建对家人家庭角色的满意度,第三条路是重建对家庭的满意度。每一条重建之路,都通往另两条重建之路。三种满意度的全面提升,正是经营幸福家庭的最佳指南。所以,如何辨识哪一条或哪几条路毁了或败了或缺了或没了,就成为重建之路的第一要务(表5-1)。

家庭满意度定位表如下,用五分量表把满意度分成五个等级,每个人都可以在表上定位出自己的家庭满意度,而不是凭空想象摸不着头绪。所以,某甲可能是$A1\ Bn\ Cn$,n值由$1\sim5$;也可能是$A2\ Bn\ Cn$,或$A3\ Bn\ Cn$,或$A4\ Bn\ Cn$,或$A5\ Bn\ Cn$。这种三维式的辅助思考模式,让我们帮助自己或别人,明确定位其家庭满意度的三种变化。要注意的是:"自我家庭角色"不是"我"这个人,而是"我所扮演的这个家庭角色"。"家人家庭角色"也不是"某人",而是"某人对其家庭角色的认知,某人所展露的家庭角色行为,以及某人对此家庭角色之其他相对家庭角色的行为期待"。而且，家人家庭角色满意度可以只是一栏Cn来综括所有家人，也可以扩充Dn、En、Fn栏位，让每位家人都独立成一个栏位。再依照横向栏位的各种满意度，来决定A的n值为何。

表5-1 家庭满意度定位（期望）表

家庭满意度定位		Bn 自我家庭角色满意度					Cn 家人家庭角色满意度				
		B1	B2	B3	B4	B5	C1	C2	C3	C4	C5
An 家庭满意度	A1极度满意										
	A2满意										
	A3没满意也没不满意										
	A4不满意										
	A5极度不满意										

注：B1 C1：极度满意　　B2 C2：满意　　B3 C3：没满意也没不满意
　　B4 C4：不满意　　B5 C5：极度不满意

三、重建之路与重建之门

家庭重建就是家庭满意度重建，用黑笔在上表标识（打圈号）出自己的现况，就可得到"现况"的定位值。用红笔在上表标示出"理想"的将来，就可得到"理想"的期望值。比较定位值与期望值（红圈—黑圈），就可以找到自我"重建之路"。比较不同家人间相对定位值与期望值的差异，就可以找到家人与整个家庭的重建之路。

找到重建之路又如何呢？谁会有重建的需求呢？谁会有重建的动机呢？谁又会有重建的勇气呢？谁又有重建的行动呢？不管答案为何？重建之门只有一个，就是优先执行"自我家庭角色满意度重建"一事，只有走过这条路才能走入另外两条路。那两条路没有门户，自我家庭角色满意度是它们唯一的重建之门。任何一个当事人，都必先改变自我家庭角色满意度后，才有可能改变其他家人与整个家庭的满意度。如果，每一个人都认为"千错万错都是别人的错"，就算重建之路摆在眼前，永远也走不进重建之门。

四、家庭沟通的本质——感恩的心与报恩的行为

老公是老恩公，老婆是老恩婆。夫妻之间要在日常生活中，主动觉察对方的恩情，而时刻萌生"感恩之心"，并把自己所有的家庭互动行为都界定为报恩的行为，这是恩爱夫妻的"心理—行为"典范。其实，主动觉察全家人对我的恩情，并主动地付出报恩的行为，也正是全家人生活互动的终极典范。接受家人的给予，不再视之为当然，而心生感谢，并力图回报。施惠于家人，不再视之为给予，而心生枉然，而是视之为报恩的行为，并自知百惠不足以报恩，而心存感恩。这才是每个家人，之所以愿意、需要、能够或敢于走入重建之门的原因。家庭沟通的本质——感恩的心与报恩的行为，这种价值观的学习与建构，正是家庭心理学——自我管理最根本的基石。

延伸思考

1. 经营幸福美满家庭时，常见问题有二：一是不爱自己，二是只爱自己。请问你是哪一个？有没有办法突围？

2. 当个体觉察"千错万错都是我的错"时，哪一条重建之路会大门洞开，而展露家庭重建之门呢？为什么？

3. 家庭重建的动力为何？

夫妻心理学(婚姻观)
——平行管理

Chapter
3

婚姻使得一对情侣，变成了一对夫妻。藉由婚姻仪式，他们实现了长相厮守的梦想，他们创造了一个有利于长相厮守的客观环境：一个新的家庭，以及"夫妻"社会角色的认证。他们可以名正言顺地整天腻在一起，吃在一起，住在一起，睡在一起。结婚证书把第四空间——私密的两人世界，转换成公开的两个原生家庭的融合。孤立的第四度空间转换成共相的第三度空间，爱与性变成红尘俗事！柴米油盐酱醋茶和小孩，取代唯美唯乐的约会，成为每日家庭生活的主题。

一般而言，谈恋爱一旦"定"下来之后，男性就开始管女性。伴随性行为发生之后，女性也就开始管男性。婚前男性唠叨个不停，婚后女性全部接管。婚前，女性找不到具体的标准可以衡量"他爱不爱我"；婚后，每一个妻子都知道，老公"让我管"就是"爱我"，"不让我管"就是"不爱我"。每一个妻子都了解，老公愿不愿意被我管，比老公爱不爱我更为重要。

婚前情侣生活的本质，是谁爱谁？谁怎么爱谁？谁被谁爱？谁愿不愿意被谁爱？爱的多少、疏密……等问题。婚后，家庭生活的两大核心是——爱与权力，而爱与权力"混"在一起后，就都表现在"管与被管"的模式之中。从管与被管，发展出四大类26种亚型的夫妻类型学，再经由夫妻满意度的学习，掌握住夫妻平行管理的真谛。凭借这些知识与能力，每一个人终于可以无惧地面对婚姻的五阶段发展与调适。

夫妻角色管理模型

家庭之爱的极致——发展成夫妻的恩爱之情；家庭权力系统的极致——发展成"管与被管"的夫妻互动行为。当恩爱之情碰上管与被管，就在此消彼长的情况下，出现了各种夫妻关系的危机。夫妻之角色管理模型，可区分为四大类型、26种亚型。不同的夫妻角色管理模式，创造了不同的家庭生活次文化，及儿童学习与发展的差异环境。每一对夫妻都可以在四大类26种亚型中，找到属于自己生活的入口、每一阶段的历程以及可以预期的终点站。更重要的是，我们也在其中寻找到夫妻生活重建的路径与技术。

第一节 四大类型

表6-1 夫妻角色管理模型

四大类型		夫	
		管	被管
妻	管	A冲突型	C互补型
	被管	B互补型	D疏离型

A型夫妻，是夫妻互管，各不相让，二人互相管来管去，就是没人愿意被管，故称之为冲突型家庭。B型夫妻，是夫管妻，妻被管。生活里有人习惯管人，有人习惯被管。喜欢管人的丈夫不愿被管，喜欢被管的妻子则不愿管人，故称之为互补型家庭。C型夫妻也是互补型家庭，但是妻管夫，夫被管，刚好和B型夫妻相反。D型夫妻，是夫被管，妻也被管。亦即双方均愿意被人家管，但却没人想去管对方，故称之为疏离型家庭。A型夫妻相敬如"兵"，B型C型夫妻相敬如"宾"，D型夫妻则相敬如"冰"。

一、四大类型的发展与改变

各种家庭样式，几乎都可以被区分成这四大类。而且，通常是B、C二型较多，A型居次，D型最少。每一个子女都知道自己的原生家庭是哪一型，每个孩子都知道家里谁是真正的老大。夫妻相处模型会发展，会有变迁，但几乎跑不出这四大类型的分类里。新婚家庭大抵不是B型就是C型，或有A型，但少有D型。家庭，会在A、B、C、D四个类型间变换。在B、C这两种互补型家庭里，当有人不愿被管了，或有人不想再管对方了，家庭类型就会发生变化，有些家庭从B→A→D→C，有些家庭从C→A→D→B，还有些家庭从B→D→C→A，还有些家庭从C→B→A→D。有些家庭卡在某一型，一生不再变动。有些家庭从来没停止变动过，有些家庭变了然后卡住了，有些家庭变了后停、停了后再变……。

有些改变来自夫妻双方，有些来自夫妻某一方，有些则来自外在环境的改变而不得不变。家庭生活是一种习惯化行为，甚至是一种行为"规范"，很难加以变动，却也是家庭生活安定感的由来。所以不管是志愿要变或不变，不论是非志愿要变或不变，不管脑里说什么，心里怎么想，手头上如何做，卡在哪一型里就会执行那一类型的规范，除非你革命而且革命成功。

二、四大类型的相对定位

根源于家庭角色原型，调整四大类26种亚型夫妻类型，再辅以夫妻满意度的再定位，就完成了家庭重塑与婚姻或家族治疗的工程。夫妻要让感情变好或更好，想要把家庭生活令人难以忍受的部分抽掉，先做夫妻四大类型定位，才是首要之务。

当子女评定原生家庭为A型时，丈夫可能自评为C型，妻子却自评为B型。评估自己属于哪一型，并确认配偶属于哪一型，这是非常重要的。如果不知道双方自评的类型不同，以及为什么会不同、如何的不同，夫妻两人一定吵闹不休，生不如死，怎么协调都不会有效。确认双方都在同一类型，或把双方协调成同一类型之后，只要明白地规范与执行这一类型里自我角色行为标准和相对角色行为期待，即可获得一个协调的婚姻生活。

许多人，终其一生都只生活在自己认定的类型里，一直用这类型的角色规范，来解释与限制双方的夫妻角色行为，而不断地面对冲突、矛盾、挫折与打击。尤其是身在A型，却自认B型，别人指为C型，它却希望能够变成D型。若配偶两人都是如此，天下就大乱了。所以，重点不在于哪一型较好，而是知道双方各在哪一型才叫好，而且双方愿意同趋于某一型，才是最好。

第二节 A型：冲突型家庭

A型的夫妻都互相想管控对方，依双方之心理认知、语言表达和行为展露三个向度，可细分为九个亚型。这九个亚型又再细分为四个显型和五个潜型（表6-2）。

表6-2　A型夫妻的九种亚型

A型		夫管		
		心理认知	语言表达	行为展露
妻管	藏在心里	1	4	7
	说在嘴里	2	5	8
	做出行动	3	6	9

第5、6、8、9四个亚型是A型的显型，他们的婚姻生活充满了冲突，不是吵翻天就是打翻天，是最标准的冲突型家庭模式。

第2、3两个亚型是A型的潜亚型，同时也是C型的变型。第4、7两个亚型是A型的潜亚型，同时也是B型的变型。第1亚型是A型的潜亚型，同时也是D型的变型。这五个亚型，都令婚姻生活潜埋了冲突，当任一事件点火为导火线时，这些地雷将随时连续引爆，爆破原本看似和谐的B、C家庭，或原本火爆的A型家庭，或原本疏离的D型家庭。

一、A_1亚型：闷烧的冲突型家庭

A_1亚型，易被误认为D型，却是A型的潜亚型。表面上夫妻互不理应，没听到谁在说谁？没看到谁在管谁？可是，两个人的心里却嘀咕个没完。心里一直在数落着对方：干嘛要这样？干嘛不那样？这样子明明不对！真笨！老是犯错！奇怪的

想法？活该！不对！错！不好！快点！好了！两个人一直注意着对方的一举一动，心里不停着数落对方的不是，而表面上默不吭声。

A_1亚型的夫妻，双方的日子都是无尽的煎熬。心里头都在意对方而且在意得要命，嘴巴里却说不出半句话，连个眼神动作都不敢泄底。好想管对方的每一句话、每一个动作、每一个表情、每一个行为以及每一个心思意念。生活里的自己，不是过自己的日子。反而每天每时刻的言行，都是以对方为目标的反应性行为。一切的一切都为对方所牵动，却又必须隐匿而不为人知。苦啊！二人都以对方为苦，或许自知，却不相知。

这个婚姻，让夫妻二人都像压力锅一样，内心的冲突和不满与日俱增。这个家，表面上相安无事，骨子里却暗潮汹涌。看似模范夫妻的婚姻，可能在某个撞针事件的引爆下，立刻劳燕分飞。也可能某一个压力锅先引爆，有人耐不住而开口大骂！于是这对夫妻就从A_1移至A_2或A_4，当丈夫还是在心里嘀咕不停，而妻子已开口管个不停，这就变成A_2亚型了。反之，则为A_4亚型。

二、A_2A_3与A_4A_7亚型：挑衅的冲突型家庭

A_2亚型的妻子，言语已无法满足其内心的欲求时，就开始管制对方的行为，而丈夫仍在心里嘀咕不停，夫妻关系就变成A_3亚型。表面上，好像妻管夫的C型，其实丈夫的心里抗辩之声与自我抗拒的行为，却从来没有停过。同样的A_4亚型，也会发展成A_7亚型。A_1亚型式暗斗，A_2A_4亚型式半暗争半明斗，A_3A_7亚型是明争暗斗。张开口动了手的人，一副看你要怎么办

的样子，心里却是清楚对方暗地里在较劲。A_4A_7不是B型（夫管妻），A_2A_3也不是C型（妻管夫），张口动手的一方都很清楚，对方随时会张口也随时会动手。可是，谁怕谁！"来啊，骂回来啊！"、"说呀！说不出吗？"、"去啊！你走出去看看？"、"动手啊！你不是很生气吗？"而且还会主动挑衅对方，想把战火烧个通红。

A_1是闷烧的冲突型家庭，A_2A_4是半闷烧的冲突型家庭，A_3A_7是挑衅的冲突型家庭。冲突愈来愈表面化，某一方愈来愈像斗鸡。因为另一方一直都不吭声，所以这一方的气焰就愈来愈大，动了口就忍不住想出手。当自己不得不像只斗鸡般活着时，当自己像个孬种只能气愤在心里时，将严重地破坏自己的家庭角色满意度。

三、$A_5A_6A_8$亚型：火爆的冲突型家庭

当不吭气的人开始出声，A_2A_4就变成A_5亚型，A_3就变成A_6亚型，A_7就变成A_8亚型。

A_5亚型的夫妻，是对骂型冲突家庭。整天对骂互不相让，就是要管对方，不顾一切地要管对方。A_6A_8亚型则更严重，不但双方都动了口，还有一方竟然出了手，不是开立限制条件威严恫吓，就是真的出手伤人。只见战火一再突破高温燃点，双方终于都出手伤人，或相互牵制与限制对方的生活作息，终于发展成杀戮的冲突型家庭——A_9。

四、A_9亚型：杀戮的冲突型家庭

从暗斗到对骂，再变成杀戮的冲突型家庭，是A型夫妻发展的主轴。有些夫妻还会绕到A_2A_4再回到A_5亚型，或绕到A_3A_7再

经历A_6A_8，才发展成A_9亚型。A型的夫妻会在$A_1 \sim A_9$各种亚型，停留、改变、停留、改变……，或停或变或终身留在A型，或破A而出发展成BC型或D型。

A_9型家庭烽火连绵，只有用兵荒马乱可以形容。所以，孩子宛如置身水深火热之中，只能无奈地被丢在水火中煎熬。夫妻两人的关系发展至此，就是面临抉择的时候了。不是在此爆裂家毁婚离，就得降低冲突至A_5或A_1，或转变成BCD类型的夫妻关系。

五、相对定位与调适

假定夫妻双方都认可为A型夫妻，可能丈夫把自己定位在$1 \to 2 \to 3 \to 5 \to 6 \to 9$ "京广线"的任一站，妻子却把自己定位在$1 \to 4 \to 7 \to 5 \to 8 \to 9$ "陇海线"的任一站。婚姻生涯最可怕的噩梦，就是夫妻分明各自坐在京广线或陇海线不同的列车，却各自虚拟一个"老公"或"老婆"坐在自己身边。自己一辈子在京广线转来绕去，也一辈子对着身边的"假人"又怒又气又骂又打。而对方的人却在陇海线，身边或许也弄个假人的你又叫又骂，或许，身边早已坐上另一个别人，又或许早已跳车，坐上别人的列车。你或往北，他或往南。你把假当真，他却把真当假，你真假不分，他却弄假成真。婚姻幸福与否是一回事，夫妻关系各有其位而不自知，一辈子都以自己的观点来Stimulus（刺激）或Response（反应）双方的婚姻生活，以致自误误人，毁了一段好姻缘，这才是最可悲的事。

所以，需要确认夫妻双方A_n的n值，现在的n值或许不同，以前的n值可能也不一样，只是未来的n值有没有相同的可能呢？n值从$1 \to 9$，n值愈大冲突愈激烈。了解夫妻二人n

值的走向是愈来愈大还是愈来愈小？还是卡在不同的地方不动了，或是一卡一动，或是有人死心有人不甘不愿呢？

重建夫妻关系的方法，一是相互定位，二是设定目标各自倒车。先确认双方的n值，再约定回到n=1的期限，规定好每一周双方应改变的n值，即可开始家庭重建工程。回到A_1之后，双方再商议定订，如何坐上同一列车开往B、C或D。

其实夫妻关系的重建，不一定要改变n值，也不一定要离开A型。相互定位——觉知双方的位置在n几，就可以正确地接受刺激、正确地给予反应，明白自己是这样、要这样，也明白对方是那样、要那样。如果双方都能给对方一个"尊重"和一个"接受"，而不是既然知道我在京广线你干嘛还留在陇海线？也未必要改变n值或离开A型。因为你要改变是你的事，他改不改是他的事，那么你们能不能一起改呢？就得看双方的心中有没有"你们"的空间，还尊不尊重、礼不礼遇"我们"的空间？没了"我们"，那连谈都不必谈了！若还有"我们"，还愿意，来吧！让我们重新开启婚姻重建的大门。

第三节　B、C型：互补型家庭

B型：夫管，妻被管；C型：妻管，夫被管。B型夫妻，大都由"兄妹"或"父女"家庭角色原型转化而来。C型夫妻，则大都由"姊弟"或"母子"家庭角色原型发展而来。角色行为习惯化之后，夫妻两人的心理认知，语言表达与行为展露，也会刻板化为"管理者"与"被管理者"的人格特质。

一、四种亚型

不论是谁管谁？谁被谁管？只要一个愿打一个愿挨，就是互补型家庭。当一方不愿再管，或另一方不愿再被管，B、C型家庭就会发生质变。依照管理者管得好不好？以及被管理者被管得甘不甘愿？我们就在单方面角色之个别发展，以及管与被管的相对评价，发展出B_n与C_n各四种亚型（图6-1）。

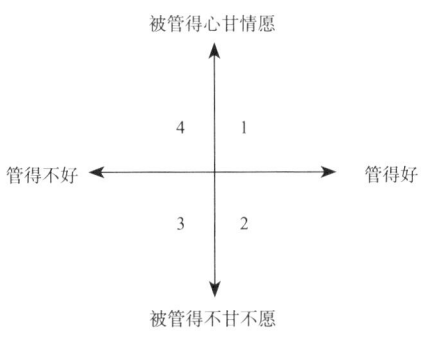

图6-1 互补型家庭的四种亚型

二、B_1C_1亚型：美满的互补型家庭

管的人，费尽心思体贴对方的需求，用尽各种方法满足对方的需要，尽职成功地扮演夫妻与家庭管理者的角色。虽然握有管理别人的权柄，却能用爱来雕饰天伦的乐趣，能够尊重、接受与荣耀被管理者的尊严。被管的人，被管得心甘情愿，心悦诚服，觉得对方管得很好，觉得自己被他管，正是人生最大享受。这样，一方管得好，另一方被管得心甘情愿，正是B_1和C_1亚型的夫妻。他们呈现完美而成功的互补关系，家庭生活和谐美满。

大部分的新婚夫妻，都是从B_1或C_1这两个入口，进入婚姻的生涯。可是，能停留多久呢？新婚之喜，足以暂停此地享乐。可是，蜜月期能有多长呢？想要管得好，必须付出代价。想被管得心甘情愿，也要付出代价。夫妻角色关系，如何在管与被管的条件下，创造平行管理的美妙境界呢？本文将专门讨论。我们只知道，管得好不好，是由被管的人评定的。被管的人是心甘情愿，还是不甘不愿，也是由被管的人决定的。所以，一切是否值得，管的人当然有关系，但是焦点还是在被管的人。

B_1C_1亚型的夫妻为什么会改变呢？因为被管的人开始觉得不对劲。没错，管的人管得很好；可是被管的人已变得不甘不愿。因为被管的人，他的心改变了，他的需求改变了，他对自己的看法改变了，他希望得到的生活模式也改变了。但是管的人不知，因为被管的人没让他知道。当被管的人说出来时，就像晴天霹雳一样，同时把夫妻两人打入B_2C_2。

三、B_2C_2亚型：矛盾的互补型家庭

夫妻两人走入B_2C_2之后，就开始不认识自己也不认识对方了，在认知失调的状况下，两人都会失去自信，而不知道做的是不是错？不做的是不是对？管的那个人，初听对方的抗辩之后，全身降到了冰点。他依照对方要的内容和方式去爱对方，他一直这么做，并不知道对方变了，因为对方还是需索着、享受着这些爱。面对二次、三次的沟通，他的心碎裂满地，但他只能继续用原来的方式爱对方管对方，因为对方说着他听不懂的语言，因为对方也无法解释他要的是什么？因为对方明白地诉说不甘不愿，可是对方仍然继续享受这些管这些爱，仍然等着被管，等着被爱。

结婚之后，爱你就是管你，愿意被我管就是愿意被我

爱。就B、C型夫妻而言，管是主动的爱，被管是被动的爱，管与被管都是示爱的方式。管是给予，被管是接受。当被管的人，把管的人给的一切都视之为当然，对日常生活一饮一酌的照顾都照单全收，却嗤之以鼻——"这又有什么？"、"谁都可以？"、"没有也不会怎样？"、"我又没有要求？"、"我还觉得烦哩！"。就像大口啃食对方提供的食物，却在酒足饭饱后踢翻桌子骂难吃，说不如不吃。

完全的以自我中心，让他无法觉察生活里点点滴滴累积的恩爱之情，让他不关心别人只关心自己。他只是思索着"这就是我要的吗？"、"我不能要别的吗？"、"我一个人不是更无牵绊吗？"、"我，好像失去了自由！"、"我愿意去管，但是为什么我一直被管呢？"、"我的价值是什么呢？"错误的心理历程，用"我"吞噬了当"夫妻"的"我们"。而在这当下，他继续向对方需索着享受着被管的便利与被爱的荣宠，然后说"你宠坏我了，我不想被宠坏！"

被管的人心中充满矛盾，却又安享互补型家庭的美妙。管的人心中充满狐疑？"到底我做错什么？"，对方又说："你没做错什么"，"到底你要什么？"对方又说："我不知道要什么？我什么都不要？我要我一个人……"。管的人心中也充满矛盾，"我到底该不该继续管下去？"可是，对方马上说："怎么了，才说说而已，你就不管我死活，不爱我了哦？"。管的人明知对方已被管得不甘不愿，却只能继续管下去。

B_2C_2亚型的夫妻，内心充满矛盾，热爱对方，却找不到可以信赖的相爱方式。两人生活时而甜蜜时而苦涩，常常浓情蜜意恩爱得令人受不了，也常常剧烈争吵，碎裂一地的瓶盘与深情。被管的人只要一发作，就故意去做些不该做的或者不去做那些该做的，而把自己卡进负向的动机意念与负向情绪的循环之中。管的人就开始"管"——怎么啦！又怎么了啦？我到底又哪里冒犯你了？……战争又开打了。被管的人只要不发作，只见耳鬓厮磨十指纠缠贴身蠕动"我好爱你，没有你我活不下去，我不能没有你，你不能抛下我……"

B_2C_2亚型的夫妻，有时候也来自管的人的改变。就像被管的人一样，有一天突然喊叨出"这10年以来，我干嘛一直被他管？"管人的人也会突然喊"我不管了！这么累干嘛？值得吗？"他开始质疑对方——他又付出了什么？我打点这一切，为什么都是我在努力？我把生活重心都放在他身上，我自己都消失了，我到底为什么活着？我可不可以不要再理这些、管这些了吗？我能不能单纯地做我自己，为自己活着，不要再管别人了？为什么我这辈子，总是为别人做牛做马呢？

管的人只要少管一丁点事儿，被管的人就会惊觉质问"怎么啦？你发生什么事吗？我们发生什么事吗？还是我做错了什么？"。双方只要"说明白"，立刻从B_1C_1掉落B_2C_2之中。B_2C_2的夫妻爱恨情仇纠缠不清，愈闹愈爱，愈爱就愈闹。相爱的当下可以立刻停下来吵，正当吵红了双眼却又可以噗哧一笑又抱在一起。通常吵不吵的关键在被管的人，但破局的关键在管的人。管的人只要真的撒手不管，或者开始乱管，夫妻两人就可以各自打包行李了。离开B_2C_2转到B_3C_3、B_4C_4，甚至离开B型的夫妻生活。

四、B_1C_1亚型：冲突的互补型家庭

管的人明摆着乱搞，不管你要的是什么？不管你要什么方式才能接受？一切照我的，我爱管什么就管什么！爱给什么

就给什么！爱用什么方式管就用什么方式管！被管的人也明摆着不爽，不甘不愿地被管。所以，管的人自知管得不好，明白对方不甘不愿被管，但却铁着心肠硬管，硬是要这样管。最奇怪的是被管的人，明知对方管得不好，也明白告诉对方我不甘愿，但是家庭生活的习惯性互动模式，却仍照样被管得死死的，而仍维持B_3、C_3的管与被管的关系。

第三种亚型的夫妻，生活中警讯不断，双方都不断地拉警报按喇叭，但家庭生活却可维持在某种适度的张力线，在双方自知也互知彼此不满意的条件下，往往也吵吵闹闹过了一生。因为对自己和对方的认知并未失调（如B_2C_2），思想、语言、行为、态度与价值都是一致性的，一切的冲突都是真刀实枪，反而没有内在的矛盾和无穷止尽的臆测。所以双方什么时候出枪，什么时候回敬一刀，也都清楚可以预期，夫妻关系虽然在冲突状态，却不容易破裂分手。

可是，双方的冲突也可能突破警戒线。当有人管过头伤害对方基本人权，或有家庭暴力行为出现，或被人管得抗争过头，而对自己的生活引发焦虑反应时，被管的人不是逆转自己的心思，硬是变成心甘情愿，就是带头革命，要求对方改变管的方式，不成功就把心一横，硬是改变B_n或C_n的n值，或者B_n变成C_n，C_n变成B_n，或者离开B、C二型，直冲A、D二型。例如：B_3个案，夫管得不好，妻被管得不甘不愿，某天，妻子爆发——自杀，自杀获救后，夫妻关系逆转，变成C_3。

五、B_4C_4亚型：悲情的互补型家庭

丈夫为非作歹蹂躏家人，妻子含辛茹苦吞忍屈从。像电视剧里"阿信"一类油花菜籽命的传统妇女，就是B_4亚型的女

人。一方管得不好，明摆着"不好！你敢怎样？"、"就是吃定你，怎样！"，另一方逆来顺受，一辈子受尽欺压，看起来却好似甘之如饴。满屋子叫嚣，满屋子悲情，双方不会有直接的沟通，除了性行为。只剩孩子，被拿来充补生命的价值，家庭的价值，自我的价值。这种家庭，实在是悲情，可是却不会破裂。被管的人坚持不离婚，除非管的人硬要离婚。

六、相互定位与调适

如果夫妻关系重建的契机已至，相互认知自己和对方到底在 $B_n C_n$ 的哪个 n 值，是最基础的要务。同在 B 或 C，只是 n 值不同，那还有戏唱。若一个在 B_n，一个在 C_n，戏就不好唱了。不管夫妻各在哪一亚型，第二步骤就是设定新的目标与期程。管人的人，要从管得不好，想办法努力变成管得好。所以，怎么管才好，就得听听被管的人的意见了。被管的人，也要努力要求自己，从不甘不愿改为心甘情愿，在愿意被管的表白下，双方沟通管与被管的冲突或矛盾，正是家庭重塑的康庄大道。

第四节　D型：疏离型家庭

D型的夫妻创造了疏离型的家庭，空虚冷淡的家庭气氛，只有相敬如"冰"可以形容。表面上，夫妻二人都不管对方，都尊重对方，都礼敬对方。骨子里，心中都在期待，期待对方主动来管我，主动来施爱予我。夫妻两人的家庭角色原型，就在婚前或婚后的某一阶段，发展而固化于"弟一妹""子—女"的家庭角色原型模块。双方都给对方很大的自由空间，经济收入可以分开，财产可以独立，也可分床或分房。但深情的期盼，在长久的失望与挫败后，却会产生难以抵挡的怨尤与悔恨。两颗不满足的心，好似两个小孩子的婚姻，依照"认知、语言和行为"三种表出层级，D型夫妻发展出如下的九种亚型（表6-3）。

表6-3　D型夫妻的九种亚型

D型		夫：被（不）管（企求被爱之夫）		
		心理认知	语言表达	行为展露
妻：被（不）管（企求被爱之妻）	藏在心里	1	4	7
	说在嘴里	2	5	8
	做出行动	3	6	9

一、D_1亚型：闷烧的疏离型家庭

夫妻二人互不相管，心里却满是企求被爱的念头。"管我呀！"、"爱我啊！"、"要求我嘛！"、"拜托我，快！"、"为什么不来爱我？"、"管管我好不好？"。这一亚型的夫妻，总是把心事放在心里，绝对不能形于口舌而让对方知道。他们认定——你爱我在乎我，就会来管我。你来管我、爱我，我就让你管、让你爱。A型夫妻，要管要爱要主控；D型夫妻，要被管要被爱要被控。D_1亚型的夫妻，心理卫生极不健康，或许根本就没有爱别人或管别人的能力。他们对于快乐的定义，还在憧憬着——快乐就是需求被满足。生活空虚内心激荡，相互暗自埋怨而不求解脱，这就是D_1亚型夫妻的生活。

二、D_2D_4亚型：唠叨的疏离型家庭

A_1亚型的夫妻，生活日久之后，终有一方忍不住爆开"压力锅"——开口了！他终于把心里的埋怨说出来了！从此，每个时候，他都唠叨个没停，因为对方还在压力锅中，对方还是没说话。A型夫妻争着管对方，D型夫妻争着不管对方。真能不管对方也罢，问题是心里一直要对方来管我，这才是糟糕，这才叫难为。

D_2D_4亚型的夫妻，一个整天唠叨"你不爱我！"、"你为什么不能……"、"人家别人的夫妻都——你为什么不能对我……"，他揭发每一个生活事件，证明她不爱他，抱怨没人管他。另一个整天客客气气，看得到他的喜怒哀乐，却听不到他半句怨言，不管你怎么唠叨他，他就是不回嘴。互相埋怨的二个人，一个埋怨在口里，一个埋怨在心里，不是埋怨对方做了什么，而是埋怨对方没做什么。

三、D_3D_7亚型：干扰的疏离型家庭

当一方继续得寸进尺，从开口变成动手打人或订立规矩限制行动；另一方却仍在内心深处嘀嘀咕咕，仍然暗自抱怨不敢张扬，这就是D_3D_7亚型。D_3D_7亚型夫妻，日子比D_2D_4亚型还要难过。开口动手的一方付出的压力愈大，忍气吞声的一方承受的压力也愈大。生活上、心理上和精神上的干扰，也愈为严重而难以负荷！

D_3D_7亚型夫妻，动手时只打自己不打别人，他会用各种方法伤害自己来惩罚对方，而不会碰对方一根毫毛。当他订立限制规范时，亦非像A型限制对方的行动，而是解除自己家庭角

色的功能。不是要自己不能做什么，而是要求自己不要去做某些事，例如：不洗碗、不帮忙家事、不煮饭、不回家吃饭、不扫地、不洗衣服、不送茶水、不嘘寒问暖、不待在家里、不回家、不……，他蓄意瓦解自己的家庭角色的功能性行为。D_3D_7亚型夫妻的家庭生活，有一半被瘫痪，另一半在自问"我还撑这个家干嘛？"

四、D_5亚型：吵闹的疏离型家庭

双方都开口了，但是各说各话。双方都指陈对方"不理我"、"不爱我"、"不管我"、"不把我当人看"、"不……"。但是没人去回应对方，并进行有效的调适或互动。吵吵闹闹的家庭生活，双方刀剑砍来砍去，却听不到刀枪碰撞声。可以想象一下，一个小孩坐在地上，根本不理会旁边的人，只是半闭着眼又哭又叫"你们不爱我"、"你们不关心我"、"你们……"的情景。再想象一下，两个小孩子坐在地上，各自又哭又叫的情景……A型夫妻吵翻天了，但是家庭功能正常。D型夫妻吵翻天了，但两人是冷吵而不是热吵，愈吵愈没交集，愈吵愈是疏离，家庭功能急速瓦解。D_5不是直接冲向D_9，就是转入D_3D_7再冲入D_9。进入D_9，这个家也就差不多毁了。

五、D_9亚型：瘫痪的疏离型家庭

夫妻相偕走入D_9时，其实也都只剩半条命了。进了D_9之后，双方只能拼了老命，想尽办法恨对方气自己，想尽办法折磨自己来伤害对方，想尽办法瘫痪自己来瘫痪这个家。这个家冰冷到极点，没有炊烟，没有欢笑。这个家，只有冷言刺讽，只有便当外食，只有用钱解决失调的家庭功能；只有无尽的放任与自由，诠释与填满无情无爱无恩无义的家庭生活。

瘫痪，是D_9亚型家庭的最佳写照。所有的家庭功能几乎全部瘫痪，家里充斥着"故意不……"的感觉，夫妻都故意让自己比对方更可怜、更没人爱、更受气、更不得不、更故意、更反抗、更放弃、更……瘫痪。他们把瘫痪自己、瘫痪对方，当作自卫的武器。他们说，从不攻击对方，只是自卫，只是不得不。

六、相对定位与调适

当日子过不下去了，当抉择的时刻已来临，分居或离婚自有分寸。但若还要这个男人或女人，但若还要这个家与家人，就得寻求专业的援助，而在相互定位中重新抉择重新调适双方的夫妻关系。认命留在D，或从D出走，进入A或B或C呢？双方的期程进度呢？只有双方协商出一个共同认可的价值，才能为了获得或守护这个价值，而重新定位相互的角色关系，并据以修改自己的动机情绪与言行。

延伸思考

1. 如果你尚未结婚，检视一下你的原生家庭吧！问一下兄弟姐妹，看大家的看法一不一样？再问一下父母，看他们的看法有没有一致？

2. 如果你已婚，你会在四大类26小类中选哪一个呢？你觉得对方会和你有相同的选择吗？然后去问他，看他选哪个？再问他，他认为你会选哪个？最后，把四个拿出来比一比！

3. 有时候，倒不是全天24小时或每天都停留在某一型，每天可能在某些类型中移动，只是停留在其中一个类型会久一点罢了！就算如此，是你一个人自己动来动去，还是两个人一起动呢？是不得不动？还是被逼得非动不可？抑或是自己真的想动？或是没能移动，一直卡在那里，心里却懊恼不已呢？

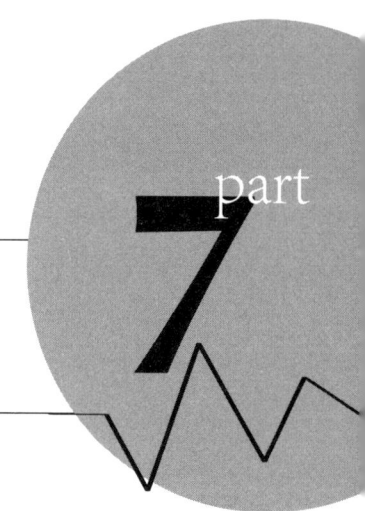

婚姻的发展与调适

婚姻的发展可区分为下列五大阶段（表7-1）。

表7-1 婚姻的发展

A	B	C	D	E
新婚	已婚	丧偶	离婚	再婚

由A→B→C是定型的发展，D、E则是不定型的出入其中。对普天之下的夫妻而言，他们正处于哪个阶段，以及是否可预见后续阶段的家庭生活，都可从夫妻立足在满意度坐标的哪一个象限来观察（图7-1）。

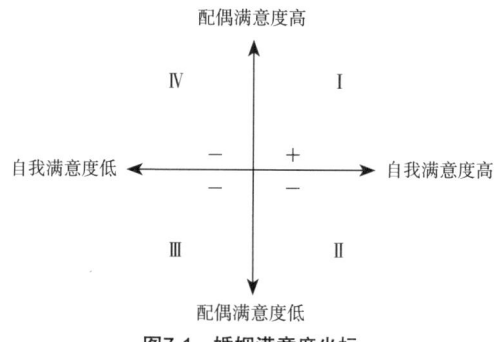

图7-1 婚姻满意度坐标

第一节　夫妻满意度坐标的发展

同一阶段婚姻的夫妻，会因其个别意识的差异，而分别生活在不同的象限。而四大象限又会分裂出八大亚型如表7-2。

表7-2　八大亚型

八大亚型＼婚姻满意度＼动机与情绪归因	Ⅰ	Ⅱ	Ⅲ	Ⅳ
A.恩爱与敬重的喜悦	ⅠA	ⅡA	ⅢA	ⅣA
B.悲恨与鄙视的痛苦	ⅠB	ⅡB	ⅢB	ⅣB

所以，夫妻会自我定位在相同或不同亚型，而产生下列64种夫妻满意度坐标，如表7-3。

表7-3　64种夫妻满意度坐标

64坐标	ⅠA	ⅠB	ⅡA	ⅡB	ⅢA	ⅢB	ⅣA	ⅣB
ⅠA	AA	AB	AC	AD	AE	AF	AG	AH
ⅠB	BA	BB	BC	BD	BE	BF	BG	BH
ⅡA	CA	CB	CC	CD	CE	CF	CG	CH
ⅡB	DA	DB	DC	DD	DE	DF	DG	DH
ⅢA	EA	EB	EC	ED	EE	EF	EG	EH
ⅢB	FA	FB	FC	FD	FE	FF	FG	FH
ⅣA	GA	GB	GC	GD	GE	GF	GG	GH
ⅣB	HA	HB	HC	HD	HE	HF	HG	HH

夫妻生活奇妙无比，身处第Ⅰ象限竟然会有ⅠB，身处第

Ⅲ象限竟然也会有ⅢA；而身处第Ⅱ、第Ⅳ象限时到底是该A还是B，竟然又会令人捉摸不定。双方的坐标定位点，在任何婚姻阶段的任何时空节点上，都会毫无拘束地在64个坐标点上自由移动。此所以床头骂床尾和，恩爱夫妻血刃相见……。夫妻生活幻化万方，有人在此灰发白骨，有人在此欢乐销魂，胆敢者进来吧！

究竟夫妻坐标定位，应该变换多而频繁，还是少而稳定呢？其实，定位坐标相同也罢、不同也罢，多变也罢，少变也罢。重点在于夫妻各自是否了解对方，能不能沟通，以及愿不愿意同步调适，或共同制定发展目标。

夫妻满意度坐标是可以发展的，是可以共同协力发展的，这是当代夫妻生活最核心的指标。主动开放彼此满意度坐标发展的可能性，才能在红尘俗世之中，在婚姻制度的家庭组织的压力之下，调适与发展，绝对的夫妻之爱与敬重，而成为夫妻平行管理最重要的基石。

第二节　新婚阶段的危机与调适

一、第一个危机：性生活的冲突

结婚就好比拿到"做爱许可证"一般，从此两人可以任意做爱。新婚夫妻几乎是每天做爱，甚至一天要做爱好几次。丈夫随时撩起妻子的裙子就要做爱，初时新鲜好玩，愈到后来妻子开始怀疑——难道结婚的目的就是要供丈夫做爱吗？他好像很爱我，可是似乎更爱做爱。婚前小心翼翼的那种敬重，好像随着撩起裙子的次数，相对地消失了。

许多妻子会自问：为什么丈夫可以对我的身体为所欲为？我可以拒绝他吗？尤其是处女新娘，忍耐着剧痛的结果，红肿消了又肿的结果，前戏与爱抚愈来愈少的结果，换来是愈趋频繁的做爱。许多男子做完爱倒头就睡，留下新嫁娘从羞涩到性冷感的心路历程。

尚未成熟的性技巧，尚未协调的性行为，让丈夫心怀千百种理由来需索做爱。做爱成为丈夫享受婚姻生活的底线与法宝、奖赏与疼爱妻子的法宝、惩罚与凌辱妻子的法宝、消除工作压力的法宝以及解决夫妻问题的法宝。

未曾用心，封植的性心理，就在单向的性行为历程中破裂。妻子的剧痛与害怕，可能从来就没有表白过；妻子的冷感与没有快感，可能从来就没提过；妻子被丈夫强暴般的无助，也从来没向别人讲过。有人讲了、拒绝了、耍狠了，可是面对丈夫的失望无奈与愤怒，许多妻子不是再度屈服，屈服一辈子；就是把事情闹大，变成新婚及往后生活的一大痼疾。新婚夫妻就在主动与被动做爱的新婚生活中，慢慢地把爱与被爱的能力、动力与享受屠杀殆尽。

当然，也有许多的丈夫，细心呵护温柔体贴。也有许多的妻子，快速地享受做爱的快感，甚至化被动为主动，完全没有性生活的冲突。综上所述，因为性生活的冲突，不但控制了新婚夫妻的大半生活，也严重地影响夫妻二人未来的性生活发展。新婚性生活调适的方法有五：一是充分地沟通、引导、调整与技巧的学习；二是以对方的快乐为中心之性行为目标的确认；三是学习以爱来引导性，以性来表达爱；四是摒除为性而性、为一人之性而性的强暴式性行为；五是逐步发展双方皆能接受与享受的性爱模式。

二、第二个危机：新嫁娘的人际冲突与权力卡位战

新娘子面临全新的家庭环境与成员，所有的人都非常熟稔，只有跟她一个人完全不熟。有人要给下马威展现权力，有人要耍赖皮原形毕露，有人要推责任给工作。还有一种什么都不懂的丈夫，不知道帮忙还在旁边扇风点火。对新娘而言，丈夫的温言劝慰和补偿式的做爱，并无法消解每天下床所要面对的公婆家人与事物。小心翼翼、孤军苦战的心情，只有同是新嫁娘才能体会。新的家务负担，劳逸不均的家庭分工，无时无刻的冷嘲热讽，视之为当然的使唤甚至谩骂，让新嫁娘的新生活，生生死死、惊慌无助。

新娘必须抉择，是要在家庭权力的大海中随波浮沉，还是全面部署全面开战——权力卡位战。在新娘的权力卡位战中，如何哄慰长辈？施惠平辈？及收服晚辈？考验着新娘子的智慧与能力。她不可避免地面对冲突，面对权力保卫战，而且一开打就打不停，不是赢就是输得很难看——输掉一辈子。适应方法有四：一是争取或教育丈夫成为助手；二是扮猪吃老虎，不要挑起战争；三是战争到底，承担所有后果；四是忍耐再忍耐，等待媳妇熬成婆。

三、第三个危机：新郎、新娘的傲慢与偏见

情人变新郎，新郎变丈夫，丈夫变成老公夹心饼。男人结婚之后，很快的原形毕露。各种生活习惯与粗、细动作，行为举止、语气态度……等，都令妻子为之震怒或大惊，但却大都能因爱而包容，甚至以"这就是我的老公"而视之为当然

的标记。最可怕的"原形"或"变形",则在于对妻子的态度,竟然与对"女朋友"的态度截然不同。对女人而言,我还是我,你还是你,为什么妻子就比不上女朋友?娇嗲佯怒无人理会了,耐心不见了,无所不用其极地伺候与真爱之感也没了。不逛街了,不看电影了、不旅游了、不上咖啡厅了、不耐心等待了,口气变烦变硬了……。

丈夫似乎认为"到手了",可以松口气了,不必处处宠她,任他骄纵了!不论任何生活事件,丈夫的思考模式变成"你是我的妻子,当我的妻子就必须……"。丈夫在心中为妻子设立角色行为规范,也为自己设立"丈夫与妻子"的相对性角色行为规范,更为自己设立了"丈夫"有别于"男友"的角色行为规范。这些新规范的设立与执行,通常并未经过当事人的自识与检测。男人只是想"恢复"原来自己的样子,不必再事事"委曲"处处费神了。万万没想到,当男人放弃无所不用其极的温柔体贴时,也正是女人最脆弱、最需要丈夫帮助的时候。

新娘一直认为结婚了,从此这个男人变成我的。每天,他都会把我捧在手掌心,日也疼,夜也爱。任何时候,他都可以给我依靠、让我发脾气。他会哄我、疼我,像以前一样包容我、宠我,随便我怎么任性都没关系。在恋爱的历程中,女孩子享受着:被允许、被接受、被保护与被纵容,任性而为的极致快感。这种被定义为"他爱不爱"我的行为指标,在婚后会被解释成:不成熟、不识相、不守本份与不知轻重。因为新郎恢复了某些傲慢与偏见,以前因为"求爱"而被自己"存而不论"的性格、情绪与思考方式,现在又全部活过来。

四、第四个危机：老公夹心饼

新娘置身于公婆、姑嫂与妯娌之间的生活冲击，唯一诉苦求援的对象就是老公。可是，往往就在新娘子刚要开口诉说之时，婆婆已经把老公叫进房间去了。一个人在面对母亲大人与老婆大人的同时，必须双方面分别示好，同时誓言要求对方即将改善。当然，再怎么比，也是母亲大人比较大，而丈夫如何在母亲大人最大的前提之下，以及绝对肯定绝对支持绝对保护妻子的原则上，把双方的面子和里子分别妥善处理，真的是担任丈夫角色的一大挑战。许多当丈夫的妄听一面之词，就怒容以对或积怨于心，而造成家庭更大的纷争。面对家庭纷争时，老婆要"会做"知所进退，老公要"能疼"面面俱到。每一个丈夫都是夹心饼，妻子要知道，老妈也该知道，丈夫更应自知，任一边的饼干都必须"粘紧"，任一边松脱掉落，内馅也会掉落，另一边也将掉落。

家庭中的纷争，许多是无法解决的。更有许多问题，是不可以解决的。小夫妻俩只能盯着问题存在，却不能去触碰或试图改变，只要一碰就会有人受伤。受伤的或许不是小夫妻任一人，但后果却比小夫妻俩受伤还严重。每个家庭的权力体系中，自有禁忌存在，有些不能讲不能碰，有些可以讲不能碰，有些不可以讲可以碰，小夫妻必须正面接受不可以改变的事实，而从其他方面获得补偿与满足。最值得玩味的是，火势一起老婆必先遭殃，不论为谁而战或为何而战。

第三节　已婚阶段的危机与调适

一、第一个危机：钱

筹备婚礼阶段，钱的压力与实力就已展现无遗。婚纱、喜饼、宴席、蜜月、新居等，一切都和钱有关。钱是由哪个人赚的？还是一起赚的？谁赚的比谁多？钱是越来越多？还是越来越少？还是起伏剧烈震荡？赚钱的量、量的趋势，赚钱的方法、主要收入者的人格，影响了整个婚姻生活。

钱赚得多，家庭生活的物质水平立刻提高，衣食住行育乐都能享受到更好的质量。可是，钱赚得越多，人越容易自我膨胀，面对繁华与诱惑也会越多。钱会变成爱，爱就是给，给钱的多寡取代了爱与被爱的深度与广度。结婚之后，爱与被爱变成了管与被管。对已婚的男女而言，管人也会变成管钱。从人和钱通通被管，到只管钱不管人，到人钱都不管；只给钱不给人，甚至不给钱也不给人等，完整地刻画出婚姻变异的全貌。

家庭的财务管理，往往超越爱不爱我，而成为婚姻的第一大事。没有钱，入不敷出甚或债台高筑，会使得家庭破碎婚姻破裂。穷是婚姻与家庭最可怕的梦魇，钱多富裕却也容易令家庭破碎婚姻破裂。在穷与富两极之际，钱到底如何成为家庭与婚姻稳固的基石呢？

收入稳定，足以负担所有的固定与临时性的支出，有效率管理支出费用，不令家庭账目出现赤字，这就是家庭与婚姻的稳固基石。只有在良好的家庭经济与财务管理下，家人才能满足食衣住行育乐的基本需求，夫妻才能进一步去管人与被人管，爱人与被人爱。

二、第二个危机：热情的消失与性生活的挫败

约会时，情侣总希望时间停顿，两人日夜永远厮守在一起。结婚后，美梦成真，两人真的日夜在一起了，却发现"约会"不见了！不再是日以继夜的"约会"，而是日以继夜的"生活"。约会不同于生活，约会的心情变成了柴米油盐酱醋茶，约会的公主王子变成了老婆和老公。"求爱"的动机已经消失，爱已经获得，两人对双方都已无所"求"之时，两人的热情也逐步地消沉。求爱是非常奇妙的历程，因为有所求所以会谦抑，因为有所求所以愈要求到爱。无所求于对方，所以自己的谦抑之心不存。爱也如逆水行舟，不进则退。婚后如果你感受不到日愈浓郁的热情，就代表情爱也已经消失在家庭生活的组织与婚姻制度之中。

伴随热情的消失，夫妻间权力与义务的责任分工也愈趋明显（不论是否公平），而性生活也趋于形式化与规律化。性生活的规律若维持不变，或在双方合作下慢慢改变，大抵对家庭与婚姻不会有巨大的影响。但若双方在性生活态度上未达共识，婚姻随即将亮起红灯。

随着婚龄的增长，两人的性生活，可能水乳交融，性爱之美也发展愈趋成熟而无有止境。但做爱的时间是5分钟、30分钟、1小时或者是1.5小时至2小时以上，时间长短对男女双方，尤其是对女性而言，是截然不同的享受。如果自己的老公只能做爱30分钟的妻子，永远也无法了解女人的身体在做爱1.5小时之后的变化。倘若有一方承受不起旦夕而伐，或者有

一方不想和对方做爱，又或许有一方厌恶、或蔑视、或逃避或拒绝和对方做爱，而对方也无法接受这种现象时，性生活的冲突即将扩大成为婚姻与家庭的败象。

做爱技巧的学习与做爱心理的调适，是发展健康性生活的基本条件。婚前性生活，会偷偷地吞噬情爱。婚后，夫妻却必须以性爱来涵养与展现恩爱之情，而成为婚姻生活的重大支柱。性生活的质量，取决于双方性能力、性技巧与性心理的发展。只单纯归因于男性或女性性能力不足，绝对是不公平的。

"性生活的发展"是婚姻生活的一大重心。性生活具发展性，伴随婚龄而有不同阶段的发展。在不同婚龄的阶段，双方性能力、性技巧与性心理的交互式学习与发展，这是夫妻双方应有的共识与努力。如果在某一婚龄双方性生活即已停止发展，性生活变成只是周期性的发泄、义务、仪式或侵犯，不仅性爱之美不能展现，婚姻生活也将成为跛脚的旅程。不是没有性就是没有爱，而爱恋的热情若不能由源源不息的性爱代替的话，夫妻二人就必须更用心来经营婚姻与家庭，或是把爱与被爱的重心移转至事业或子女身上。

三、第三个危机：孩子的诞生与教养

孩子的诞生，子女的陆续出世与教养，成为婚姻生活发展的主轴，却也成为婚姻生活的重大危机与转机。子女是自我的延伸，养育子女让夫妻变成了父母，让平凡的人变成了创造的神。父母依照自己的意志与形象来教养子女，像神一样创造生命、控制生命。妻子把自己的生命融入子女的教养之中，这是最常见的伟大母爱。丈夫遭受善意的搁置或遗弃，这也是最

常见的事。可是，妻子没错，错在丈夫。丈夫会有这些心情或抗争，是因为丈夫未能善尽为父之道，未能融入父亲角色，未能伴同母亲角色共同教养子女之故。

孩子的诞生与教养，会给婚姻生活带来三个危机：一是夫妻双方或单方，父母角色扮演失败的危机；二是子女增加导致家庭经济压力的财务发展危机；三是教养行为差异的危机。第三种危机的根源，在于祖父母、父、母三方对教养子女观点的歧异。祖父母说："你老公就是我这样带大的，哪里不好？"，老公说："小孩怎么管的？还要我……"，妻子说："我怀着他，生他、养他，每天从早看到晚，难道我还不知道怎么教养他吗？"三方的认知冲突，甚或行为干预，常导致家庭生活永不止息的冲突。

解决之道，不是沟通谁的方法比较好，而是共同学习下列三件事：

1. 尊重母亲，为教养子女的"主承办人"。

2. 以良性的私下建言，取代公众场合的谩骂、批评与插手干预。

3. 共同学习正确的教养子女的方法。

四、第四个危机：暴力与偏执的父母

许多夫妻变成父母之后，双方或单方逐渐发展出暴力与偏执人格。一方面享受家庭绝对的权力，一方面肆虐丈夫或妻子或儿女。这种暴力与偏执，有时像乌云一般密布，压得人人喘不过气。有时又加上恶毒的语言与责骂，像恶雷闪电一般，让人人惊恐不已。有时更如火山溶岩四处喷射，屋宇尽毁、人畜具伤，肆虐家人荼毒家庭、凌辱婚姻，永不止息地残

害配偶与子女。

因为愚忠，忠于婚姻，许多配偶尤其是女子，容忍一辈子的欺凌。因为愚孝，许多子女束手无策，容忍一辈子的毒害，甚至奋身协助受欺凌的父或母，共同承受日复一日的欺凌。没有子女可以承担不孝之名，可是，我何以解脱呢？偏偏坏人长命：自己的父母是坏人，自己的公婆是坏人。面对这种事实，除了警惕自己之外，还能怎样呢？这个危机最诡异的地方是，坏人从来不觉得自己是坏人，坏人通常都自认是受害者。所以，调适的第一个方法就是搬出去住，第二个方法就是寻求专业心理治疗师的专业协助。

第四节　丧偶阶段的危机与调适

一、第一个危机：钱与职业

如果过世的配偶正是负责赚钱的一方，那么家庭的经济会立刻受到重大的打击。丧偶的一方必须核算医疗费、丧葬费，以及往后全家人的生活费、子女的教育费等。如果原来是双薪家庭，就必须紧缩支出并兼职或换转高收入的职业。如果原来就是未曾就业的家庭主妇，面临（中年）就业的新挑战，就显得庞大无比了。

没有钱，当然活不下去。丧偶者突然承担全家所有的事务与责任，如何进行适切的生涯规划与财务规划，不但要自己非常坚强（尤其是女性），更要善用原生家庭亲友与社会资源，千万不要误入歧途。

二、第二个危机：单亲教养

单身一人，不论父兼母职或母兼父职，教养子女都是非常辛苦的事。单亲教养会产生下列三个危机：

（一）子女性别认同与行为楷模的危机

如果早年丧偶子女年幼，就会产生这个危机。调适的方法除了再婚之外，就是与亲戚族人同住，增加家庭角色原型的楷模与替代性的互动。

（二）子女社会适应与自我发展的危机

如果早年丧偶子女年幼，也会产生这个危机。没有父亲或没有母亲，通常会让子女在同侪中被耻笑或欺侮。别人有父（母），为什么我就没有？是不是因为我不好，我是野孩子、坏孩子，所以才没有爸爸（妈妈）？这种错误的自我归因历程，会严重伤害儿童自我发展。单亲教养者务必细心去体贴，子女社会适应的外在压力与自我发展的内在压力，并给予实质的生活协助与心灵慰藉。

（三）情爱不足与骄纵过度的危机

因为父（母）兼母（父）职，所以没人可以分摊时间与亲子之爱；再加上赚钱养家的压力，很容易让单亲教养者，给予子女太少的情爱。父母的情爱，是儿童生长的资粮。缺乏情爱滋养的子女，人格与社会适应易有负面倾向。有的单亲教养者，以钱来取代爱，供应子女大量的金钱来取代天伦的共处；有的单亲教养者，更出现反向作用，投注子女大量的情爱与娇宠，任凭子女挥霍与放肆。这两种现象，当然更对子女的人格与社会适应，产生极其负面的影响。单亲教养者务必劳悴苦心、下足苦力，以加倍的爱心、毅力与行动来教养子女，否则一切都将如泡沫幻影无所着落。

三、第三个危机：独身的性、爱与人格发展

丧偶之后马上要面临的，就是身边突然少了一个人，而且是天人永别。一切的恩怨情仇，都已无着力之处。自己，又回复单身。丧偶之人，性与爱的需求，能否中断？能否关闭？能否追索？能否舒解？能否满足？能否找到理想的接受对象呢？

老年丧偶者，面临老伴撒手的绝对孤寂，更甚于年轻丧偶者。老年丧偶者，虽然较少性的困扰，但是他社会关系与经济能力较差，也无稚龄子女的依附，往往呈现情爱需求的绝对真空状态。自觉没人爱也没人让他爱，转而发展出偏激或负向的人格。

年轻丧偶者，有稚龄子女的依附，亲朋友伴也较多，面临约会与否及再婚与否的抉择。最要避讳的，是因为丧偶及丧偶后生活压力的打击，而对自我产生不健康或不科学的评价，自认为霉运之人、煞气缠身，不敢再去接触异性，或把自己及子女封闭在狭小的生活场中。

丧偶者必须尽力保持原来的社会人际接触，甚至主动去扩充社会人际接触面。面对丧偶初期的慰问者，务必衷心感谢主动去联系往来，切勿长期沉浸在丧偶的悲伤之中而冷眼看这个世界，冷淡对待所有亲友。丧偶不是你的错，但是也不是别人的错，老天爷也没有对不起你。守护丧偶的创痛，规划新的生涯发展，包括新的个人、新的家庭、新的婚姻……。仔细地考虑与解决当前的问题，不怨天尤人是唯一的疗伤圣药。

 家庭心理学

第五节 离婚阶段的危机与调适

一、第一个危机到第三个危机

离婚者面临的前三个危机,就如同丧偶者的三个危机。相同处在于,两者都被贴了标签,一个是"鳏夫"或"寡妇",一个是"离过婚的"。相异处在于一死一活,离婚者的原配偶还活着,所有的恩怨情仇历历在目。居于弱势的一方,或两败俱伤的双方,仍有无可歇止的希望、自责、愤怒与悔恨。

离婚者大抵年龄较轻,对日常负责家管工作的女性离婚者,更须面临庞大的经济压力与职业适应。若无亲友适时的协助,往往会为了钱而窘迫难堪,甚或有异常或不适当的处理方式。离婚者最好与父母或亲友同住,压制反向增强的自尊心作祟,有长辈同住可以分摊家庭分工,并且维持家庭的气氛与责任,对离婚者之适应有极大的帮助。如果因想安静而选择离群寡居,刻苦度日,这将戕害自己害子女,对于往后的生涯发展毫无助益可言。

二、第四个危机:婚姻伤害与不信任感

离婚最不同于丧偶之处,在于离婚者会对"婚姻"本身产生怀疑。婚姻观以及对异性的看法,会有极大的改变或部分修正。丧偶者易产生内在归因,而离婚者却偏于外在归因,把造成离婚的原因归结于对方或环境或婚姻本身。他会以上一个男人或女人的经验去评估或预设或挑选下一个男人或女人。他会怀疑人为什么要结合?女人昏了头才结婚?男人娶妻只为了

获取女人的身体或劳务而已吗？女人一嫁就昏死在家庭吗？

因为对方的伤害而离婚，因为离婚的创痛而怀疑婚姻制度，因为婚姻伤害而怀疑家庭组织，因为家庭破碎而怀疑人生的价值。婚姻的伤害，令人不信任这个世界，不信任世界上所有的人以及自己。离婚者最可怕的危机，在于对人与世界，人与他人，人与自己的关系失去了"信任感"。离婚者必须时常检查自己的心绪，一有不信任感出现，一有别人总是在骗我，为什么人们总是要欺骗我、欺侮我……等的动机与情绪出现，就赶紧收敛心神转移生活事件，以有意识、具体的行为控制破除"不信任感"这个最大的危机。

三、第五个危机：子女监护权——孤岛上的孩子

离婚后子女的监护权，常让男女双方的争夺造成孩子终生的伤害。孩子都给男方？都给女方？还是平分呢？男女各分到一个孩子，把手足分开教养，甚至在孩子面前互相攻击对方，向孩子示好争爱，都将造成孩子自我发展的创伤。有些女性或男性，他有财力和时间取得孩子的监护权，可是离婚后却不能回归自己的原生家庭，让孩子和整个家族生活结合起来。单亲家庭就这么诞生了，孤零零的两个人，一个人上班或上学或出门，家里就只剩一个人，孩子日日夜夜都必须经历漫长的独处，以及疏离的人际关系。

谁该有监护权呢？就教养心理学而言，就孩子的利益而言，有足够的财力、时间和能力同时照顾所有的孩子，及能回归原生家庭的家族资源而不变成"单亲小家庭"者，具备上述条件的一方就较适宜拥有监护权。抢到孩子的监护权前，口口声声喊着"我要自己照顾我的孩子"、"对方照顾不好我的孩

子"、"至少,让我亲身照顾一个孩子!",之后却把孩子安置在"孤岛"上,对孩子而言这是非常可怕的情境。亲代和自己原生家庭断了联系(尤其是女性更易如此),子代也和自己的原生家庭断了联结,亲子两代孤零零地守着一座孤岛——单亲家庭。众多的孤岛将成为这个社会痛苦的源头。

离婚之前,分别问孩子"你要和爸爸住还是和妈妈住?"离婚之后,分别问有监护权和有探视权的孩子"你喜欢爸爸还是喜欢妈妈?"探视孩子的时候问"爸爸或妈妈有没有欺侮你?有谁敢打你,一定要和我说,我绝对不会让我的孩子被人欺侮!"。孩子从不知所云,到左右为难,到左右逢源甚至两边取巧,再到全面失控,父母的婚姻状态迫使孩子从小就已练就全套功夫。"孤岛"绝学,门徒日众,江湖为之倾倒!

四、第六个危机:虚拟母亲情节

离婚的女人,一个人过日子容易,在单亲孤岛上照顾孩子,可就难上加难。难的不是对孩子过度严苛,或过度宠爱的母亲,而是当监护权都归男方,或双方各有孩子的监护权,但为了孩子好,而让手足都跟着父亲的女方。母亲日日思念子女,夜夜魂牵梦萦,劳心成疾者甚多。因为她一直在内疚——我不该、我不对、我是个自私的母亲,我为了自己而没去照顾孩子,孩子为了我而受苦!为什么我不能再忍耐,这么多年都忍下来了,很多人都能忍下来,为什么我就忍不住?我对不起孩子,我……。这类自我语言堆积的心理历程,让一个女人失去自我价值,破坏对自己和别人建立新关系的可能性;让一个女人终生用过去、用孩子来摧毁现在和未来一切美好的人生；让一个女人周而复始的，伤害自己和爱自己的人；让一个女人饱噬生活的挫败，甚或从忧郁症走入精神病变的世界。

离婚的女人，已经离开男方家庭和家族的"城堡"，已经变成城堡外的女人。城堡内的人都是"我们"，对孩子而言，妈妈已经变成"你"，你已经变成〔妈妈〕。经由其他家人所提供的生活照顾（与耳提面命），孩子知道〔妈妈〕已经不是"家人"，〔妈妈〕变成一个朋友般的"资源提供者"。夫妻间切断"姻亲"的联结之后，母亲与孩子的"血亲"关系也变成〔血亲〕而被存而不论。就在离婚的女人喊着"不管怎么我还是妈妈，我们还是血亲，我们还是血浓于水，我有责任照顾孩子，没照顾就是错，不想照顾更是错……"时，孩子早已把她当成〔妈妈〕。嘴里叫着妈，心里却把〔妈〕当成替代性照顾服务者，当成补偿性资源的提供者。

离婚之后，因为已切断"太太"的相对角色，所以连带着"妈妈"的角色内涵也变成了〔妈妈〕。〔妈妈〕的角色，已经切断了儿女心中的生命、生理、心理、生活、经济与社会连带关系。偶发或短期的连带关系的联结，都是"替代性"或"补偿性"需求下的产物，这种联结都是"抛弃型联结"用完即丢。不是孩子无情，"平常不会想我，需要时才找我，偶尔才想我……"。而是孩子已有孩子的"家人"，城堡内的人已和孩子重建绵密的生命、生理、心理、生活、经济与社会连带关系，而那里面并没有你——你只是社会连带关系上的一个人。不管有没有新的妈、隐藏的妈、替代的妈、临时的妈，你都已经不是——妈。

孩子不把你当妈,他们的喜怒哀乐与日常生活,都已和你没有关系,偶尔要你买些东西要些钱,偶尔要你接送带着吃饭出游,都只是替代性或补偿性。可是偶有这些事发生,离婚女子却又急促的戴上〔妈妈〕的角色,自以为是"妈妈"的角色,沾沾自喜地提供服务与资源,而告诉自己"孩子还是需要我的,我能让孩子快乐,让孩子更好……"。这种以虚拟〔妈妈〕来取代实体妈妈的角色游戏,称为:虚拟的母亲情结。

每每在送走孩子之后,或者当生活里遭受挫折之时,她就也想起"为什么我要这么做?这就是我要的吗?这值得我抛弃孩子吗?值得让我去当一个坏母亲吗?为什么这个时候不是我在照顾孩子?有我的照顾孩子一定会更好!至少不会像现在这样漂漂泊泊当个没妈的孩子!我的孩子好可怜,为什么别人有妈他们都没妈?他们有个狠心的妈?她只顾自己,她是个自私的妈妈,她是个不负责任的妈妈?为什么我就不能继续忍耐呢?现在身边的一切都是错的,都是没价值的,都是不应该存在的。只有孩子才是我的一切,我应该为了孩子,放弃自己所有的意念心情与生命的价值。我错了!孩子才是属于我的,孩子才是我的一切……"。

殊不知,孩子和孩子的家人,都不认为孩子是属于她的(即令她拥有监护权)。殊不知,孩子不是也不可能,变成她的生命,变成她生活的一切。离婚的女人必须清楚明白的"知觉"与"认同"——切断夫妻关系搬离城堡的你,已经不被法律或社会道德或城堡内的家人们或孩子本身当成妈,妈妈的角色行为、行为规范与相对的期待,通通已被消除。没人把你当妈,你只是孩子的〔妈〕,你永远只是孩子们的〔妈〕。你想有人叫你"妈",就再生一个吧!离婚的女人只是孩子的〔妈妈〕，而不再是孩子的妈，如果再三地把〔妈妈〕当成"妈妈"，她将被这种虚拟的母亲情结击垮！

虚拟的母亲情结，扰乱了离婚女人的新生。只要一接触或一想到孩子，虚拟的角色心理历程，就会以负向的自我语言残酷地摧毁她的自我、自信、成就、喜乐、情爱与价值。她现有的生命、生理、心理、生活、经济与社会连带关系，都将被她自己噙着泪用力捣碎。然后，平静地看着满地的碎片，看着自己满身的血肉模糊，她告诉自己"你看，这就是结果，这就是当下，这就是我的人生，这就是我，没有用没有情没有责任没有爱的我，我只会破坏一切，我不懂得爱，我不值得被爱，我不应该去爱，我……我活在世上还有什么意义呢？我……"。不是在日常生活上一再以负向的动机与情绪伤害自己；就是在人际互动行为上以偏差的行为再三伤害别人；终而走上忧郁症的病态世界，或自伤、伤人的生命危机状态。

第六节　再婚阶段的危机与调适

一、第一个危机：再婚条件与抉择

还要不要再婚？要找怎样的对象再婚？什么时候再婚比较好？每个丧偶或离婚者，就算自己不想，别人也会主动发问，甚至热心协助。可是如何启口离婚（或已有子女）的经验呢？如何回答离婚的原因呢？如何向自己和对方保证，不会再离婚呢？要选择和上一个一样或完全不一样的对象呢？要怎么向孩子讲呢？要怎么说——我"又"爱上了一个男人或女人呢？孩子会接受他或她吗？双方子女能够住同一个屋檐下吗？双方子女冲突时怎么办？子女反对怎么办？对方会疼爱我的小孩吗？如果结婚后又不适合怎么办？谁能保证对方不会变心或变个样子……。一连串的问题，吓退了众多想再婚的人。而自问有能力解决的、到时候再说的、顾不了那么多的，也就在众人的祝福中再婚了。

事实上，以上的问题都不能漠视，如果对方不能予以正视，备妥合理有效之对策，或矢志协力克服这些必存的问题，再婚之后的感情也禁不起这些事情的每日打击。所以，正视这些问题，接受这些现象必然会出现，不归咎于双方不好或不配，而协手同心解决问题，这才是再婚者应有的基本态度。

二、第二个危机：创伤回忆与自我发展

婚姻创伤的回忆，让再婚者对于配偶角色行为的期待与评价，产生了不合理的扭曲与误解。"你跟他一样……"、"你们男人（女人）都一样……"、"为什么你也……"、"我就知道你会……"。再婚的人一定要注意自己的言行，夫妻沟通绝不能贴上旧标签，否则只好再离婚。

婚姻创伤的回忆，由于外控归因的思考，使得心思都摆在配偶的心态言行的考察与比对，而忽略了自己的改善与发展。自己不动如山，永不改变，只要求别人变。忘了自己也有问题也有缺点，所以也必须配合再婚的对象进行适度的行为改变，发展更恰当的人格。再婚者更要修持"自我关照"与"反求诸己"的座右铭，不要徒以"找一个适合我的"与"这个到底适不适合我"的心态来生活，而要进一步反省"我到底适不适合对方"与"我要如何改善自己才适合对

方"，这才是再婚生涯个人成长与婚姻美满的最佳条件。

延伸思考

1. 刚结婚的时候，大部分的夫妻都在第Ⅰ象限：对自己和配偶的满意度高。你可否检视你的家庭或原生家庭的父母，你们或他们现在在哪个象限？怎么来的？

2. 从双性夫妻、单性夫妻到无性夫妻，代表夫妻性生活从挫败到全面撤守。请你检查一下，自己的性观念是否满分？

（1）对方要做爱，绝不以任何理由拒绝，且一定全力以赴！

（2）做爱时，用尽浑身解数，让对方享受做爱的快感！

（3）上床绝不谈家事或公事，绝不生气或悲伤，上了床就专心营造气氛专心做爱（这是铁律A）！

（4）做爱的时间、地点、表情、声音、讳言、体位、服装、音乐、灯光……等要时常更换，千万别固定时间、地点做规定的事！

（5）做爱前，男生负责"前戏"；做爱后，女生负责"后戏"（这是铁律B）！

3. 离婚的女人，必须割舍前一次婚姻的所有人事物的连带关系，必须告诉自己：我的第一个生命结束了！我必须重新开始打造第二个生命。这个基本态度没建构成功，往往令离婚女子终身倒悬困苦一生。请你把身边人的案例，或戏剧情节套进去想想看，如何帮他解套呢？

夫妻角色发展与平行管理

从朋友变情侣，从情侣变夫妻，从夫妻又变成父母，又变成婿媳，又变成连襟与妯娌婶嫂。家庭角色愈来愈多重，内蕴的家庭角色原型也愈复杂。男女两性不同的家庭观，差异的婚姻观，不同的配偶满意度，天南地北的26种亚型，以及夫妻生涯的发展与困局，这些都是婚前教育重要的领域。可是，当男女两性变成你侬我侬，这些领域才因为相爱而结构成形，夫妻的爱情、亲情与恩情，到底要如何对抗家庭组织中的权力系统，要如何互相调理"管与被管"的权力游戏呢？家庭中夫妻的相互管理，是"平行管理"，虽说两个人应该"一样大"，可是偏有管偏有被管。夫妻角色的发展，如何才能突破上下管控的权力困局呢？这是夫妻管理心理学的最终挑战。

第一节 夫妻角色的发展

婚姻赋予情侣崭新的角色，26种亚型的夫妻，即为角色发展与调适的结果。婚姻的好坏、苦乐、危机与转机，都在相对角色发展的历程中孕育而生。单、双方发展停滞，单、双方发展超前，单、双方发展变异，都会造成了夫妻对自己、对配偶行为期待的差异及满意度的严重失控，这更造成夫妻对双方爱情的错解。

一、个别角色发展的歧异

A、D型是冲突型夫妻角色模式，B、C型是互补型夫妻角色模式。这些模式延续自谈恋爱阶段，或者单纯由新婚第一天起，双方"共同"发展而来。就在婚姻生活延续的历程中，有些夫妻的角色开始"个别"发展，丧失"共同"发展与"调适"的历程，也就破坏了互补的角色功能。

因为当代职场文化，使得大多数夫妻白天各自扮演其他角色，晚上才扮演其婚姻角色。甚至以社会角色延伸或影响或改变了夫妻角色。夫妻以大部分时间"个别"发展其社会角色。若于家庭生活期间，还不能"共同"发展与学习夫妻的角色，则夫妻个别角色发展的歧异性，将是必然的后果。分工或互补模式一旦破坏，两人将渐行渐远，不是感情慢慢变淡，就是争吵不断难以善了。

二、相对角色发展的歧异

夫妻是一组相对性的角色关系，任何一方对自己或对方之角色行为误解或疏漏时，立即会造成双方角色之冲突。夫妻角色分工不完善，家庭之经济性生活与教养生活，立刻面临功能性瓦解的后果。双方角色的错误期待，自以为是的角色行为，从双方引忍不说到洪水决堤，就在爱与等待中错失了角色调适的机会。

三、绝对角色发展的停滞习惯化

相对性的夫妻角色，会因长期的懒惰或疏忽，造成发展停滞与习惯化的、绝对性的夫妻角色模块。这一组角色模块，分工互补功能可能好可能不好，对抗冲突的形式可能多可能不多，但这一组角色模块就因习惯化而变成了"绝对"。双方各自认定，我就是这样，配偶就是那样，既然结了婚，也就认了吧！不论固化在哪一个类型的哪一亚型，这对夫妻可能就这样过一生，也可能在某个节点超过界线而婚姻破裂。

第二节　家庭角色原型与平行管理

由于缺乏夫妻心理学的知识，管与被管的模式几乎都是在双方不知情的状况下（快速）结构而成。猛然回首之时，往往木已成舟。角色调适的历程当然充满困难，可是不管调适与否或满意与否，夫妻的角色模块一定会落入某一个亚型而固化。所以，真正要面临的难题，却在于——怎么管？以及怎么被管？

管与被管的动机、情绪与能力，完全决定于个体当时自我状态与人际状态。男人和女人有不同的婚姻观，所以有不同的生涯发展模式。女人的婚姻是——守着老公、守着孩子，就这一辈子守住这个家。男人的婚姻是——拥有老婆、拥有儿女，拥有一个家。住在同一个屋檐下有着不同的婚姻观，往往因为没有互相沟通与自识，而暗地里操控"管与被管"的方式。

一、恩爱与敬重

夫妻生活最重要的基础条件，就是相互敬重。如果不能敬重对方，夫妻的恩情将仅只留滞于义务的遂行。没有敬重与被敬重的感觉，爱就已经消失而徒留家庭角色的扮演。不管是冲突型、疏离型，还是互补型的夫妻，家庭权力的领受者，都必须因爱而敬重对方，而后凭借内心的爱与行为的敬重，来执行家庭中管理与被管理的权力系统。

夫妻二人的人品、气质、美丑、才艺、赚钱的能力与社会成就，原本就有高下之分。两人因爱而结合，在恋爱追求的过程中，上述各项不论差距多大都会视若无睹，只在意能否爱与被爱。因为爱，恋人给予对方绝对的接受绝对的敬重。可是结婚之后，夫妻两人发展为26种亚型的夫妻角色模块，呈现相对性的角色、行为与期待。26种亚型的夫妻都陷落在管与被管的宿命中，管的人领受家庭权力系统的上位，被管的人领受家庭权力系统的下位。"爱与被爱"变成"管与被管"的家庭组织权力系统，规范了双方的自我影像与人际关系。所以两人人品、气质、美丑、才艺与赚钱能力差异，愈发被摊在婚姻的放大镜下，成为爱与被爱的指标，成为对方爱不爱我、懂不懂得被爱、值不值得爱与被爱等双方感情的评鉴标准。

婚姻制度与家庭组织，是人类文明的一部分，它有优点也有缺点。当代人类、当代夫妻，必须有正确的知识，才能有意识地对抗、调适与导引制度和组织对于个体的有形与无形控制。当代夫妻必须深刻了解，夫妻之爱更甚于情人之爱，因为能共同承受婚姻制度与家庭组织强大双重压力的爱情，才能浴火重生成为令人称羡的——恩爱夫妻。

二、平行管理

两个人恩恩爱爱的一起生活，这是普天下男男女女共同的愿景。只有坚守绝对的恩爱与绝对的敬重，才能把26种夫妻模块的相对性权力系统，转化为平行管理。因为爱与敬重，所以不论是A类型的"父—母"模式，或B、C类型的"父—女"、"母—子"模式，或D型的"子—女"模式等，一度空间的家庭角色原型上下管理的角色模块，转变成多度空间之复式家庭角色原型的平行管理角色模块，图8-1所示。

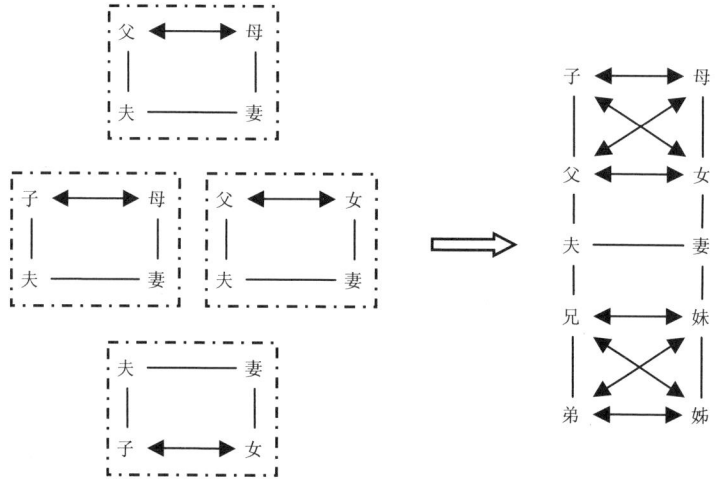

图8-1　一度空间的角色模块转变成多度空间的角色模块

当一度空间的家庭角色原型上下管理模块，变成多度空间的互补管理模块时，真正的"平行管理"终于诞生——爱战胜了权力。爱与权力是家庭的两大结构，而家庭里，到底是爱＞权力，还是权力＞爱呢？爱会止息，权力却无所不在。"爱—家庭角色原型—权力"当我们把家庭角色原型插入爱与权力之间时，方才了解权力系统是不可消除的，不要

part 8　夫妻角色发展与平行管理

作梦说：爱＝权力，丈夫与妻子"平权"，男人与女人"平等"。只要在一起生活，就不是谁爱谁，而是谁管谁？不是谁被谁爱，而是谁被谁管？平行管理的真义，就在于承认管与被管的现实条件，从一元向度的单纯谁管谁？变成多元向度的谁轮流管谁？

恩爱夫妻的平行管理，就是——

1. 双方主动去觉察自己与对方，当下扮演的家庭角色原型。

2. 觉察与推测对各自家庭角色原型的满意度。

3. 主动觉察与求证对方是否有改变其家庭角色原型的需求。

4. 主动调整自己的家庭角色原型，主动以互补型来满足或促成对方家庭角色原型的满意或改变。

5. 丈夫这个角色的内涵，包括：人父、子女、人兄、人弟。妻子角色的内涵，包括：人母、人女、人姊、人妹。

6. 夫妻若有争执，都因双方采取冲突型的家庭角色关系群组，如：父—母、子—女、兄—姊、弟—妹。或对于自我家庭角色扮演不满意，或对配偶之家庭角色扮演不满意，或对双方之家庭角色互动模式不满意。

7. 因为爱对方，所以要主动满足对方的需求，因此丈夫的角色内涵，表出为人父、子女、人兄或人弟，要看妻子想当人女、人母、人妹或人姊。反之，妻子的角色表出亦同。

夫妻双方都以满足对方相对角色需求为原则时，自然就随着日子或时间或场合的变化，而执行多元的家庭角色扮演。这个当下是"父—女"，则我的权力大；下个当下是"母—子"，则你的权力大。这种相对权力系统的主体性转换，消弭了刻板的谁管谁的角色扮演。击溃了家庭中绝对权力体系的困局。

夫妻关系的刻板化最为人所诟病，夫或妻各自角色行为的刻板化（懒惰化）更让婚姻含恨欲绝。这种多元家庭角色的扮演，活化一个人的人格，更强力活化了夫妻两者间的生活连带关系。自己忽然"活"了起来，对方也好像"好玩"了起来，夫妻生活变成满意顺遂且又多彩多姿。

三、太极图

古老中国的太极图（如图8-2），道尽夫妻平行管理的真谛。

图8-2 太极图

太极生两仪，一阴一阳二鱼相抱，其一伸而进，另一缩而退。阳鱼之首伸而进，阴鱼之尾即缩而退，尾缩而退者，其首即伸而进；反之亦同。是故，伸者不进，缩者不退。太极图只要动了起来，夫为阳妻为阴，阴阳相生，就没有所谓谁大、谁小、谁管、谁被管了！

（一）太极生两仪

阳鱼为夫，阴鱼为妻；所以婚姻里有两个"我"，一个是丈夫之"我"（Husband，简称H我），另一个是妻子之

"我"（Wife，简称W我），还有一个"我们"（简称HW；相抱的两条鱼）。夫妻双方，终身都各自玩一个"我－我们－你"的游戏。

原来，这两条鱼有时分离各自独立存在，有时又相抱合为一体。所以，男女两性原本只有一个绝对的"我"，谈恋爱的时候"我变成你，为你而活；你变成我，为我而活"，拥有两个"我"。失恋的时候"我"被毁灭；结婚之后又变成拥有一个自己的"我"和"我们"。结婚不代表我拥有"我"和"你"，而是各自拥有自己的"我"和"我们"。在婚姻里，每个人都面对下列几种关系："我 v.s. 我"，"我 v.s. 我们""我 v.s. 你"，"我们 v.s. 我们"，"我们 v.s. 你"。原来，H我是实体，W我是实体，HW我们也是实体。所以，对丈夫而言，他就在"H我"和"HW我们"两个角色间，进行角色互换与角色对话。对妻子而言，"W我"与"HW我们"的角色互换与对话亦同。

（二）两仪生四象（表8-1）

表8-1　四个象限16种亚型

角色	实体	角色认知	夫 H我		夫 HW我们	
			我	我们	我	我们
妻	W我	我	A1	A3	C1	C3
		我们	A2	A4	C2	C4
	HW我们	我	B1	B3	D1	D3
		我们	B2	B4	D2	D4

ABCD四个象限，代表夫妻相处时各自虚拟的四种互动模

型,并又区分为16个亚型。

1. A象限

A象限是指:夫妻双方在实体上,都以"我"的位格独立存在,相处的时空并没有结构成"我们"。夫妻各活各的,或有冲突或有欢颜,但总不致积怨怀恨。细分又可见A1、A2、A3、A4。A1是指:认定彼此都无"我们"。A2是指:认定老公一直停留在"我",而老婆一直努力去经营"我们"。所以老公骂老婆无聊,因为老婆的"我们"只是嘴里说说。老婆骂老公自私,因为她自认我心里想的,其实是"我们",虽然表现出来的还是"我"。A3刚好相反。A4则两个人开口闭口都是"我们",表现出来的还是各自的"我",却都用"我们"来互相牵制,而令双方郁闷难行。好玩的是,老公认为两个人是A3,可是老婆却可能认定为A2。这种相对差异的认知偏误,将造成沟通上最大的争端,更将严重破坏双方的感情。

2. B象限与C象限

B象限是指:丈夫在"我",妻子却在"我们"。所以,丈夫享受"我们"之外,又常常自己跑去"我"。当妻子努力维持着"我们",但却看到丈夫留在"我"而不进入"我们"。B象限的丈夫当然是自在逍遥,妻子却可苦了自己;她没有自己,她事事样样都以"我们"为念,但是他口口声声都是"我",他的心中没有"我们","我们"变成她的原罪,变成他的"惩罚"。C象限则相反。

B1和B3的妻子把实体的"我们",用虚拟的"我"来表出,来面对丈夫实体的"我"或虚拟的"我们",她用"我"来骗自己继续"我们"。B2和B4的妻子只能欺骗对方或自己,其实我的"我们"是假的,是不一定要的。B3和B4

的丈夫用假装的"我们"来面对妻子假装的"我"或"我们"——表面上占尽理由,然后骨子里用"我"来折磨她的"我们"。外面敲里面也打,这个丈夫无所不用其极来伤害妻子。B4的夫妻表面上都要求"我们",但真心诚意的妻子,每天面对着假情假意的丈夫,却不知是如何心情。C象限中C2、C3、C4,夫妻立场相反,模型同上。

3. D象限

这是最恩爱的夫妻,双方都为"我们"而活着。双方都以"我们"作为生活中每一件事的准则;而且又容许对方的"我",站到枱面上耀武扬威。双方都可以自在地进出自己的"我",以及彼此的"我的",而不会感到愧疚,也不会造成对方的伤害。因为他们相守在"实体"的我们,而悠游于"虚拟"的我。

D1的夫妻最是调皮好玩,他们都知道与深信双方都守住实体的我们,二人却又喜欢展露出虚拟的我。生活上只见夫妻两人两个"我"斗来斗去,两个人都享受着绝对的自我,可是却没见谁撕破脸,更没人遭受任何创伤。两人清楚地看守对方,在那张牙舞爪的"我"的背后——深情缱绻的"我们"。外人只见吵吵闹闹的冲突型家庭,夫妻两人却是甜甜蜜蜜毫无芥蒂。

D2的夫妻仍都守护着"我们"的圣地,但妻子虚拟两相都显现为"我们",彻头彻尾承认我就只在乎着"我们",没有"我"也在所不惜。最值得玩味的是,她容许丈夫的"我",接受甚至喜欢丈夫在生活上"我"行"我"素的模样。而丈夫也老实不客气的,用各种"我",来展露、实现心里缠绵悱恻的"我们"。表面上,好似夫管妻被管;事实上却是丈夫管得好，而妻子心甘情愿地被管得高高兴兴！D3的夫妻则反之。

D4的夫妻就是那种腻到令人吐舌头的类型。两人在实体生活上，都坚守"我们"为至高无上的信条。然后在日常生活出双入对，什么事都黏在一起，一起吃、一起喝、一起玩、一起工作、一起做这、一起做那……。旁边的人看得不行了，还会忍不住质问"你们两个累不累啊？就不能给自己和对方一点点空间吗？"。其实，两个人偶尔也会这么样地问自己？可是，答案都还是一样，不是回答"不累啊！这样才好哩！"，就是回答"累啊！可是不这样会死！"，或者回答"好累哦！但是我们就是喜欢这样！"，甚至回答"你们才奇怪哩？夫妻干嘛像陌生人？"。

（三）阴阳交泰

夫妻交恶？还是阴阳交泰呢？"我与我们"的角色认同和转化能力，就是为人"夫"、为人"妻"的基本素养。每个人都必须保有"自我"，自我意志能够伸张与实现，人才会自觉舒畅爽朗。可是，人也须要"我们"，"我们"缔造了一亲密小团体，结构了"归属感"。"我们"是一种超越的境界，用爱与被爱把两个人紧密地绑在一起。不是为我而活，不是为你而活，而是为"我们"而活。不是满足你的需求，不是满足我的需求，而是满足"我们"的需求。我和你不同，我的我们也和你的我们不同。

1. 相同的"我们"

夫妻要努力的，不是把双方独特的"我"，硬拗成一个样子的"我"，而是沟通与调适双方的"我们"，让你的"我们"和我的"我们"，是一模一样的"我们"。双方必须协调对"我

"我们"共同的期许与行为标准，然后倾两人之力联手促成。只要双方的"我们"是一致的，是共同可以接受的，不管是实体的还是虚拟的，都能有效促进或维持夫妻的感情或关系。

2. "我们"出现的时机

什么时候展露"我"？什么时候表出"我们"呢？自从有了"我们"，人就可以自由抉择变身与享受"我"或"我们"。一个人独处时是"我"，但我若不满意"我"时，也可以变身为"我们"来救援"我"。有些人独处时也活在"我们"，若能享受"我们"，当然很棒。但若以"我们"为苦，以"我们"欺压"我"为苦，那可就自讨苦吃了。一个人独处，干嘛摆个"我们"来臭脸呢？因为他或她已经没有"我"了吗？或许，真是如此，就怨不了人了。

什么时候展露为"我们"呢？两个人在一起的时候，就应该都展露为"我们"，努力去享受"我们"。在一起的时候，还各玩各的"我"，说是我的"我"被对方的"我"——干涉、干扰、影响、妨碍、阻抗、拒绝、欺压、漠视、轻蔑、侮辱等，那在一起干嘛呢？其实，双方这样斗来斗去也没啥好抱怨，最糟糕的是，一个守着"我们"，另一个却守着"我"。这时候，守着"我们"的人会觉得"被抛弃"、"被侮辱"，而丧失自我价值感，以及继续爱对方的能力与动力。守着"我"的人，会觉得"被强迫"、"被压抑"，而夸大自我价值感以及继续爱对方的能力与动力。

3. "我"与"我们"的危机

最可怕的是，当两人都在"我们"的时候，有一个人突然闷声不吭地变成"我"，然后空气慢慢地凝冻。或是在两人见面之后，两人都不愿进入"我们"，然后空气开始燃烧。

若是一个人进入"我们",另一个人却坚持留在"我",接着空气迸裂成水火两半。守在"我"的人,攻击对方的"我们",以及守在"我们"的人,攻击对方的"我"。守在"我"的人,攻击对方的"我"与自己的"我们";以及守在"我们"的人,攻击对方的"我们"与自己的"我"。当两个人都开始攻击自己的"我"与"我们"之时,一切都将崩解。

最可恨的是,有些人永远搞不懂,何时该"我",何时该"我们"。不该是"我们"时,他却跑到"我们";不该是"我"时,他却跑去"我"。有些人永远厘不清,自己要的是"我"还是"我们";别人要的是"我们"还是"我"。有些人永远理不清,该如何享受"我",又该如何享受"我们"。有些人永远辨不明,"我"与"我们"应该相互救援,以及"我"与"我们"不应该互相攻讦。

4. "我"与"我们"的调适

最庆幸的是,总有人懂得,一见面就赶紧进入"我们",不管对方在"我"还是"我们"。幸运的是,总有人懂得,看到有人从"我们"出走时,还能守住自己的"我们",而且不去攻击对方的"我";或是跟着离开"我们",尊重对方的"我",也享受自己的"我"。值得喝彩的是,看到有人体谅"我",就能不再放纵"我",看到有人为守住"我们",也能心怀感谢地走入"我们"。最庆幸的是,"我"受伤的时候,懂得进入"我们"疗伤止痛。最感谢的是,当"我们"变成灾难的时候,懂得进入"我"来重建生机。

最经典的是,知道一切都只是"我与我们"的角色游戏,非关情爱浓淡。最经典的是,有人一见到你,就立刻从"我"走入"我们",你只能会心而笑。最经典的是,二人独处的时空，你绝不舍弃对方，翩然入"我"。最经典的是不把对方的爱与自己的被爱视之为当然，而能"用心"爱"我"，更能"费心"爱"我们"，尤其是还能够"全心"爱对方的"我"。

能在自己独处时，全力发展与享受"我"；为了"我"也为了"我们"，而涵养更优质的"我"。能在两人相处时，全力发展与享受"我们"；为了我的"我"也为了对方的"我"，而涵养更优质的"我们"。

对自己的"我"满意度不高的时候，不是躲起来，也不是怪罪对方，亦非扼杀"我们"；而是勇敢地进入"我们"寻求支援，让对方的"我"来帮助自己的"我"。对"我们"的满意度不高时，不是愤然或悄然地离去，也不是厉声指责对方的"我"；而是再加码再努力，努力营造更棒更好的"我们"。

延伸思考

1. 许多夫妻（或情侣）确定下来之后，就习惯于固化的相对角色模组，而忘了个体必须成长，角色也必须有新的发展，发展更高阶的角色行为标准与更丰富的角色行为期待。你的身边，有没有夫妻出现——某人觉醒而寻求改变与发展，另一人却只知怪罪对方：日子好好的，为什么不知足？

2. 恩爱夫妻平行管理的七大要点，你和你的配偶可否相约一试？

3. "丈夫"角色包含了"父、子、兄、弟"等四个家庭角色原型，"妻子"角色包含了"母、女、姐、妹"等四个家庭角色原型。夫妻间的冲突与和谐，非关事件的是非真假对错，而在于双方采取的家庭角色扮演是互补型或冲突型。请你把实际的生活事件套套看，会有意想不到的效果喔！

教养心理学（儿女观）
——向下管理

Chapter
4

在家庭管理心理学系列中,"教养心理学"——如何教养下一代,教养出快乐的下一代,"似乎"成为家庭管理的"最终目的"。下一代,是父母身体、心灵与生命的延续与展望,如果子女品性不良,身心不健康而无法快乐地生活,为人父母者真是"死不瞑目"!尤其是这个时代的父母(大约1950年之后出生者),投入于儿女的心血之多,无任何过往世代之父母可望其项背。

这个时代的父母,或许不全是"孝子",却百分百都"孝"子。当代父母的儿女观——让儿女享受最好的资源,尽全力栽培儿女。这种"动机性"的儿女观,只焦注于父母的付出,而非儿女的需求;只焦注于父母"爱"儿女的"能力",能力的"强弱"与表达的"形态",而不去训练与要求儿女"被爱"的能力、方式及被爱之后"感恩的心与报恩的行为"。尤其特别的是,这种动机是"社会性动机",而不只是"个体性动机"。这种爱儿女之能力的表现,不是相对应于儿女的需求,而是相对应于社会、阶层与参考团体——其他父母爱儿女之能力的标准。所以,当代的儿女观是社会性、文化性的集体意识与共同的生活形态,是一种流行的、时尚的社会现象,而且这种趋势越来越强烈。

当代父母的儿女观，是对过去世代父母儿女观的一种反动。台湾当代父母，处在告别贫穷的富裕年代里，所以他们拥有更多的财富与资源来"爱"儿女。因为告别贫穷，让父母有更多的时间去照顾儿女——巨细靡遗地照顾儿女。这种完全背离子女被教养经验的儿女观，初始只是告别贫穷的反动，但延续的发展与世代交替后，却演变成一种社会价值，一种证明自己成就与抱负水平的方式——爱儿女的能力。每一个父母都不得不努力，让自己的儿女和别人的儿女一般，享受最好的一切。所以自己舍不得看场电影，却会送小孩参加暑期出国儿童夏令营，此类父母比比皆是已不足为奇。

儿女观必须回归"以儿女的价值为中心"，儿女观必须由动机性延展至目的性，更必须在社会性的集团压力下，发展出个别价值性需求的满足。新时代儿女观必须修正为："培育儿女快乐的生活观与追求快乐生活的能力"——一种目的导向、个别导向的教养行为。否则的话，我们的儿女将只会享受被爱，而不懂得施爱；只拥有被动式的情绪经验，而不会主动创造正向的情绪刺激与反应。父母从当代富裕文化的压力中释放之后，才能回归亲情的个别主体性关系。只有个别性的亲子之爱，才能真正培育身心健康的快乐儿童。也只有以儿女的价值为中心的目的性导向，才不会让儿女变成父母之社会价值的牺牲品。

  儿女观是在非控制的条件下演化而成的，新时代的儿女观却必须在当代父母自觉的反省下进化。新时代儿女观的进化，以快乐的生活观为教养儿女的中心价值，作为儿女适应当代多元文化与价值的金钥匙。生儿无欢，情爱何用？老有所欢，幼有所乐；日日欢喜，人人快乐，这才是当代家庭观所追求的真正价值。

亲子教养行为的本质

亲子教养行为大多采用"事件沟通模式",父母针对生活中各个事件,以"语言"和"行为"两种方式,"奖赏这些"、"惩罚那些",教导儿童"这个对"、"那个错"、"可以这样"、"不可以那样"这些教养行为,发展成三个面向的社会化历程:第一是《合情》,第二是《合理》,第三是《合法》。但是,是你的情理法重要?还是我的情理法重要?双趋冲突出现时,如何才得以超越呢?为人父母者,必须穿越日常生活事件的表象,引领孩子、教养孩子,来探索这些事件背后自我生涯发展的真相——三种快乐的学习与享受。

第一节 合情

合情有两种意义,一是合乎角色关系的行为,二是合乎角色关系的情感展露方式。第一层意义延伸为:父慈、子孝、兄友、弟恭……等家庭角色之伦理道德规范。第二层意义则发展为情绪教育,规范相对角色与情境之情绪表达模式,例如父母告诫子女:"小孩子不可以对爸爸妈妈发脾气"、

"我知道你不高兴,可是我们现在在别人家里,你怎么可以……"。

一、角色行为与规范的学习

(一)个体角色发展模型

儿童必须由家庭角色行为的学习历程,逐步去探索、挖掘、形塑、调适自我角色规范(简称R^1)。并藉着社会角色的互动与学习,进而调适与发展多元的自我角色,R^1n,$n=1\to\infty$。合乎家庭角色关系的行为标准,称之为家庭伦理道德规范(简称R^2)。合乎社会角色关系的行为标准,称为社会道德规范(简称R^3)。R^2和R^3的关系诡异,有R^2不一定有R^3,但没有R^1就一定没有R^2。但R^2的标准与需求,家家户户都不同,所以会发展成R^2n,$n=1\to\infty$。R^3的标准与需求,则因文化、时间与族群的差异而有多元形式与判断标准,所以会发展成R^3n,$n=1\to\infty$。就完形心理学"形-基互换"的原理而言,人的角色是R^1n,R^2n,R^3n的集合体,三个部分的格式塔(Gestalt)会互相影响,且不同的人事时地物……等交错条件下,某些部分Gestalt会变成"主题"(figure),其余的部分Gestalt会变成"背景"(ground),且有形-基互换现象。个体角色发展模型简示如下:

人 = $\{R^1n, R^2n, R^3n\}$

= $R^1n [R^2n, R^3n]$ = $R^2n [R^1n, R^3n]$ = $R^3n [R^1n, R^2n]$

你是否有觉察"角色"分成三大类,各类角色都有其行为标准与道德规范(自我道德规范、家庭角色道德规范、社会角色道德规范),且各类角色都不只一个或固定几个,而会不停地改变、调适与新增。

你是否有觉察R^1n，R^2n，R^3n三者间的三种关系，包括：

A角色→R^1n〔R^2n，R^3n〕

B角色→R^2n〔R^1n，R^3n〕

C角色→R^3n〔R^1n，R^2n〕

A角色是指：以自我角色为表出的figure，而把家庭角色和社会角色存而不论，这是个体独处时的最佳状态。

B角色是指：以家庭角色为表出的figure，而把自我角色和社会角色存而不论为ground，这是个体与家人共处的最佳状态。

C角色是指：以社会角色为表出的figure，而把自我角色与家庭角色存而不论为ground，这是个体处于社会人际关系情境下时的最佳状态。

你是否觉察A情境就该A角色，而且还要从n个A角色里挑出适合的互补的有效的角色来执行；不适合的A角色或错置为B角色或C角色，都会引起或大或小的人际冲突或家庭冲突或自我冲突。你是否觉察身处A情境，亦也表出A^1n角色，但脑子里却不认同这个n值，而在脑子里一直喊着另一个n值，以及"为什么一定……，为什么不可以……我……"。

你是否觉察，C情境却错置A或B角色的困境（A、C角色亦同）。如果你是团体中权力系统的上位者，或许还是有些阻力，但自己不会难过。如果你是团体中权力系统的下位者，批评、谩骂当然接踵而至，人际挫败事事无成是可以预期的。你是否觉察明明是B情境，就是该表出R^2n〔R^1n，R^3n〕，可是你心理却不甘不愿地嘀咕着，你想让R^3n出来，甚至想让R^1n出来。于是，表面上是R^2n，内心里是R^1n。而不管R^2n怎么做，R^1n就在心里批判、扯后腿。自己变成自己最大的敌人！

(二)"觉察-反省-抉择-执行"主体性管理模式的教养

父母有没有能力"觉察"上述角色的发展与关联呢?有没有能力在日常生活历程中,引领孩子"发展"角色,"抉择"主体性管理模式呢?许多的家庭教育中没有教这些,许多的学校教育中也没有教这个。可是,这些却是孩子毕生生涯发展过程中,日日夜夜、时时刻刻都得面对的问题。有的人挣脱了这个困局,却掉入另一个困局。有的人不断地掉入每一个困境中,也有的人不断地从困局里爬出来。当气竭力尽地爬了出来,困局能否不发生?可以,知识就是力量,教养就是能力的养成。

二、道德规范的内化与冲突

三类角色行为里,R^1之道德规范的发展是完全内控的;R^2之道德规范的发展是内外控交错的;R^3之道德规范的发展是完全外控的。三类道德规范之间的关系,有的是冲突的,有的是和谐的,有的是互补的,有的是对立的,有的是符合个人利益的,有的是符合家人利益的,有的是符合他人利益或社会控制安全利益的。三类的道德规范,都有各个社会文化独特的模板,连R^1也不例外。问题在于这些文化模板都是客观的、定型的,有些社会文化中还藏有次文化道德规范的冲突,更有些社会呈现多元文化并存的状态。所以,每个个体"内化"到自我价值观里的各类道德规范也不尽相同。

当代为一个严重的生涯课题,就是自己的三种道德规范冲突时怎么办?以及自己和别人的三种道德观冲突时又该听谁的?这时候权力系统就浮现了,谁的权力大就听谁的。此时，情爱的系统也出现了，谁比较爱谁，就听对方的。最后的终极判准——法律，也现身了。国法（R^4n）所代表的规范，是至高无上的终极道德规范。只要不犯法（国法），什么道德规范都没错。于是，家庭法治教育的重要性，也就凸显而出了！

每个生活事件冲突时，父母是否引领孩子探索这些角色行为的本质？这些道德规范之间的冲突？还是只运作家庭权力系统——当头棒喝了事呢？

三、家庭情绪管理教育

家庭是情绪舒展的舞台，是学习情绪管理的教室，更是埋葬情绪的墓地。父母是孩子情绪教育的老师，用示范、用鼓励、用制止等方法，训练孩子发展出各种情绪，以及各种情绪的表达方式，和情绪表达后的各种管控方法。孩子虽有天生的气质上的差异，有的爱哭有的爱笑，有的一哭不可收拾，有的哭两声就立刻闭嘴。可是哭笑之外，各种情绪的精细分辨、学习、实验、删除、修改、复制与发展，以及表出情绪时用的言语、音量、眼神、脸色、肢体、呼吸、动作与行为，却是父母家人在家庭里日夜教养出来的。

孩子用观察式学习法，输入父母家人所有情绪状态，包括情绪激发的条件刺激种类—引发的情绪种类—表出情绪的方式——被不同的家人介入时的二次反应模式。这种整合式的情绪学习模式，让孩子发展出一套生活在这个家庭里，"有效"的"情绪反应—表出—二次反应"模式。

父母到底怎么教呢？父母往往不自觉——正在施行情绪教育。其实从小到大从早到晚，孩子在家里看到听到的一切，几乎都是情绪教育的教学范例。孩子输入后就找出机会试作，如果没被制止就建立刺激与反应（S-R）联结；否则反之。对孩子而言，父母的身教永远多于言教。言教是什么呢？父母清楚的是言教的部分，父母会教孩子，对什么人可以"发出"什么等级的情绪。在什么地方可以或不可以发出什么情绪。尤其是相对于什么人，相对于不同权力位阶的家人，相对于家庭伦理道德规范，决定了情绪种类与情绪表出的方式。隐隐约约地，似乎什么都和"权力"有关。

情绪的"二次反应"模式是什么呢？孩子处于情绪状态时，若有他人介入表达正向关怀，或介入要求停止或改变情绪与情绪表出方式时，情绪与情绪表出方式到底要不要改变或停止呢？若是自己起心动念想要停止或改变时，自己会听自己的吗？还是"情绪既出，覆水难收"呢？谁来介入是有效的？有效介入的模式有几种？其实大都来自于父母家人的示范、要求与妥协。其次，才是在幼儿园、小学、中学等学校教育及社会职场人际互动历程中，逐步发展而成的。

家庭情绪管理教育，是情绪管理教育的根本。情绪管理教育的内容，则包括情绪的发生、情绪的表出与情绪的二次反应模式。家庭情绪管理教育最糟糕的是，几乎每一个父母都没有学过"如何当父母"，所以亲子间的伦理道德教育和情绪教育，都处于非控制的自然状况之下，依父母亲的人格自由发挥。合情，变成符合父母的情绪状态，以及父母某些情绪状态下，某些行为标准的模仿与学习。小孩子会将家庭中习得的一切，再演绎为概化的认知内容——合乎权威者的情绪和行为标准。

第二节 合理

合理的教养目标有三种，一是教养孩子做正确的事（简称A），二是教养孩子做有价值的事（简称B），三是教育孩子做有需求的事（简称C）。我们必须教养子女，用ABC这三种标准，来判断行为是否"合理"。尤其重要的是建构孩子的自我价值观。

一、合理的三个判准

（一）正确的

怎样的人和事是正确的？这人这事怎么做才正确呢？角色道德规范从$R^1n \to R^4n$，先决的判准是绝对符合R^4n，再考虑爱与权力的条件来抉择$R^1n \to R^3n$，最后才抉择相对或绝对正确的$R^1n \to R^3n$。

（二）有价值的

$R^1n \to R^4n$，代表四种价值系统，R^4n代表的价值系统是唯一不可侵犯的。在满足R^4n价值观的前提下，个体在不同的生涯发展阶段R^1n，R^2n，R^3n有三种价值观，一样在"爱与权力"两股力量的制衡下，会产生适于当时情境的排序。

（三）有需求的

有被需求还是不被需求？谁被谁需求？自己的需求或别人的需求？需求什么？急迫的需求还是一般的需求？合情的需求还是合法的需求？所有需求的判准到底是什么呢？其实一样归结于"爱与权力"这两股力量。

二、自我价值观的建构

（一）R^4n的绝对服从

绝对服从法律，绝不犯法——不侵犯或损害别人的法定权益，这是自我价值观的第一层结构。

（二）R^3n的选择性认同

选择性认同R^3n，在相对的权力系统的条件下，屈从、顺从或合作都是必须的。这是自我价值观的第二层结构。

（三）R^2n的超越性接受

家庭的集体的R^2n，不一定被我认为合情合理或合法。但是，为了家庭之爱，我愿意接受这些人事物存在的事实，而且就存在我身边，而不采取对抗或逃避的行为。这是自我价值观的第三层结构。

（四）R^1n的中心定位

每个人都必须把R^1n当作整个价值观的核心。一切行为的判准，以满足自我的价值观为主，再去思考R^2n或R^3n价值观的满足。个体会不会牺牲R^1n的价值，而去实现R^2n或R^3n价值呢？当然也会，不是为了爱就是为了权力，不然就是，R^1n已消失损毁，或是R^1n从来就没建立起来，再不然就是病了，R^1n的自我中心定位被取代。

（五）自我价值观操作模型（图9-1）

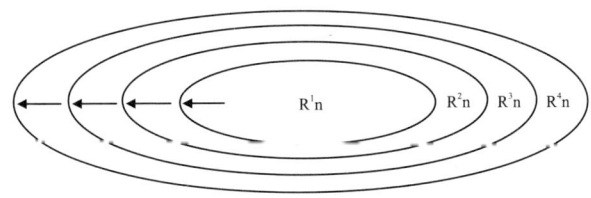

图9-1　自我价值观操作模型

此模型提示下列几个操作规范。

（1）个体的自我价值观，必须包含以下四类系统，并以R^1n为核心，如图9-1所示的次序展开。

（2）任何R^1n的行为表出，都必须经由R^4n的检核，合乎R^4n的价值规范才能表出，或必须调整成符合R^4n规范的形式才能表出行为。

（3）任何R^1n的行为表出，都可以选择接受或不接受R^2n与R^3n的价值检核，或抉择要不要调整成符合R^2n与R^3n的形式表出。个体发展的某些阶段如儿童期，R^2n的势力显然超过R^1n，所以任何R^1n都必须符合R^2n才能表出。初中高中阶段，同辈团体与时尚规范的认同，使得某些R^3n的势力又大于R^2n，所以R^1n的表出会不理会R^2n，却一定且符合R^3n的规范。

（4）R^1n，→R^4n这四种价值观的势力，随着生涯发展阶段会发生质变，而对个体自我价值观的发展与表出，带来非常巨大的影响。

三、父母的教养

合理的教养是在日常生活历程中，为孩子凸显$R^1n→R^4n$的互动现象。引领孩子穿越错综复杂的生活事件，而层级建构与尝试操作其"自我价值观"系统。每一件事，都可以以"自我价值观操作模型"来解析与教养子女。让每一件事不只是"孩子需要"或"爸爸认为那是没有价值的"或"我们家的孩子不可以这么做"或……，而是建立一个宏观的操作模型，来教养子女合理"自我价值观"。因为什么时候操作R^1n〔R^2n，R^3n，R^4n〕或R^2n〔R^3n，R^4n，R^1n〕或R^3n〔R^4n，R^1n，R^2n〕或R^4n〔R^1n，R^2n，R^3n〕，不同的人在不同的时候会有不同的选择。每一个行为背后，都有必须如此选择的原因或习惯。父母教养的价值，就在于经由示范、解析、练习与介入，协助儿女发展出渐趋"合理"的选择与习惯。

第三节 合法

合法的教养行为有两层意义：一是不伤害别人的行为，二是不会被刑罚的行为。小孩子第一个面对的法律，就是"家法"——父母制定的单行法。家法是父母制定的禁忌，"不管别人家如何，我们家的孩子就是只能……，不能……"，执行家法的象征仪式消失之后，家法的意义被简约成体罚，犯法惩处的概念与行为后果的预期，从儿童的家庭教育中深烙人心；继之以学校的校规和班规，再继之以规范全民的国家法律。

一、法治教育

法治教育常被误用为"法条教育"，亦即陈述某条法律条文，列举案例并宣示犯案的罚则以为警惕。法条教育所教导的是畏惧处罚而不去犯法，亦即让当事人衡量"刑罚的后果＞犯法的利益"，所以不该犯法。但是当"刑罚的后果＜犯法的利益"，或者"犯法但不被刑罚"时，犯法就理所当然了。

法治教育是把"守法、不犯法、不侵犯别人的权益"的观念，视之为当然的"内化"到"自我价值观"中。法治教育是透过学习与社会化历程，认同法律的行为规范与罚则，尤其是其所代表的价值观——法律之前人人平等，司法机关才能依法审判对错，才能执行刑罚。国法不是道德规范，但是国法却是价值观的最高标准。家庭法治教育，就在于教养子女服从家法的规范，进而服从校规与国法的规范。

二、家庭法治教育

家庭法治教育，就是"合法的教养行为"。父母教养子女的过程中，最难的就是让孩子知法守法，而非"听父母的话"。这件事不能做，不是因为父母说好、说喜欢、说对、说需要、说有价值，不是"我说什么就是什么"、不是"父母说的永远是对的"、"永远是为你好的"，而是这事合法、合家法、合国法。如何在日常生活历程中，把"法"凸显出来，并且示范"守法"的行为，这是相当重要的。尤其是子女犯错时，父母是执行家法，处罚触犯家法的孩子，而不是处罚不听父母话的孩子。

我们先教导孩子不可以伤害别人，再教导孩子守法，接受法律的保护——法律是刑罚侵害别人权益，伤害别人生命的人。可是许多孩子在家庭教养历程中，并未烙印犯法惩处的观念，许多子女在学校与社会生活中，并未认证犯罪刑罚的事实。尤其是在亲子教养历程中，父母们不自觉地教导儿童，学习服从订定法规的人——父母，而非守法。孩子们学习合乎权威者的行为规范，孩子们更了解当他成为权威者时，别人就必须合乎他订定的行为规范——这就是合法化行为错置的恶果。

每一个父母在面对亲子教养行为三大本质之时，事实上也正面对自己人格最大的考验——绝对的权力。每一个父母都期望完美地执行合情、合理、合法的三大教化工作，可是孩子一出生之后，夫妻二人就摇身一变而为父母，相对于幼儿而言，父母在家中拥有绝对的权力。权力令人腐化，绝对的权力令人绝对的腐化。权力的滋味令许多成年人陷入暴君般的父母角色扮演、意志的绝对贯彻、情绪的绝对表出。所有合情、合理、合法的教养行为，全部笼罩在"绝对化"的人格阴影下。可怕的是，很多父母并不自知，而假爱子女之名行残害之实。每一个晋升父母角色阶级的人，都必须时刻戒慎以自省，坚决地抵抗绝对权力与绝对权威的自我迫害。否则，一切教养行为的后果，都将坠落于法律的刑罚之中。

三、个体行为与社会行为的教养

人类行为可区分为两大类，一是个体行为，二是社会行为。个体行为是指：个体独处时之行为（如浴室、厕所、个人房间、独居），以及个人性的动作或语言（如偷偷挖鼻孔）。只要有第二者在场，只要行为发生时个体扮演某种社会角色，任何外显而为人知的行为，都可称为社会行为。家庭行为、教室行为与校园行为，都是社会行为之一。家庭教育与学校教育的宗旨，即在于知识的传授与社会行为的养成。家庭与学校提供社会行为的训练与尝试错误的机会，以及保护性、实验性之社会行为的空间，亦即容许犯错，但须经由辅导系统辅正。

社会行为的结构包括三个要素：A快乐的行为（高兴的），B有价值的行为（正确的），C合法的行为（无害的）。每个人受教育的"社会化"过程，即为"学习"社会行为三个要素的过程。学习建立"A包含+B包含+C"的社会行为模式，学习排除"A包含B包含C"之个体行为模式。意即，快乐的行为必须被包含于有价值的行为之中，有价值的行为更必须包含于合法的行为之中。如果颠倒过来，管它有无价值、合不合法，只要我快乐有什么不可以，这样就天下大乱了！

社会行为的建构，就是文明与野蛮的分野。如果家庭教育与学校教育的历程中，都没有成功地把"A包含于B包含于C"的模式，建构到个体的理念与行为习惯之中；社区教育与社会教育，也未能把"A包含于B包含于C"的模式，建构为社会习俗、道德规范与社会价值。那么，社会化失败的个体，就会成为反社会的行为人，而于不同的小团体生涯中，展露强弱不同的反社会行为——极端的个体行为——"A包含B包含C"。（受害人的多寡与深浅，也就不是以"丧心病狂"来言喻了。）

家庭教育是儿童第一次的社会化历程，也是最重要最根本的社会化经验。因为快乐动机的自我实现，会自然地出现"A包含B包含C"的个体化行为。唯有透过家庭生活之模仿与奖惩的经验，唯有经由亲子教养中绝对情爱与容许犯错的经验，才有可能学习社会行为"A包含于B包含于C"的判断。才能把个体的快乐动机社会化为目的性的快乐生活观。

家庭教育有两大核心内容，一是"情爱教育"——爱与被爱能力的训练；二是"法治教育"——伦理道德观念的内化。就个体的生活史而言，家法是国法的基本法。儿童不但在家中习得守法守纪的习惯，更经由情爱的引导而深入体悟伦理道德的本质。儿童在教养行为中学习家庭角色的权力体系，学习尊重与被尊重，学习容忍与被容忍，学习领导与被领导，学习保护与被保护。儿童深切的体会，违法犯纪之后，对自己和家人，所造成的冲突与伤害。

父母亲是家庭中的执法官，父母亲以情爱的动机，来阐释守法的目的。教导重伦理守法纪的行为习惯，来爱护自己和挚爱的家人。教养行为中，有一半是用来"执法"，另外一半则是用来"说法"。法治教育与情爱教育，犹如一体之两面而不可偏废，这是教养行为最基本的守则。不论偏重法治或情爱，都将造成儿女性格的偏差与行为的失调。家庭法治教育，才是把"A包含B包含C"之个体行为机制，转化成"A包含于B包含于C"之社会行为机制的唯一枢纽。

第四节　情理法的双趋冲突——不快乐

儿童在合情、合理、合法的社会化过程中，必然面临巨大的冲突——合别人的情，还是合自己的情？合别人的理还是合自己的理？合别人的法还是合自己的法？我不伤害别人，可是别人要伤害我时怎么办？每一个人的情理，都不相同的时候怎么办？所有的不情、不愿、不理、不解、不迎、不送……怎么办？冲突状况下，行为的判准何在呢？

一、双趋冲突

我们为孩子制造了"双趋冲突"的终生赛局（Game），他"愿意"顺从、迎合或屈从父母（师长、权威者、权力者、拳头大者……）的情理法，可是他也"希望"实现他自己的情理法。怎么办呢？到底要委屈别人？还是要委屈自己？为什么都是我在委屈？抉择的标准在哪里？身为父母的我们不但没教给孩子，甚至连我们自己都不知道答案。因为很可能，父母也从小就陷身在同样的Game之中，而且终身都以不同的角色扮演，操作同样双趋冲突的Game。

"避苦趋乐"是人类的本能，可是双趋冲突的赛局，却让我们时常陷入"趋苦避乐"的困境。因而人开始"不快乐"，也因而"失去生命的光泽"。因为双趋，所以就变成了"两难"，也因此就预期了不快乐的"结果"。表面上的两难是"听你的？还是听我的？"本质上的困境是"快不快乐"？

趋乐是一种基本需求，更是一种超越国界、人种、文化与年龄的"动机"。所以"避苦"也就成为实现快乐动机的基本手段。快乐动机的实践，变成个体自我实现最根源的启动与目的。实践自己的情理法，满足快乐动机，当然其乐无比。抛弃自己的情理法，违逆自己的快乐动机，当然痛苦无比。所以重点不在哪一方情理法内容的正确性，而在于"实现自我"，还是"否决自我——实现别人"。

二、快乐动机的陷阱

快乐动机的自我实现模式，将行为的后果预设为"快乐v.s.不快乐"，而判准设定于"听我的（自我实现）v.s.听别人的（否决自我）"。快乐动机的预设模式，否决了人际沟通与快乐之行为结果的可能性——这才是快乐动机最可怕的陷阱。

小孩子也追求自我实现吗？没错，别被马斯洛骗了。从幼儿、成人到老年人，统统在追求自我实现。幼儿从开口自述"我"之后，其"自我"即已成形。在当今家庭教育的条件下，每一个儿童切身之"生理的、安全的、归属的、自尊的"

等四大需求，全都不虞匮乏。所以，几乎每一个儿童都在满足四大需求的前提下，追求着小小心灵的自我实现。快乐动机的自我实现，成为儿童生活的重心。如果父母未能用心教养，如果幼儿园老师未能用心引导；孩子进入小学后，就会把快乐建筑在别人痛苦之上，成为自私自利的下一代。如何教导儿女，跨越快乐动机的陷阱，也就成为当代父母必备的教养知能。

第五节 超越双趋冲突的父母之爱——教养行为的反应炉心

听我的，自我动机的实现，当然快乐极了！听别人的，实现别人的自我，满足别人的动机，让别人快乐之际，我是否也能为之而快乐起来呢？如果可以，双趋冲突的Game就被瓦解了！原来，父母在教养子女的历程中，不但要身教还要言教，还要明白地解析快乐的三种定义，让孩子"知而后行"，而拥有三种快乐的能力。

一、第一种快乐

第一种快乐——我的需求被满足，这是人类最原始的"利己"的快乐。生理需求的满足，直接带来快乐的情绪，安全需求、爱与归属的需求……任何身心或物质的需求"被"满足，我就快乐。每个人从小第一个接触的快乐，就是这种原始的快乐。孩子的任何需求，父母都会主动去满足，这种婴幼童年的教养经验，让孩子感受到原始的快乐，也在孩子的脑海中形塑了第一个快乐方程式：我的需求被满足。

但是，随着年龄或成熟的发展，许多人在具有行为能力之后，却仍对所有的人，或针对某些相对的角色关系，采行第一种快乐的原则，而把人际关系弄得怨天尤人。许多人，包括小孩、青少年、青年、成人、老人……等都宣称我不快乐，原因竟然都一样——他们的需求没"被"满足。这种人甚至不愿意主动去做些什么行动，来自己满足自己的需求。这种人只会叫、只会要求、只会等、只会催、只会抱怨、只会愤怒、只会伤心、只会自怜！

二、第二种快乐

第二种快乐——因为我有能力满足别人的需求，有能力让别人快乐，所以自己觉得很快乐；且这种因为给别人的快乐而产生的快乐，比自己的快乐更快乐。这种快乐，称为"利他"的快乐。快乐从"利己"的行为，变成"利他"的行为，从"接受"的状态变成"给予"的行动。从以"自己"为中心的行为互动，变成以"别人"为中心的行为互动。快乐不再只是需求满足后的情绪，快乐已经发展成一种利他动机，发展成一种高贵的情操，快乐已经发展成一种特殊价值观的精神状态，甚至牺牲自己的利益，放弃自己的需求也在所不惜。不但在所不惜，而且付出的相对的牺牲愈多，竟然愈快乐！这就是文明的利他的快乐，人生的第二种快乐！

几乎所有的教养行为，都是父母让孩子享受第一种快乐，父母自己享受第二种快乐。几乎大部分的父母，都只施予孩子第一种快乐，却不去教养孩子体会、学习与执行第二种快乐。所以教出了许多只懂得要求与接受，不懂得感恩惜福与报恩的人——这种人从小到大到老，都如此这般地活着。困窘的是，每一个父母都自动发生第二种利他的快乐，但却只操作于"亲—子"角色模块，而不操作于其他角色模块中。大部分的父母在扮演其他相对角色模块时，却仍操作第一种原始的快乐，所以终身都陷落于双趋冲突的Game之中。如果，扮演每一种家庭角色模块时，都能操作第二种快乐，幸福家庭就指日可待了。

父母必须教养儿童学习第二种快乐，教育孩子如何启动"感"恩的心，导引孩子如何执行"报"恩的行为。父母亲必须在儿女享受第一种快乐之时，引领他思考"快乐动机为什么能实现"？让他美梦成真、让他心想事成的人是谁？答案是：爸爸、妈妈。儿女所享受的每一个快乐（吃冰、喝可乐、玩游戏机、看动画片……），都因为父母辛劳的付出与张罗，因为父母尽全力让儿女快乐，而不计较自己是否快乐。

所以，父母必须让儿女面对一个事实——为什么父母赚钱不自己花用，自己吃好、用好、穿好、自己享乐？为什么赚的钱要花在儿女身上，还要做牛做马辛苦持家（煮饭、洗衣服、拖地板……）让儿女享受？答案很简单："因为你是我们的儿女"，"没错，因为我们是你的父母"，"因为我们'爱'你"。因为亲情之爱，所以父母不追求自己的快乐，而去协助子女获得快乐。因为爱儿女，所以父母把儿女的快乐，当作自己的快乐，父母因为满足子女的需求让子女快乐而感到快乐。

奇妙的事情发生了！因为"爱"，父母解开了避苦趋乐的终身赛局，父母亲超越了双趋冲突的快乐动机。快乐不再只限于自我动机的实现，不一定要"听我的"，"听别人的"实现别人的自我，让别人快乐，竟然也能让自己快乐无比！父母要引领孩子品味这一切,涵养家庭生活中无所不在的——"感恩的心"。不但要教养子女懂得感恩与惜福,更要教养子女学习父母身教的亲情之爱——超越自我中心,以家人之乐为乐。亲情之爱涵养"利他行为",更让"快乐"变成利他行为的"结果"。这种超越人类本能局限的文明教养行为,只有父母亲才能执行,也只有家庭教育,才能领受这么伟大的文明化工程。如果父母亲未能身教爱语,儿女们一生一世恐无感恩之心——不知道自己正在被爱,不知道爱自己的人辛勤的付出;更不知道如何爱别人——以他人之乐为己乐,而终身缠陷于不快乐的双趋冲突之中。

父母还要引导孩子执行报恩的行为,要带动孩子一起去满足某些家人的需求,让孩子学习如何主动把快乐带给家人。例如:在帮孩子剥虾壳,喂孩子吃虾子时,不要只问"好不好吃?"、"高兴不高兴?",还要问"妈妈在干嘛?"当孩子回答"妈妈在爱我"之时,你得赶快接口"那你爱不爱妈妈?","爱呀!""好!那你现在要怎么爱妈妈?","等一下吃完饭你还可以怎样来爱妈妈?"。父母必须引导孩子在日常生活中,把感恩的心"联结"报恩的行为,要孩子也喂你吃虾子,让孩子在乎"妈妈正在爱他",也在乎"我也爱妈妈"、"我也要爱妈妈"。父母千万要赞美孩子展现出第二种快乐的行为,让孩子以拥有第二种快乐的能力为荣,以执行更多的第二种快乐为傲,这才是极致的父母之爱——引导孩子超越双趋冲突的终生赛局。

三、第三种快乐

第三种快乐——不因为我的快乐而让别人不快乐,也不让别人的不快乐来影响我的快乐,更不让自己的不快乐影响别人的快乐。这种快乐,称为"互利"的快乐。从童年以至毕生生涯发展历程中,充斥着人际互动的交叉影响。人与人之间的喜怒哀乐会互相影响,生活场中同处的时间愈长,彼此的情绪就愈容易互相牵动。追求第一种快乐并没错,但不一定每次都有人愿意满足你。因为你要的快乐,可能正是(或造成)别人的痛苦。追求第二种快乐是很好的,但是对方可能拒绝,可能不领情,也可能你刚好踩到他的痛脚。没事又惹一身腥的你,可能因为对方的不快乐,自己也变得难过得半死!原本想要自己快乐的,原本想要让别人快乐的;结果到头来竟然让别人不快乐,也让自己不快乐!

人际互动是社会生活的要件,父母在教育历程中,教导孩子觉察情绪交互影响的现象,以及造成的创伤和影响,让孩子体会第三种快乐的价值与急迫性,帮助孩子把第三种快乐当作实现第一种快乐和第二种快乐的判准。如此,孩子才能在人际关系中悠然自得,才不会误人误己,而从生活场中退怯!每一个孩子的终身赛局——双趋冲突,至此才真正的完全超越。学会三种快乐能力的孩子,最是我们所期待的新新人类——勇于追求快乐,自在地追求快乐,快乐地给人快乐,尤其是自在地不快乐与自在地面对别人的不快乐。

延伸思考

1. 请举例说明如何觉察与转换ABC三种角色,借以帮助一个人脱离困境?

2. 请举例说明"A包含B包含C"是怎么回事?

3. 请举例说明你享受三种快乐的经验?

part 10 快乐的生活观

　　快乐不只是一种情绪状态，也不只是行为的后果。快乐不只是一种动机，更不只是一种期待。快乐是生命的原动力，追求快乐是人们最美好的生活观——快乐的生活观。亦即，把"快乐动机"延伸为追求快乐的目的性行为，把"创造与维持快乐的自我状态"当成日常生活行为的标准，进而把标准定义为——让自己快乐，让别人也快乐。

　　你快乐吗？大多数人生活中大部分的时间都不快乐，有些人甚至连睡觉也不快乐。一天24小时里，你的快乐占几个小时呢？虽然每个人都"希望"快乐，但是在目标的设定、事务的执行上、处世态度与言谈举止中，却都不考虑快乐与否，而只是单纯地想象在目标达成后导致的快乐情绪。如果人生是由事件所串连而成的，快乐就变成事件圆满的后果。事件执行的时间历程无关快乐，快乐只是生活史上每一个事件结束之时的一个"点"，万一事件的结局不如人意，那么快乐岂不又插翼而飞？每个人都憧憬快乐，可是所讲的话、所做的事都背离着快乐，快乐只成为价值实现后的情绪反应。

"快乐的生活观"重新定义人生：因为"我要快乐"，所以我选择用快乐的方法，快乐地去做某件事，让自己从头到尾都快乐；不是因为某事件的结果，所以我很快乐。主体性地选择快乐、创造快乐，主动地维持快乐，调适成快乐的身心状态。同一个事件可以从很多观点来思考，然而有些观点会让人快乐，有些观点却会带来痛苦，因此能否选择用快乐的观点来思考事情，这决定着幸福感在我们生命中所占的比重会有多重。而什么是最适当的观点呢？非但要评估观点的功能性价值，更要评估观点的快乐性价值，两者合而为一即是最适当的观点。

选择快乐的方法来做事，并非只问结果不论过程。同一件事可能有许多不同的处理方法，有些方法会自己快乐却让别人不快乐；有些方法让自己和别人都不快乐；有些方法无所谓快乐不快乐。如何选择快乐的行事技巧，让自己和别人都快乐，这就是快乐的生活观。事件的结果无论是否尽如人意，个体都应主动以快乐的态度，用正向积极的语言来自省，用正向积极的行动来改善，维持自我的快乐状态，这就是快乐的生活观。

快乐的生活观，不但令人时刻面对快乐的自我，更要求时时刻刻为别人着想，主动创造与维护相关重要他人之快乐的机体状态。不让自己的快乐造成（重要）他人的痛苦，全力创造与维护自己与重要他人的快乐，就是快乐动机的再定位——快乐的生活观。

第一节　前题：快乐的父母

你的孩子快乐吗？如何教导孩子拥有快乐的生活观呢？首先，父母自身必须先快乐。不快乐的父母，如何能教养出快乐的子女呢？所以，父母应先建立快乐的生活观，再经由身教与言教，让孩子在家庭生活中观察、模仿与学习，建立他自己的快乐生活观。

父母们为了满足家人的安全、爱与归属、尊重与自我实现需求，而尽力追求经济的安全与生活质量的提升。但在现实生活的经济性压力中，父母却常常被事件切割成片片段段，卷入连续或不连续的冲突、矛盾与苦乐双趋的漩涡之中，以致几乎根本就没有"生活观"可言。因此，很多父母在家庭中执法的态度，就经常视当日在职场上、生活上的顺逆处境而定，若诸事顺利就惩处从宽人人有奖，但若诸事不顺就惩处从严全家遭殃。

父母应如何建立快乐的生活观呢？父母应该重新面对职场生活的本质——事件。每一个事件，都可以解剖成A、B、C三种结构。A是认知内容（行事义理的价值标准）；B是行为展露（语言及肢体行为）；C是情绪反应（苦乐扬抑的心情）。通常，我们习惯于若A则B；若B则C；或者若B则A。若A则C，亦即A→B→C或B→A→C的生活模式。执行快乐生活观的父母，应该把A→B→C或B→A→C的模式，变更为C→B→A或者C→A→B的快乐原则。不执着于"所知"的A，也不执着于"所习"的B，而因着要得到快乐的C，所以去调整所知的A（从另外一种角度来认知与诠释），再调整所习的B（用另外一种方式来处理事件）。

C原则：C→B→A或C→A→B的快乐原则，则是让个体在面对事件时，能够主动地搜寻各种不同A、B的可能性，选择或创造能让自己和他人都快乐的A与B，更让个体摆脱"习惯性"、"被动性"、"随机性"的思维与行为模式。拥有快乐的生活观，执行C→A→B的快乐原则，会让父母重新领受自己的生命，当自己真正的主人，享受生活中每一个时点所蕴涵的快乐之美。

身为父母的你，快乐吗？为了教养子女，你必须主动地让自己快乐起来。执行C原则，用"我要快乐"的"动机"，引领生活的每一个事件、每一个想法与每一个心情，这就是成为"快乐父母"的绝招。

第二节 快乐生活观的二大金钥

家庭教育最特殊的特点，在于情爱教育与法治教育的内容，都必须以情绪教育的形态来包装。亲子教养行为中，我们由"动机与情绪"的现象，导入"情爱与法治"的教育内涵。父母必须关注孩子的每一个情绪反应，孩子只要展露负向的情绪，父母就要马上关心他："你快乐吗？"、"看你不快乐的样子，爸妈心里也不好受。""你让自己快乐好吗？我们一起想办法把快乐找回来！"

一、第一把金钥：谁不快乐？

"你不快乐吗？"这句话对孩子言，可谓一语中的直入童心。在儿童的生活世界中，看动画片、吃披萨……等大人眼中的小事，都是他们心灵世界自我实现的大事。每一件微不足道的需求与满足，都代表着"父母爱不爱我"、"我在家里重不重要"。只要爱与归属，以及尊重与自信的基本需求被怀疑，所有的自我实现都将崩溃，而导致行为异常与人格解组的不良倾向。"你不快乐吗？"代表父母对子女绝对无条件的爱、尊重与接受，不质疑儿女的价值系统，不质疑儿女的行为模式，直接关怀子女快乐动机的自我实现。

儿女所有的情绪性反应，都是一种抗争性行为。抗争的目的并不执著于事件内容的满足与否，而在于"事件背后自我实现之动机"是否为父母所关注、理解、接受与协助。父母所要满足的是儿女"人"之本质，而非处理各个"事件"的法理。快乐吗？谁不快乐？谁让自己不快乐？是谁，让别人也不快乐？"快乐"是家庭生活唯一的法绳，也是家中每一个份子在面对双趋冲突时唯一的判准。

学习以"谁不快乐？"取代"谁做错事？"；学习以"你不快乐？"取代"你错了！"如果在家庭生活中，每个成员都能随时觉察自己和他人是否快乐，让"不快乐"成为家法中唯一的罪条。为此，自己必须加油，全家人也一起来帮忙，想办法让不快乐的人快乐起来。快乐原则取代是非与对错的惩处之后，所有的家人可以更紧密地结合成亲昵的快乐小团体。在家里，你可以放心地表现出所有的不快乐，而当家人付出关怀时，你就可以把家人的爱当作自我疗愈的灵药，将心念转到"第三种快乐"然后快乐起来！

二、第二把金钥：快乐起来好吗？

"让自己快乐起来好吗？"取代"你应该……"、"为什么你不……"、"你一定要……"之后,直接跳脱事件法理的因果冲突与满不满足。"让自己快乐起来",宛如神咒般启动追求快乐的生之本能,让儿童直接调整自己的身心机制。让儿童学习切割时间,就在这个时点上,关闭上一个事件(混沌未决的事件)进而另外开启下一个新的事件。

"家里只要有人生病,全家人都会很担心!","家里只要有人不快乐,全家人也都不快乐!"。为什么会这样呢?原因无他,因为家人彼此相爱。父母亲要明白地告知子女——父母亲最大的快乐,就是自己的孩子都很快乐,且这种快乐不是建筑在别人的痛苦上。孩子在快乐原则的生活训练中,学习两种快乐,一是学习让自己快乐,再者是学习让家人快乐,因而享受更深挚的快乐。以爱为基点的利他行为——主动创造他人的快乐,是一切情爱与法治教育的原点。这种精神文明的高贵行为,只有家庭和父母才能赋予每一个子女。

"你快乐吗?"父母必须协助自己和子女,在家庭教养历程中,以"快乐原则"共同面对生活中所有的冲突与缺憾。"一起快乐好吗?",父母与子女共同超越双趋冲突的苦乐,而创造"双赢"的快乐生活。

延伸思考

1. 请举例说明C原则如何造就快乐的父母?

2. 请举例说明如何用"你不快乐吗?"来取代"你哪里错了"、"你错了"?

3. 请举例说明可以用"一起快乐起来好吗?"来取代哪些言语或行动?

快乐生活观的五个身心指标

如果我们以快乐的生活观，来宝贝我们的孩子，就可以在儿童的生活世界中，建立下列五个快乐的身心指标。

第一节 快乐的生理状态

儿童的生理机制呈现连续性的"成熟"历程，不同的成熟状态下，个体具有不同强度的生理功能。"练习"不但能促进成熟，更是个体享用生理功能必备的条件。游戏化的练习历程，竞技化的功能性操作，让儿童在"玩 vs.好玩"的快乐动机下，获得生理机制的成长。儿童在"练习—成熟"的循环中，享受身体因熟能生巧所带来的快乐与自我肯定。从儿童到成人的发展历程中，个体变化最大、影响最深远的就是"身体"。长大——是每个儿童共同的发展趋势，赶快长大、变高、变壮、变得更有力气，自己可以做很多事，不必依赖别人也不会被人欺侮。但是值得注意的是，错误的练习或者练习不足，往往会延缓身心成熟与器官功能的强弱，甚至造成不健康的生理状态。

一、玩

父母应协助孩子充分地练习，且在练习中获得成熟与健康。享受练习、成熟与健康，是儿童发展最根本的基石。父母不要打压儿童的游戏，一天到晚只会嚷叫"不要玩了，去写功课"、"不要玩了，去……"，变成游戏的破坏者。反而要在孩子不同的发展阶段，每天协助孩子做生活规划与时间管理，把"玩"的时间预留出来，而且教孩子怎么玩（不要死守着电视或电子游戏机），甚至陪他一起玩。

"玩——游戏"必须定位于：生理成熟与功能的操作练习。一方面训练儿童健康的体魄，另一方面训练儿童如何享受自己的身体、如何爱自己的身体、如何保护自己的身体。其实，相对于大人而言，儿童和身体的关系非常亲密，他们用更多的时间来玩自己的身体。如果父母亲不能体会这种亲密关系，而给予正向的协助，反而疏忽漠视或对其身体施予暴力攻击，都将造成儿童发展的终生伤害。

玩——有两种玩法，一种是知其然的玩（简称：A玩），一种是知其所以然的玩（简称：B玩）。

（一）A玩：大部分的孩子都是玩"A玩"，不管是玩游戏、玩玩具、玩器物、玩水、玩球……都是为了"玩"而玩，或者为了"玩这些东西"而玩，都是为了享受玩的欢愉和乐趣。而就在玩的历程中，非控制地促成快乐的生理状态——促进健康的附加价值。

（二）B玩：B玩是"有意识的"，为了达成下列的企图或发展的目标而玩。

1. 发展身体（体能）

2. 享受身体
3. 保护身体

用玩的方式达成上列三项目标，并享受玩的欢愉与乐趣，就是B玩。所以一样在玩，但父母和孩子都很清楚要玩什么？怎么玩才能得到最大的利益和享受。

这种促进生理发展和健康的想法及行动的方式，让孩子"感受"到自己的身体——身体的健康强壮、身体长高长力气，以及身体的成熟与发展带来的生活自主性的便利，而"产生"的欢愉、乐趣，称之为快乐的生理状态。

二、体能发展教育

体能发展教育就是标准的B玩，在于协助幼儿自己建构与维护快乐的生理状态。教育的内容则包括以下五大项17小项。

（一）认识身体与生命的珍贵

1. 生命的珍贵
2. 身体的结构与发展

（二）如何保护自己身体的安全

1. 不安全的环境
2. 不安全的人
3. 不安全的"想法"

（三）如何让自己的身体更健康

1. 认识疾病
2. 认识环境污染
3. 个人卫生清洁能力与习惯之养成
4. 公众卫生

5. 均衡的饮食习惯

（四）如何让自己的身体更强壮

1. 体能与日常运动
2. 运动技能与体能的成就
3. 身体各器官的运动方法

（五）快乐的生理状态

1. 享受健康的身体
2. 享受强壮的身体功能
3. 享受快乐的生理状态
4. 生命的尊荣，不攻击别人的身体

第二节　快乐的心理状态

儿童在家庭的权力系统中，扮演着被统治者的角色，决策权大多在父母的手中。儿童满足各种需求的时间、方式与次数，往往不是儿童所能主控的。所以，儿童的生活世界中，预期失败的焦虑，面对拒绝的挫折，以及挫折之后的负向情绪，都会大幅创伤快乐的心理状态。快乐的心理状态，是儿童情绪教育的最终目的。挫折——挫折之预期与后续的负向情绪，则为儿童情绪教育的主轴。所以，接受挫折之必然，接受挫折的意义，赋予挫折正向的诠释和态度，才是儿童情绪教育的主要课题。

一、调适自我需求模式

因为同是一家人，所以父母兄弟姐妹的各个需求，都必须在家里共同满足。任何人的个别需求，都会被父母放在"家庭性共同需求"的前题下思考。所以个别需求的拒绝，并非对个人的否定与拒绝，而是以"家人都快乐"的判准，来衡量"个人快乐"的满足。如何修正自己的快乐动机，让"自己与家人都快乐"，才是面对挫折之正向态度。

延缓满足需求、轮流满足需求、降低个别需求之质量、改变需求之向度与型态……等，皆为父母亲最常用的方法，借以符合家庭经济条件与家人同乐的原则。父母亲必须熟悉这些技巧，而非单纯地拒绝子女的需求。更重要的是：父母亲必须教会子女，自己判断家庭情境，选择适当的技巧（建立新态度），来调适自己的原始需求。

面对家庭冲突情境，子女自发性调适需求模式，降低父母、家人与自己之压力；进而创造家人同乐的气氛，或以创造家人之乐为乐，这才是家庭成员学习与散发内聚力的最佳表现。谁爱谁？谁怎么爱谁？谁感谢谁的爱？"妈，你知道为什么我现在要这么用功读书？"初三的男生说，"因为我要让你们以后过好日子，所以我要成功赚大钱，所以我现在要努力读书。"这才是家庭生活的真相。

二、降低快乐的门槛

父母必须教导孩子，如何定义快乐的"门槛"。每个人都有共同的快乐动机，可是每个人的抱负水平——需求满足之期望值，却大不相同。门槛的高低，决定了快乐的难易度。门槛设定的标准，由家庭生活的经验累积而成。如果父母能把大目标细分为阶段性小目标，就能让儿童在完成小目标的喜乐中成长。如果父母能重视行为过程中，儿童一言一行的善举与正念并给予适时的赞赏,而非以最后的成败来评价儿童的价值与能力。孩子不但会拥有较低门槛的快乐,也学会延续快乐的阶段性目标设定,并在快乐中追求成长,在成长中获得快乐,而非不快乐地追求成长,成长后才能拥有快乐。

这样的方式教养出来的孩子,不但能以正向态度激励自己,也懂得以正向态度要求与享受别人的激励。他能以感谢的心、细腻的感情,来观看周遭的人、事、物,寻找出值得赞美的机会点,肯定外界所有细致言行的价值与成就,而给予衷心的赞美。这就是快乐生活观,主动创造出的快乐生活情境。否则,孩子左眼所见尽是己身之无能,右眼所见尽皆人间之丑恶,快乐的心理状态将不复求得。

三、苦乐的三度空间模式与陷阱

父母还必须教导孩子,剖析——快乐、不快乐与痛苦之间的三度空间,以及如何辨识超越这三种苦乐的陷阱。

（一）一度空间快乐模型的陷阱（图11-1）

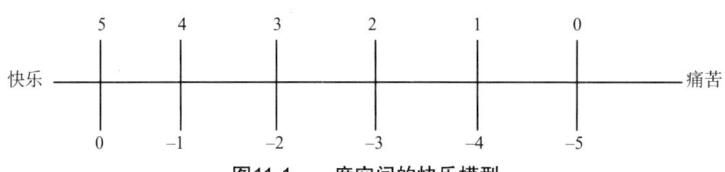

图11-1　一度空间的快乐模型

有些父母的教养,让孩子不自觉地安装了一度空间的快乐模型,且陷入认知的陷阱而不自知。孩子的脑袋陷入一种迷思,不快乐就是痛苦。他把经历顶级快乐认为"这才叫做快乐"。所以当日常生活中遇到4～1分的快乐时,他都拿五分快乐来比较,而自觉承受-1～-4分的痛苦。在现实生活中万一面临0分快乐时,他更是大喊"好痛苦啊!"硬是把0分快乐当做-5分痛苦。这样的孩子稍微一点不满足就呼天抢地,遭受了真痛苦更是闹得魂都没了。长大就会好吗?不见得!有些成人不也如此吗?有些父母就是如此!

(二)二度空间快乐模型的陷阱(图11-2)

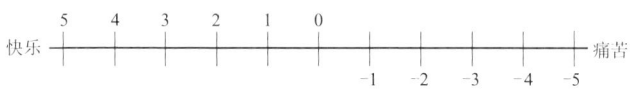

图11-2 二度空间的快乐模型

有些父母的教养,让孩子不自觉地安装了二度空间的快乐模型,且陷入认知的陷阱而不自知。孩子的脑袋陷入一种迷思——避苦趋乐。他认定快乐是好的,时时刻刻要追求快乐;痛苦是不好的,时时刻刻要逃避痛苦。殊不知,因为因缘条件不一定俱足,有些快乐是追求不到的,有些快乐是无法长久的;有些痛苦是逃避不掉的,有些痛苦是走了会转回来的。于是追求不到自己预设的(分数的)快乐,就快乐不起来。得到的快乐,没多久又不见了,更是快乐不起来。于是,面对逃避不了的痛苦时,面对走了又来的痛苦时,日子就再也过不下去了。

(三)三度空间快乐模型的陷阱(图11-3)

有些父母的教养,让孩子不自觉地安装了三度空间的快乐模型,且陷入认知的陷阱而不自知。孩子的脑袋陷入两种迷思,一种是"不苦不乐",另一种是"又苦又乐"。拥有3分快乐时,孩子被告诫快乐会消失,所以"别太高兴!"。遭受3分痛苦时,孩子又被告诫,可能还会更痛苦,所以"别太侥幸!"。这样的孩子,脸上慢慢没了表情,没有苦脸也没笑脸。该说是冷淡呢?还是世故?该说是淡泊呢?还是虚无?不苦不乐,就成为这样的人生。

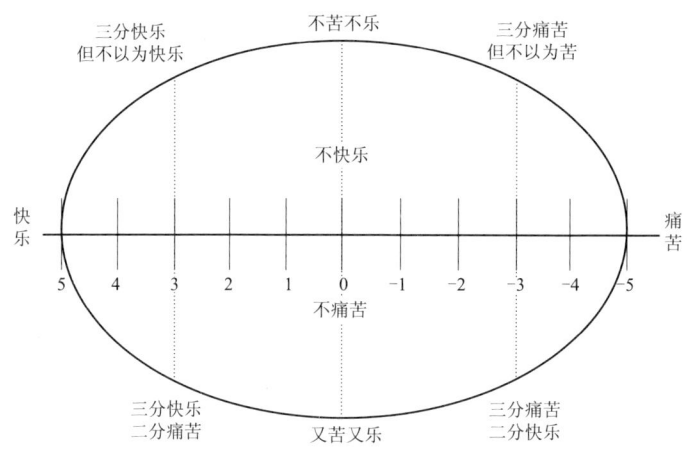

图11-3 三度空间的快乐模型

双趋冲突的终生赛局下,孩子把生活陷落在"又苦又乐"的现象中,3分快乐却又有2分痛苦,3分痛苦却又含着有2分快乐,苦乐相缠喜怒相连,日子里尽是数不完的七情六欲与爱恨情愁。什么事都是苦乐参半,什么状况都"一则以喜一则以忧"。日子看似丰富,内心却滋生沉重!

(四)相对空间与快乐模型

父母必须以身作则来教养子女,觉察到当下是4分快乐,就得当下接受与享受"我拥有4分快乐"。不因得不到5分快乐或者4分快乐会消失,或感知"福兮祸所倚"而哀伤惆怅,因而失去了享受那4分快乐的心情。自己当下有几分快乐就知足的享受这几分快乐,自己当下有几分痛苦就"接受"我处于几分痛苦。如果想要更快乐,就去执行第二种快乐——让别人快乐,因而感觉自己更快乐。如果想逃避当下的痛苦,一样去执行第三种快乐——不让自己的不快乐拖累别人也不快乐，再加上执行第二种快乐的执行——以他人之乐为乐。倘若父母能够这样教导子女，子女才会拥有快乐的心理状态。

第三节　快乐的精神状态

　　爱与被爱的动机与意识，就是快乐的精神状态。人之所以能超越"绝对的自我中心定位"，快乐的心理状态之所以能够完满，就是因为所有的家人都能够感受到亲情之爱——家庭生活的核心动力。爱与被爱的动机，是人类共同的基本需求。当这两种动机展露成为意识之时，个体即置身于爱与被爱的精神状态之中。去爱以及被爱的行为，即为爱与被爱的能力。

　　缺乏爱与被爱的精神状态，百分之百不会有快乐的心理状态。可是，爱与被爱的精神状态，在转化为意识与行为之后，却不一定会让人快乐。因为许多人不自觉地，踏入爱与被爱的陷阱。交易式的爱与木乃伊式的被爱，这样的爱让每一个男女老少痛苦难耐而了无生趣。

一、交易式的爱

　　"最爱你的人是我，你怎么舍得我难过"的歌声，传达着"我爱你，所以你也要爱我"、"我爱你多深，你也必须爱我多深"的交易内容，把爱定义为交易性的交换行为，当得不到对方回应或等值的回报之时，不是向内投射为自怨自尤的伤痛，就是向外投射为怨天尤人的苦痛。教养子女原本就是不求回报，父母们顶多是冀求一些激励罢了！有些父母惊慌失措地面对孩子，怨恨自己的生活被教养行为所蹂躏，痛恨自己为什么生下孩子来糟塌自己。当教养行为变成角色规范的形式责任之时，毫无节制的情绪爆炸、体罚、甚至虐待儿童的行为，也就层出不穷地出现在不幸的家庭之中。

家庭中的情爱，因着生命血脉与家族的延续，而赋予亲情之爱——绝对无条件的给予，亲情之被爱——绝对无条件的接受。因子女年幼而无行为能力，所以父母之爱是要训练子女感受爱与被爱的甜美，再进一步训练子女拥有爱与被爱的能力。因为父母绝对无条件地给予，才能让儿童感受与学习爱的快乐与价值。因为父母对子女绝对无条件的接受，更让儿童感受被爱的快乐与价值。

如果儿童在家庭中没有模仿、学习与操作的对象，或者模仿、学习与操作的是错误的情爱模式，终其一生都将无法拥有快乐的精神状态。相对条件的给予模式——交易式的爱，会让爱的人不快乐，也让被爱的人不快乐。

二、木乃伊式的被爱

家庭教养行为中，我们更重视被爱之精神状态的启发，只有训练孩子懂得感受被爱的情境与自我，才能训练孩子拥有被爱的精神状态。被爱的精神状态，代表外界对个体存在的肯定与接受。所以孩子才有资格，有意愿与动力，去领受爱的精神状态与爱的能力。

只有绝对无条件的被爱，才能发展出绝对无条件的爱，才能让子女脱离木乃伊式的被爱模式。许多父母只知绝对或相对地给予，而不懂得训练子女如何感受及学习爱与被爱。只有给予而没教导如何接受与如何给予，这将使孩子只学会木乃伊式的被爱——只等待别人爱他，而不懂得主动去爱别人。

三、爱与被爱的实验室

在家里，你不必担心没人爱你，你也不必烦恼没人可爱。家庭是爱与被爱的实验室，父母亲必须鼓励孩子彼此相爱，主动被爱。父母亲必须在家中创造爱与被爱的情境，让爱与被爱的精神状态满盈每一个家人。带领孩子去爱每一个家人，带领孩子去接受每一个家人的爱。让爱与被爱的精神，成为一切家庭行为的原因与核心动力，这就是快乐的精神状态。

第四节 快乐的行为状态

容许犯错——是儿童行为发展的温床，也是家庭教养行为与情境有别于其他社会情境、行为的最大特征。快乐的行为状态，就是爱与被爱能力的训练，以及尝试错误的行为操作。因为容许犯错，爱与被爱的行为，才能一而再、再而三地在尝试错误中修正、调适而至圆融。

孩子在家中学习容许自己犯错，也学习容许别人犯错；学习协助自己调整行为，也学习帮助别人调整行为。在家庭教养行为中，犯错的结果不必是惩罚，而是耐心地劝慰与细心地教导。只有在伤害自己或他人的情境下，犯错才会被惩罚。儿童在父母的保护中，操作行为能力去爱与被爱，发展不同情境下爱与被爱的技巧。

一、不快乐的行为

许多父母没有训练孩子爱与被爱的能力,所以行为技巧拙劣。许多父母本身就没有这个能力,儿童当然也找不到模仿与学习的对象。因此,他的行为无法表达情爱,甚至会歪曲情爱。没有效益的行为,不是让孩子否定自己,就是让孩子否定别人,或者逃离这个情境。

没有爱与被爱的动机,让行为的历程不快乐;缺乏爱与被爱的能力——无效的行为,让行为的结果更不快乐。绝对自我中心的行为,会在人际间制造许多的冲突,只有以他人之乐为乐的动机与行为能力,才能化生出相对的自我中心行为,以及家人般互为主体性的自我中心行为。

没有快乐的生理、心理与精神状态,就不可能拥有快乐的行为状态。你快乐吗?——直接检视子女整体之机体状态与当下的行为状态,如果不是快乐积极的正向情绪模式,就是机体系统的某处出了问题。父母必须时刻注意子女的行为状态,在第一时间开启行为状态的"快乐视窗",检查、确认并提供及时的修正与辅导。

二、教养行为的沃土

儿童发展历程就如同一块沃土,父母必须在不同的阶段为子女栽种不同种苗,然后再训练子女自我栽种的能力。可怕的是,天空中飘落许多不适当的种苗,电视节目、校园、团体、亲友甚至父母家人,也都主动或不自觉地种下许多不适当的种苗。如何与子女一起建构防护罩,如何与子女一起(定期或不定期)拔除恶苗杂草,以及钉立支架(某些种苗须要加强扶助)、修剪枝叶(某些种苗恣意窜生)、刨松硬土(有些苗圃硬化无法种植新的种苗)、挖弃腐根(某些种苗不适应环境而伤败腐烂)、灭除虫菌(某些种苗饱受虫菌迫害)、扑杀鸟雀蝗害(违法凶徒入侵伤害苗圃)……等，都是父母的天职。

这一块沃土，如果父母废耕，子女就会自己乱种。父母只要一有疏忽，杂草恶苗立即蔓延成灾。行为状态的快乐视窗，正是检查这片沃土最好的方法。沃土地表之上的一切，都显现为子女可观察的行为状态，所有不快乐的行为，都在地表之下潜藏了过去不适当教养行为的恶种。"一起快乐起来好吗？"——请父母邀约子女同行，一起到苗圃中除坏根播新种。

第五节　快乐的语言状态

语言是人类最奇妙的社会功能之一，语言是行为的前置变项，也是行为系列的中介变项，更是行为结果的依变项。奇妙的是行为之后的语言，竟然可以回过头去改变行为的意义、价值与结果。小孩子会讲话以后，就整天喋喋不休讲个不停。他开始运用语言来探索这个世界，用语言来建立家庭的人际关系。他学会用语言测试行为的可能性，他也学会用语言来补救行为的后果。

父母一直在教孩子"说对话"，进而教他"说好话"，并禁止他"说坏话"。父母更要求孩子"言行合一"，不可以"说谎话"。但是，孩子遇到的困扰之一是：父母亲不但会说错话，还会说坏话与说谎话。困扰之二是：不会说坏话，生气时怎么办？拿什么和人家吵架？困扰之三是：说谎话非常实用，不必改变行为事实，就可以维系圆满的人际关系。

一、倾听与信赖

语言是一种思考的观点，语言会建构成态度，而引领固化的行为模式。最可怕的是，人们通常无法自觉，以致积习难改。孩子在发展的过程中，以尝试错误的方式练习语言，在控制与非控制条件下选用字汇，发展出个人专属的语言模式。字、词、语句、腔调、表情、音色、音量，在各个事件的相对反应中，统整为个体的"基本心向"（mental set）；又以习惯性的反应模式反馈个体，影响甚或控制了个体对环境刺激的选择与诠释。不知不觉中，人性固化为人格，人格又刻板化为角色，尤其是角色又习惯化为语言模式的生活态度。

语言是最容易观察的发展行为，父母必须用心"倾听"子女的语言，观察子女语言模式的建立、发展与突变。每一个时点的用字遣词、口气与表情，都完整地展露出子女每一个行为的动机、历程与目的。父母一定要了解，倾听的本质是——绝对无条件地接受，父母一定要学会这个功课，而倾听之后父母的第一个反应是——同理心（Empathy）。父母必须在以上两大要件下，去协助子女解决问题，绝对不能"闻声变色→勃然大怒→厉声斥责→拳打脚踢"。

不会倾听的父母，一定得不到子女的信赖，而无法成为子女无事不谈的"知己"。当子女不向父母透露心事时，父母就丧失了教养子女的机会；在子女发展的各个转折点上，父母将丧失参与其中的机会。不要惊讶于"我的孩子怎么会变成这样？"，每一块苗圃都是父母亲手栽种的结果。子女无辜！父母有"罪"？

二、语言暴力

伴随着怒吼声，以及凶恶的表情，一连串的恶言恶语，由巨人般地父母"骂"向无力反击的儿童身上。语言变成实体，被父母用来伤害子女，这就是"语言暴力"。家庭暴力中泛滥成灾，影响层面最为深广的不只是肢体暴力——虐待儿童，还有被人所广为忽视的语言暴力。"你这小鬼"、"坏小孩"、"笨死了"、"你死也不会变"等，从儿童最依赖与挚爱的父母口中，残酷的一言一语就如一刀一剑，砍杀着子女的自尊、自信，以及一家人的亲情之爱。

表面上，父母骂过就算，小孩子也不会记恨，父母明天还是照样疼惜子女，子女还是撒娇求欢。只是，这种伤害已经进入儿童的深层记忆，同时儿童也从父母身上复制了语言暴力的方式。他会在弟妹身上实验，在学校找班上弱小同学实验。当父母发现子女大声回话、扬眉怒目、甚至恶语回敬之时，父母终于亲自品尝沃土上栽植恶果的滋味。

许多家庭中，父母、子女、兄弟姐妹间，竟然是以尖酸刻薄的字眼，肮脏、粗劣、恶毒、败坏的语句来"沟通"与"互动"。负向的语言模式，导致冲突的互动模式。一家人自然会有彼此归属的亲情之爱，可是不经心地、不自觉地、习惯化的负向语言模式，会大幅刺伤家人之间爱与被爱的精神状态及能力，而造成个人、家庭与社会的许多不幸和伤害。

三、善言爱语

天下父母尽皆要求子女："说好话、做好事、想快乐的念头"。善言爱语——快乐的语言状态，却非人人轻易可得。父母必须用心细听童语，一旦听得负向语言，就立即温言暖语以对，协助子女从根拔起恶苗，教导他善言爱语。父母要口口善言、声声爱语，提供子女模仿与学习的对象；还要引导子女们相互语善言爱，让子女有相互操练的环境。善言爱语的背后，就是家人的亲情之爱，就是快乐的身体、心理、精神与行为状态。如何帮助孩子学习快乐的语言状态，变成父母教养行为的终极挑战。

快乐的语言状态，代表孩子拥有在心田自我耕种的能力。家庭教育就是：做给子女看、教他做、陪他做、让他有能力自己做。快乐的语言状态——正向的语言模式，代表孩子面对成长的挑战时，能够以正向的态度，去调适自己、家人与外在环境。正向的语言模式，提供自己与家人正向的激励与支持，支持自己去爱自己与家人。经由爱与被爱信息的充分传递，激励家人守护彼此快乐的生理、心理、精神与行为状态。最珍贵的是，儿童在家庭教养历程中，通过获得快乐的机体状态，而拥有独立面对外界环境的强势竞争力。

四、逸言媚语

父母还须仔细分辨的是：到底是逸言媚语还是善言爱语？许多儿童在缺乏父母之爱的环境下，当他无法确认自己是否被尊重、被爱、被需要之时；当它面对恶言、恶行与不快乐的生理、心理与精神状态之时；当他面对无法控制（无法确认有人保护）的家庭或学校与其他外在环境之时，他会发展出谄言媚语或恶言恶语两种极端的语言模式。当子女媚言以对时，父母千万别迷失在绝对权力之施予的快感，而必须急转大弯重新调整自己的教养行为。所有的谄言媚语都指向单一目的——爱我、给我、爱我更多！给我更多的利己行为。善言爱语则为爱的能力之展露——爱人的心，体贴的心，自己无所求的利他行为。祈愿天下父母明鉴。

延伸思考

1. 就这五种快乐的状态而言，你对哪种快乐状态较为擅长？你对哪种快乐状态最不擅长？为什么呢？有没有改变的可能？

2. 发展与享受快乐的生理状态，是教养儿童的过程中最容易疏忽的。几乎都是儿童自力救济，他们不知而行，努力的以"玩"的方式，发展与享受快乐的生理状态。你可否规划出一个教案或方法，来教导儿童发展与享受快乐的生理状态？

3. 快乐的语言状态是最容易获得的，打败它的大都是不快乐的语言习惯，你有没有什么方法可以改变它？

快乐生活观的教养技巧

如何把快乐的生活观内化或实践在亲子互动的日常生活中呢?一连串的生活事件陆续发生,而在事件发生之前之中与之后,为人父母者到底如何见招拆招,招招用力招招致胜呢?不知如何拆招又不知如何出招,业已成为大多数父母心中的痛处。

以下提供教养行为中,父母每日必行的16种教养技巧——1.三次赞美2.赞美别人3.赞美与肯定4.父母接受孩子5.孩子接受自己6.孩子接受别人7.感谢这份拥有8.感谢支付的代价9.感谢他人10.不要不讲理11.不做人身攻击12.拥抱13.爱的语言14.爱自己15.爱别人16.被子女爱。

倘若这16种技巧能自在地出现在父母与孩子的认知与行动之中时,利己、利他和互利三种快乐,才会落实在亲子互动的日常生活之中,五个快乐的身心指标才会自然地成为日常生活的习惯。

第一节 赞美

赞美是儿童行为发展中,最强效的正向增强物。孩子只要做了快乐的事,讲了美善的语言等,父母就要立即给予大量真诚的赞美。对孩子而言,赞美意味着得到父母的认证——确认孩子的价值以及学习、尝试错误、行为操作的发展方向。孩子没有得到父母的赞美,就是一种惩罚,一种否定。对孩子而言,做快乐的事、做好事、做对事,却都得不到父母的认可,那么"好的行为"为什么还要继续做呢?如果我说谎、说坏话、做不快乐的事,和诚实、说好话、做快乐的事一般,父母都没有反应,好像也不怎么在意我怎么了……,那"坏的行为"继续做也没关系不是吗?赞美的技术,不仅只是说一堆好话来夸奖孩子,而须有效运用下面三种技巧。

一、三次赞美

父母必须细心地陪伴在子女身边,在"第一时间"给予即时的"一次赞美",而且还要伺机给予"二次赞美"。父亲或母亲还要把赞美事件,在另一个时间告诉其他关键人物(对儿童是重要的人物),请被告知的母亲、父亲、祖父母……等家人或亲友,再给予"二次赞美"。再者,还要当着孩子的面,向其他家人或戚友外人,引以为荣地给予"三次赞美"。赞美的目的不是要取悦孩子,而是要让子女了解父母多么地引以为乐,以及外在环境对他的绝对肯定。赞美最美好的价值,更在于帮助孩子建立快乐行为的习惯。当孩子的每一句话、每一件事、每一个快乐的念头,都能够得到"三次赞美",他一定会变成快乐的孩子。

二、赞美别人

父母不但要赞美子女,还要教子女学习如何赞美别人。

孩子必须学会赞美别人的技巧，养成赞美别人的态度和习惯。掌声给予孩子学习的动力，若要从掌声中走出来，孩子就必须拥有赞美别人的能力。父母要成为孩子的第三只眼，帮他观看生活周遭的人、事、物。一旦发现别的家人或外人说好话、做好事、想快乐的念头，就立刻邀约孩子一起赞美对方。

【例一】豪豪你看，大哥主动帮助二哥，而且还很小心地保护二哥，大哥好棒哦！二哥赶快谢谢大哥呀！来，豪豪，大家一起向大哥鼓掌！

【例二】威威，你看豪豪……（比手势，要威威赞美弟弟。）

三、赞美与肯定

赞美的终极目的，在于肯定。每一个父母必须学会赞美孩子的行为，更要学会肯定行为背后好的动机、好的德行、好的人格与好的能力。所以，孩子不只养成快乐的行为，更会涵养自我意象，肯定自己的德行、人格与能力。终极的赞美分成为两个阶段：

第一阶段——赞美其言行：正向的、优良的、快乐的行为表现。

第二阶段——肯定其人格：因为你是一个×××的人。

【例一】豪豪好乖哦！自动去帮奶奶找拖鞋，因为豪豪是个喜欢帮助别人的好孩子对不对！来，抱抱，爸爸亲一下！

父母对于子女行为现象的多元赞美，焦注于某些人格特质与能力的肯定。这种来自父母与家人"赞美→肯定→赞美

→肯定→……"的连续性过程,能够协助子女发展出"自我观"与"自我肯定"。自我肯定会产生一种价值观——我是一个怎样的人,而后再发展出一种生活的态度——我应该主动去做哪些事。

以上所述,即为儿童发展历程中"自我预言应验"的实现。亦即双趋冲突赛局中,"听你的v.s.听我的"中的后者。前者听你的、听父母的,则发展成"他人预言应验"。为子女者常常面临不得不去实现他人预言应验的处境。父母的赞美,使得子女生活态度与自我表现的操作历程,转化成快乐的机体状态。父母的肯定,更使得自我预言的应验和他人预言的应验同步实现,消除了"听你的v.s.听我的"之双趋冲突。

第二节 接受

一、父母接受孩子

"接受"这两个字虽然很抽象,却是教养快乐儿童的重要基石。父母不能接受自己、不能接受孩子,造成孩子不能接受自己、不能接受别人。接受自己,才会"尊重"自己、"爱"自己。被父母接受,才有"归属感",才有"被爱"的感觉。

不要怀疑,父母常常无法接受自己的子女——这就是"我的"孩子吗?"我会生出这样的孩子吗"?请注意,这时候父母思维的重点不是"孩子",而是"我的"以及

"我",父母害怕"我"被"我的"所否定。

家长必须接受孩子,接受孩子每一个"Here & Now"的现状。每一个孩子都如一匹白布,白布上所有污点都是父母亲手或错手或失手所染的。孩子不好,父母之过。孩子不够好,孩子故意不学好,都不是孩子的错,所有的责任都在父母身上。如果他已成人,那是父母从小没教好。如果他还是小孩,父母就必须了解什么是"儿童"。

儿童会失控,会玩个不停,又吵又闹地停不下来;会分心,会不用功,不够主动积极与负责;会明知故犯,会知而不行,不知而逞强乱行……等;凡此一切皆为正常,只因为他是儿童。儿童的短期记忆能力强,长期记忆能力较弱,一定要再三复习与练习,学习的内容才会进入长期记忆。所有教过的德行、规矩与方法,随时都可能会忘掉、临时忘掉、暂时搁置、或被其他好玩的事物所掩盖。

儿童心智、体能尚未成熟,所获得的知识与生活信息也都不足,而且缺乏自我控制的能力。父母不必怒斥"为什么一教再教,你还是……",而后变成"你是故意找我麻烦是不是?"。父母不必怒斥"已经讲过多少遍,你到底懂不懂?好,你懂。你说,你懂,为什么还要……",而后变成"不打你,你是不会……",或者"我怎么这般苦命,生你这种小孩……"。因为他是儿童,所以没有完全控制自己的能力。父母呢,虽是大人,也未必能完全控制自己吧!因此,随时都把孩子归零,把每一次重复的教养行为,都视为第一次发生的教养行为。尤其是同理儿童无法完全控制环境与自己的困境,父母才不会落入子女行为之"社会性评价v.s.父母面子"的陷阱之中。避免父母因为不能接受自己,以致于不能接受儿童,而造成许多偏差的教养行为。

因为他还是孩子,所以他会不断地犯错,而犯错的孩子,最需要的不是严厉或温柔的谴责,而是被接受——犯错的我被父母所接受,而且被肯定——父母肯定的保证,保证我还是爱你,犯错的你仍是我钟爱的孩子。

二、孩子接受自己

父母不只要接受子女,还必须教导儿童真诚地接受自己,面对自己的"苦与乐",面对自己的"对与错"。在双趋冲突下,儿童学会说谎的技巧,将A行为解释成B现象,听我的却假装听你的。说谎是一种有效的、具调适功能的"目的性"行为。令人不安的是,儿童把自我价值(自我应验预言),实践在不安定、虚假的条件之上。说谎行为的习惯化,造成儿童绝对的自我中心,而把他人的预言以谎言摧毁。儿童不但不会真正地去爱别人,也会怀疑与拒绝别人的爱,彻底毁灭了人际关系的信赖与委托。

说谎的孩子不敢真诚地面对自我,更不敢把自我的苦乐与对错展露在别人面前。犯错与挫败的孩子更不敢面对自己,他很难去接受自己犯了错,他更难接受已经挫败的自己。因为这代表他没有能力,没有能力把事情做对做好,更糟糕的是:比不上别人还让别人看笑话。亦即,儿童能不能真诚地接受自己,是父母教养行为"侦测"的关键指标。我们必须教导孩子,学会检查自己,检查自己一天下来的苦乐与对错。父母应该陪伴孩子接受他自己的"状况",再陪伴他一起迎向"改过向善、弃苦迎乐"的明天。因为父母接受了犯错与挫败的孩子,所以孩子才能接受自己的错误与挫败,才不会操作各种自我防卫机制，如否认、投射、反向、说谎……等，而关闭了自己改变与成长的空间。

【例】威威、豪豪的睡前检讨会

完成一切睡前活动之后（如：说故事、唱歌、亲子体操、下棋……等），父母每日（或每隔数日）轮流在卧室床铺上和子女谈心，鼓励孩子述说当天快乐和不快乐的事情，禁止孩子互相扯后腿，营造正向的小团体情境，偕同孩子一起赞美他、肯定他、责备他（幽默的口气），要他承诺改善并自己提出改善方案。孩子会用骄傲的口气描绘快乐的事——因为他非常地棒；也会用羞赧的口气诉说不快乐的事——因为他不小心做错了。让我们的孩子真诚地面对自己，在支持、肯定与积极自我改善的激励中入梦，正是每一个父母应尽的责任——每天和孩子一起逛一遍苗圃，而且让他充分体认——这是我负责种植的苗圃。

三、孩子接受别人

儿童不但要懂得接受自己，还要学会接受别人，接受别人的优点，也接受别人的缺点；接受别人的善，也接受别人的恶。父母必须教导孩子，接受外界环境不可改变之人、事、物的存在。尤其是，接受别人与环境的错坏与苦痛，而坚持自己的快乐原则与价值。

（一）儿童要学会判断：

1. 别人的言行符合快乐原则的"好"——就应该赞美他和肯定他。

2. 别人的言行好而且比自己更好——应该亲近与学习。

3. 别人的言行不符合快乐原则的"坏"——警惕自己不要

做坏事伤害别人，有机会还要协助他改过。尤其是，不因为不好的人没受到处罚，就纵容自己也可以偶尔不好，而不必坚守自己的快乐原则。

（二）儿童要学会主体性的生活态度：

1. 他要当坏人，没礼貌、做坏事、做伤害别人的事，那是他自己的抉择。孩子要接受这世上有"坏人"存在，而且面对坏人所制造的灾难之时，重点不是沮丧或愤怒，也不是绝望或仇恨，而是立刻疗伤止痛、收拾残局，让灾难不会再出现。

2. 我要当好人，有礼貌、做好事、做帮助别人的事，这是我自己的决定。这世上有坏人，不代表好人没有存在的价值。别人使坏不受罚，不代表我不该当好人。不管谁要当坏人，我可以决定我要当好人。

【例】小主人与讨厌的小表弟

爸爸回家时发现：威威、豪豪两兄弟突然忙着收玩具，而且在讨论玩具要藏在哪里。询问之后才发现，讨人厌的小表弟又要来了！威威说："他每次来都乱摔玩具，不但弄坏玩具还会打人！"豪豪开始述说他们的自救方案："我们要把玩具藏起来不让他玩，我和二哥也锁在房间不让小表弟进来。"

"小表弟弄坏玩具，你们很生气对不对？""对呀！"父亲抱住两个孩子说："等一下小表弟来我们家，他是主人还是客人？""客人"二兄弟一起回答。"他是小客人，你们两个是不是小主人？""是！""小主人应该怎样？""应该招待客人。"二兄弟急忙辩称："可是他会弄坏玩具还会打人。"父亲接着说："小表弟是坏客人，对不对？"愤慨的声音说"对""你们可不可以因为他是坏客人,你们也就变成坏主人,你们要当坏主人还要当好主人?""当好主人,可是……"父亲打断抱怨说:"爸爸教你们怎们当好主人。""你们把喜欢的玩具收到房间,然后把房间锁起来。留一些弄坏也无所谓的玩具在客厅,等一下在客厅陪小表弟玩。其实,小表弟也很会玩对不对!如果小表弟要打人,你们兄弟要互相保护,然后赶快叫爸爸来处理。""你们都是很棒的哥哥,你们可以像一休和尚一样试试看,想办法让小表弟玩得很高兴,又不会弄坏玩具,也不会打人,爸爸就在客厅帮你们,好吗?"

第三节　感谢

"感谢"就好似"接受"与"赞美"一样,是一个人成长中必备的心灵资粮。是一种德行,更是一种能力。如何在日常生活的教养历程中,帮助孩子拥有这种德行与能力呢?父母就必须以身作则。

一、感谢这份拥有

"养儿方知父母恩",教养行为的历程,让每一对夫妻感念自己父母的恩典,同时也体悟父母角色的苦乐与价值。身为父母之后,个体重新定位自己历来拥有的"子女"角色内涵。个体以近似虔诚的心重整教养行为之后,更以虔诚的心面对养儿育女的神圣恩典。"生育子女"是天地神祇所赋予父母的最大荣宠。

面对子女之时，夫妻应该心存感谢，感谢这份拥有。"谢谢你，生为我儿！"这种拥有人间珍宝的感动，正是夫妻们抚看子女时心中的那份莫名的满足。试想，一个生命托付给你，完整无瑕的生命交付给你，你完全掌控他的一切，随你怎么生、怎么养、怎么育，子女对父母寄予一生的托付，这是何等的荣光与尊宠呵！生之权柄，养之权柄，育之权柄；三大权柄齐聚一身，能不为之感谢吗？对子女的感谢之心，是所有教养行为的基石。只要子女四肢健全无病无痛，已是上天对父母无上的恩宠，这也是为何子女再坏再恶，父母都能包容与关爱的原因。试想，残障子女的家庭，其父母所受的煎熬，能不令拥有健康子女之父母为之动容、祷念与自爱珍惜吗？

感谢这份拥有，让我们视子女为珍宝。感谢子女的心，让我们破除绝对权力所导致的绝对腐化。只有珍爱与感谢，才能对抗父母角色的权力欲流。只有珍爱与感谢，才能让父母绝对地尊重子女，让儿童在快乐的家庭环境中长大成人。

二、感谢支付的代价

父母用赞美来肯定儿童的自我，更用感谢来激励儿童的利他行为。利他行为很难同时也利己，利他行为的背后，子女往往会付出（承受）某些不利于己的代价。这种代价的付出如果不为父母所见，并以其他的方式给予替代性补偿（如赞美与感谢），结果不是利他行为渐趋萎缩，就是表里不一认知失调。

父母要求子女做家事或为自己服务时，不但要向子女说"谢谢！"，还要接口道出"对方所付出的代价"。

【例】父亲回家时，豪豪出来开门并帮忙提东西，在父亲的道谢声中，他迅速地坐回沙发看动画片。父亲一边回应沙发上二哥的招呼声，立即向豪豪说："哇！动画片这么好看，你还来帮我开门，这样不是少看一段了吗？谢谢你啊！""没关系！"豪豪眼睛还是盯着电视。爸爸说："威威，我们一起为弟弟鼓掌！"，接着趋前抱着两个孩子一起看一下动画片，再起身去做别的事。

三、感谢别人

父母常向孩子道谢，子女就较易学会感谢别人。父母要常常引领子女，一起去发现家人以及外人的利他行为，而后一起向对方表达感谢的心意。这种感谢他人之行为能力的训练，教导孩子用谦虚的态度来感谢别人，用感恩的心来回报别人，而不把别人的协助视之为当然。

孩子必须在家庭中学习感谢父母及家人的能力，若儿童有自发性的感谢行为时，父母家人应立即给予赞美，而后才能在角色分工的社会生活里，了解群体生活中相互施惠却不求回报的社会之爱。

【例一】某日全家出游的车程中，妈妈指向路口的交通警察："你们看，车子那么多，马路挤得满满的，警察伯伯顶着大太阳跑来跑去在干嘛？""在指挥交通"孩子同声回答："在帮谁指挥交通？"爸爸问，豪豪抢着说："在帮我们指挥交通！"威威说："大家一起为警察伯伯鼓掌！挥挥手！"。

【例二】豪豪在厨房门口看了一下，走近妈妈说："妈！你辛苦地煎鱼炒菜，所以我们才能够吃到好吃的晚餐对不对？""是啊！你好聪明喔！（赞美行为）真是个体贴的好儿子（肯定个体），妈妈好高兴！小孩子到厨房很危险，你到客厅看电视。来，亲妈妈一下！"

第四节　爱语

家庭暴力的各种形态里，以语言暴力最为大宗，严重戕害儿童的身心发展。为人父母者，必须以积极的爱语，来取代恶言恶语。否则，家庭权力系统的黄袍加身之后，父母的嘴巴将凌虐子女至死！

一、不要不讲理

父母亲不可以只下命令，而不说明原因。不但要说明原因，还要讲一个合理的、可接受的、不冲突的好道理。"不讲理"的父母，经常逼迫儿童处于认知失调的状态——"叫你做就去做，问那么多干嘛"！许多父母认为小孩子不必讲道理，他又不懂，讲那么多干嘛，我还会害他不成？

其实，小孩子最喜欢讲道理，成年人反而不那么注重讲理。儿童时期是个体发展历程中，最需要讲道理的阶段，因为儿童迫切需要道理。儿童期不只生理机能在"练习成熟"，他的"认知机能"也在练习成熟。他必须凭借其"认知能力"去认知父母与外界提供的信息，搜寻"一个理由"来"诠释"现象，再转存为"所知"的内容，而成为日常生活的参考判准。在每一个生活事件中，寻找"刺激（S）-反应（R）"关联的原则，知性的思考模式和感性的思考内容，就成为儿童自我与人格发展的资粮。这也正是养人及养宠物，二者间最大差别之所在。

父母一定要讲理,不但要讲子女听得懂的道理,还要讲符合快乐原则的道理。若父母不讲理,儿童的自我与人格照样发展,只是发展中会加入一条指导程序——你是大人,你拥有权力,只要你喜欢,你就是道理。以及只要人家管不着,只要我喜欢,有什么不可以。儿童世界里,凡事皆有理由,诸事都有标准。这些理由与标准的数据库,一直在新增与修订之中。父母不要抱怨儿童贪玩,因为……

【例一】父亲:"怎么一直在玩,玩一整天了!"。儿子:"对啊!因为我们是小孩子啊!"。

【例二】豪豪:"爸,我骑车摔倒,受伤了,你看!""好痛喔!有没有哭,我帮你擦药好吗?"父亲回答。小孩子继续说:"痛啊!我只哭一点点,我会自己擦药。""你好勇敢啊!为什么只哭一点点?""因为我长大了呀!我现在上小学了,我又不是幼儿园的小孩。"

二、不做人身攻击

亲子沟通最忌人身攻击,有些父母一生气就乱骂孩子。"笨蛋"、"蠢猪"、"白痴"、"坏孩子"、"没用"、"去死"、"养条狗都还……"等,此类直接否定儿童尊严与自我存在价值的语言暴力,严重破坏亲子间爱与被爱关系的链接。孩子会认为父母不爱我,还会接受父母的指示——我是笨蛋,所以我做不好的事;我是白痴,所以我老是做错事;我是坏孩子,所以我不必去做快乐的事……

小孩子爱惜羽毛、自我珍惜的心思,远远超过大人所能想象。许多父母总是认为小孩子骂过就算,等下他就忘了!错了，小孩子不再向你提起，小孩子换个面具来与你相处。可是创伤已深藏内心之中，而在某个时点与事件的诠释过程中，转化为自我观的某一个部分。

儿童处于家庭权力系统的下位，他一点一滴的自尊几乎都是父母所赐，他的自我观是在父母"他人预言应验"的强大压力下，辛辛苦苦地挣来的。儿童自我弱势之王国的建立，经常遭受父母或师长不经意的欺凌。小孩子自己知道这一切，所以他珍惜羽毛。他可以接受大人责备他、甚至处罚他，却无法接受大人直接踩躏他的王国，否定他的自我。

小孩子真的无力防守，尤其是负责协防的父母反扑之时，除了说谎就只有屈服了。当最后的防线瓦解，儿童就不再卖力去重建王国了。他以权威者的要求，当做自我角色（相对于家庭角色与社会角色之扮演）的内容。爱与被爱变成管与被管，快乐原则变成自利原则，利他行为变成说谎行为……所有的教养行为全部破产。

家庭是儿童自我肯定的最后防线，父母是这条防线的创造者，更是这条防线的守护神。儿童一上幼儿园、小学、初中，就开始面对外在环境的侵袭，如果父母不能善尽守护的权责，子女的自我观很容易就会被学校的老师、同学所击毁。倾听子女放学后的语言，细心重建其自我观，绝对是父母不可疏忽的要务。

【例】小学一年级的豪豪说："妈妈！今天我只讲一点点话，代课的老师就骂我'怎么这么爱讲话，笨蛋！'，我讲话犯错，可是我又不笨，老师凭什么骂我笨蛋。妈妈，你也认为我是笨蛋吗？"

三、拥抱

快乐生活观的家庭生活，个体间的行为不是在爱人就是在被爱。父母谨守凡事有理、口不出恶言的规范，子女自然会以爱语来架构家庭生活。抚摸、拥抱、亲吻的亲密行为，则为增强爱语功能的最佳触媒。亲子间的亲密行为，就是爱语的本体。父母对子女的爱语和亲密行为，会让子女完全地感受爱与被爱的自我状态。每一次的爱语拥抱，都在瞬间巩固与强化子女的自我肯定。这种绝对地为父母所接受的感觉，将支持儿童快乐生活观的坚持与发展。

家庭生活的任一时点，父母都必须选择适当的亲密行为，抚摸孩子的身体、抱他、亲吻他。而且尽量在亲密行为的状态下，才进行亲子沟通，这才是最好的教养模式。全家人亲来亲去，兄弟姐妹也抱来抱去，会让爱语自然涌现。拥抱是唯一超越爱语的心灵食粮，每个人从小到老都不可或缺。从襁褓期不能语言的阶段起，拥抱即已成为个体发展的基本需求。这种基本需求终生存有，如果没有实现在父母当权的家庭之中，就必须存在于自己当权的家庭之中。如果没有的话，不是汲汲终生而无法自解，就是以反向行为把自己封锁起来；不是转化为艺术或工作的狂热，就是以反社会行为追求暂时性的满足。

四、爱的语言

爱语不只是不说恶言，不只是口出善言，而是直接说"我爱你"、"妈妈好想念你"、"爸爸好担心你"、"爸爸妈妈好爱你"……。为人父母者面对子女时，必须时时刻刻把"爱"挂在嘴上，别怕讲了没做，讲了就是在做。爱的语言，就是爱的一种表达形式，自然就滋生爱的行动。每个人都想听人家告诉他"我爱你"，尤其是儿童，尤其是你的孩子。对孩子而言，最大的酷刑就是父母不爱他。口出爱语，就是对子女提供爱的保证。常常口出爱语，你的孩子才会有安全感，才会觉得自己很好。千万不要吝啬，请常常告诉你的孩子——我爱你。

第五节　爱与被爱

爱，家庭之爱，亲子之爱。学习"爱"的能力，满足自己与亲人"爱与被爱"的需求，是家庭中教养行为最重要的任务。孩子必须学会爱自己、爱别人、被别人爱，父母更必须学会"被子女爱"。否则，孩子将丧失爱与被爱的能力，终生寂寥而逝。

一、爱自己

父母要教导孩子懂得爱自己，孩子要学习自爱是被爱与爱人的基础。孩子最爱的是妈妈，可是妈妈一定要告诉孩子——你一定要学会爱自己、保护自己，这样妈妈才能爱你、被你所爱。你必须爱自己的身体，还要爱自己的快乐的心。想想看，如果你不爱惜身体，身体不健康常常生病；如果你不爱惜快乐的心，不会帮助别人还去做坏事伤害别人，不知道让自己快乐，也让别人快乐，而每天都不高兴，还让大家也都不高兴，你说，你要怎样爱妈妈，你叫妈妈怎样爱你。

孩子要学习爱自己的身体，保护自己的身体，是全世界最重要、最重要的事。为了保护身体的安全，所以不能去危险的地方，不可以做危险的事，不要让自己受伤，也不要让别人伤害你。为了拥有更健康、更强壮的身体，所以要运动，饮食要均衡，要保护眼睛，要有健康的卫生习惯与生活规律。

孩子要学习爱自己追求快乐的心。他必须了解：只有爱自己追求快乐的心，才能让自己获得真正的快乐。只有自己主动积极地实践快乐原则，才能获得自我与他人应验预言的双赢。在家庭中体验慈悲与善良的生命之美——不愿为恶的心，让孩子抉择喜乐的心。父母必须在教养历程中，送给子女一颗快乐的心，而且在旁细心呵护，子女才有爱惜的对象，才能发展出追求快乐的心。

【例】豪豪摔二哥的玩具出气。

父亲对豪豪说："你不快乐哦！""刚才你摔二哥玩具的时候，你是快乐的好心，还是不快乐的坏心？""二哥让你生气，你就变成不快乐的坏心，也要让二哥不快乐，让我两个心爱的儿子统统不快乐是不是？""刚才，你们都忘了爱自己快乐的心，现在，你们该怎么办？""想要快乐红心的人，过来给爸爸抱抱……"。

二、爱别人

孩子愈是爱自己快乐的心，就愈能诱发出善的本性与利他行为。孩子要学习，如何让别人快乐？孩子必须得到合理的解释——为什么我要让别人快乐？答案只有一个字：爱。我爱自己，所以要让自己快乐；我爱父母，所以要让爸妈快乐；我爱家人，所以要让家人都快乐。因为爱，所以只要他们快乐，我就会觉得很快乐。

孩子必须在家庭里，学习与练习爱的技巧。爱他，就要让他快乐。要让他快乐，就要主动关心他，随时注意他的身体、心情和需要，然后体贴他、照顾他，帮助他满足他的需求。这种以他人为中心的思维与行为方式，才能让个体以对方的需求来关爱对方，而非为了实现自己的动机（我要爱他）所以关爱他。

孩子要在家里练习，不同的情境下，如何爱家人？要用什么方式、语言与行为，才能让父母家人得到快乐。这种尝试错误的行为，必须不断地修正才能成功，也只有父母家人才能容忍这种"实验"，而且还会教你如何改善。家人因为我的爱而快乐，这就是自己拥有爱之能力的证明。当子女拥有爱的能力之后，他才能真正地去爱家庭以外的人。否则，徒有爱的动机，却无爱的能力，终将错乱而不知所终。所以父母要悉心关爱子女，还要让子女了解，父母是在什么情境下，用什么言行态度与方法来爱他。父母要明白地向子女询问："你要怎么爱自己？你要怎么爱我？"。

父母要教会孩子爱父母家人，还要以身作则引领子女一起去爱朋友和亲友。唯有在家庭中充分练习爱与被爱的能力，孩子才能在学校、在职场、在生涯发展的每一个阶段，真正去爱别人。试想，一个连父母都不爱的人，能谈什么样的恋爱呢？

三、被（子女）爱

小孩子体贴你、关怀你、主动观察你的需求，主动帮你倒水、拿面巾纸……，都是孩子"爱你"之能力的展露。孩子黏你、缠你、向你撒娇，不是在向你求爱，而是在爱你。没错，在爱你，在等你接受他的爱，等着"看"父母如何"被他爱"。

许多父母不懂得如何被爱，他们把子女的行为，看成命令的服从，或是例行家事的义务。茶来接手，淡淡地一声谢谢，岂能回应子女情爱之万一。"走开，没看到我在忙……"，父母微愠的斥责，总让撒娇示爱的子女不知所措。其实"爱语拥抱"之亲密回应，摸摸头或抱一下说谢谢，拥吻说声爱语，再告诉他"爸爸正忙，等一下再抱你！"，都是爱与被爱的好方法。

对方愿意被爱，喜欢你的爱，示爱的行为才有价值。父母要教导子女爱的能力，就必须以身教来示范——看，爸妈如何接受你的爱。让子女发现：因为子女的爱，父母快乐无比的状态。

接受孩子的爱之后，父母还要训练孩子学习被爱的能力。首先要训练孩子，主动去察觉——自己"被人所爱"的情境。尤其是在家庭生活之中，身边被视之为当然的事物，其实都有家人默默地付出爱与行为的代价。父母要引领孩子去寻找——谁在爱我，谁在帮我，谁在照顾我等"受惠者"的自我状态。在了解感谢的原因之后，再教导孩子表达感谢的形式。

【例】"威威，你刚才怎么刷牙的。牙膏、牙杯的水，是不是都准备好了。你猜谁帮你的？弟弟有没有爱你，你该怎样？"

其次，训练孩子积极给予感谢和反馈，以爱语来感谢，以拥抱来回馈，更以主动的爱来表示被爱的喜乐。

【例】"威威,只是说谢谢吗?""对,抱一下。""你们真是好兄弟,来,爸爸抱抱!"

延伸思考

1. 请盘点一下,以上十六种技巧,哪些是你常用的,为什么呢?哪些是你不常使用的,又为什么呢?

2. 有人使坏不受罚,有人使坏还享受特别的利益,请问你要如何告诉瞪大眼睛看的孩子继续当好人?

3. 爱语最大的难题——人身攻击,父母师长握有至尊的权柄,很容易口出恶言,请问要怎么提示天下的父母呢?

家庭动机与情绪教育——冲突管理

家庭生活中，有太多太多的冲突，我们虽然学会在冲突中保持快乐的方法，然而还是有数不完的冲突让人不快乐。不快乐之时怎么办？父母亲24小时都得快乐吗？父母会生气，子女也会生气，大家都生气怎么办？家庭是情绪教育的圣殿（舞台），父母是演员也是导演，子女则为第一次上台的菜鸟。如果父母没有能力管理自己的情绪，没有能力解决冲突的情绪，子女就只好自求多福了。所以许多家庭中，不同的戏码一直在换，可是每一出戏都唱不好，舞台上每次都有人受伤怒吼或哀嚎。

父母如何不生气，如何有效减少家庭的冲突环境，如何让孩子也自然地少生气呢？父母又得如何生气才能让孩子知错能改，而不是制造更极端的冲突呢？儿童偏差行为的判准，到底是在可以观察的行为与情绪中还是在无法观察的动机里呢？如果孩子真的犯错了，到底又该如何处罚才有效呢？孩子总喜欢闹脾气，孩子真的有权力闹脾气吗？

第一节　七情六欲

人之所以为人，不只在于智慧与精细行为的能力，而在于人拥有七情六欲。绝情断欲只剩半个人，无情无欲早已不是人。情欲相生，动机与情绪互相联结。动机萌生条件与情绪表现的模式，都受到文化因素的强烈操控。亦即，情、欲是天性本能，可是情、欲发生的条件与表出的模式，却经由学习而来。就在种族文化、社会习俗、家族团体、家庭小团体、班级团体、同侪小团体、工作团体与文字声影信息之中，经由互动模式进入"观察⟷学习⟷操作"的动机与情绪学习历程。

每个人在不同家庭环境中学习成长，无论是父母主动灌输，或者无心插柳，抑或是子女自行随机取样，组织成认知内容，这让整个世界的人类，每个人都拥有独特的情欲模式，更令人世间缤纷曼妙充满奇遇。因为七情六欲幻化万方，所以人与人的接触与遇合，就变得充满挑战与未知的幻梦。情绪教育就是要教导孩子，了解正负向情绪的价值，学习如何与情绪相处——尤其是学习"主动性情绪的动机管理"，以及"被动性情绪的动机管理"。主动与被动情绪图如图13-1。

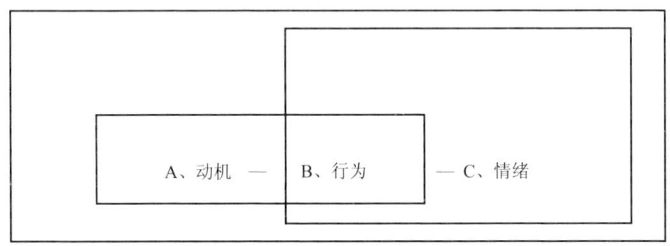

图13-1　主动与被动情绪之历程

注：　A—B　动机引发行为的心理历程，是主动性情绪的

历程。

$\boxed{B—C}$ 行为引发情绪的心理历程，是被动性情绪的历程。

$\boxed{A—B—C}$ 是完整的动机与情绪历程，是 $\boxed{A—B}$ 与 $\boxed{B—C}$ 相互调适的结果。

一、主动性情绪的动机管理

个体特定的动机状态，会在特定的团体情境下产生特定的态度。而预设特定的情绪模式，这类主动性情绪模式，包含正负两种情绪。他可能用正向情绪状态，去执行动机性行为；也可能以负向情绪状态，来执行动机性行为。动机实现，就产生正向情绪；动机未能实现，就产生负向情绪。预设的正向情绪，可能覆盖冲突情境与挫败结果；预设的负向情绪，也可能覆盖和谐情境与成功结果。所以主动性情绪经营的核心，就在于——动机管理。

个体知识愈渊博，感性愈丰美，创造力愈活泼，生命力愈强健，就会有愈多的"念头"（动机）。这些念头千奇百怪，破除道德与现实世界之规范，在个体的脑袋里如繁花开落。就是这些念头，创造了人类伟大的文明。人皆无念，人世归于消寂。动机管理并非"无念"，"断念"或"止念"，而是在万念纷陈之中，有能力抉取适合内外情境资源与条件的特定动机。一方面在快乐生活观的引领下，决选正向情绪类的动机，以正向情绪的预设模式，来面对行为过程与结果的顺逆刺激。另一方面则抛弃主客观条件都无法达成的动机，不给自己挟设过度的压力，预期挫败的结果，以及面对挫败的负向情绪，尤其是情绪性的投射。外向投射——都是别人害我的；内向投射——我没能力，我真的不好。再一方面则能于行为历程中，视情境条件之变化而"更改动机"。更改动机的内容，更改实现动机的方式，更改动机实现的时间等"动机转换的能力"，是超越人格刻板化、角色固化与钻牛角尖行为的最佳机制。

二、被动性情绪的动机管理

当主动性情绪能力不足，抑或特定动机并不强烈，抑或无动机、无预设情绪模式之时，个体即置身于被动性情绪模式的"行为－情绪"之中。被动性情绪模式的操控主权，在于客观外在条件的人、事、物，个体本身的情绪反应，只是行为刺激的依变项，所以七情随外相而舞，六欲随外缘生灭。正向情绪之喜有如天赐，负向情绪之苦有如天罚。若无能力管理负向情绪，日子就不知道怎么过下去了。

在主动性情绪模式中，预设之正向情绪（动机）是强烈的前置变项，所以在"动机－行为－情绪"中，负向情绪会被选择性地忽视，或者被"甘之如饴"，或者被转化为正向的增强刺激。可是在被动性情绪模式中，负向情绪不但是依变项，而且前一时点的负向情绪经验，还会变成后一时点行为序列的前置变项。内外负向情绪刺激的交替作用，将导致个体极端的心理困扰，所以个体一定要学习动机与情绪管理。

三、负向情绪管理技巧

负向情绪管理的技巧，首在正视负向情绪的角色价值，次在绝对无条件地接受负向情绪，最后则导入快乐原则的主动性情绪模式——制造新的动机。

（一）负向情绪的价值

负向情绪犹如"痛觉"与"感冒"一般，在人体中扮演着"预警"的角色。前二者是生理的，后者则为心理与精神的。负向情绪的产生，代表个体的人格、尊严、价值观、生活观、爱与被爱的状态、动机实现的可能性、行为展露的正确性等，正遭受挑战与破坏之中。个体必须迅速地搜寻心理与行为病灶，改变自我认知的单元内容，消灭外在刺激的挑衅，远离此特定外在刺激环境，或者寻求他人协助解决冲突。

负向情绪的价值，在于提供个体重新评估与改善，外界情境资源的机会，以及重新评估与改善，自我内在资源的机会。负向情绪并不可怕，可怕的是个体面对负向情绪的态度与后续行为。最常见的两种不良态度是："摆烂"与"火上加油"两种。眼睁睁地看着心理伤口，沉浸在悲戚的情绪，一味地在心里怨人尤己，让单一事件的负向情绪淹没整个生活，更放任心理的痛灶继续溃烂、加深、扩大，以致愈来愈无法挽救。持"摆烂"态度的人，总是在等待救援，他不愿主动去解决负向情绪行为与念头，他只是等待他人或某特定的人来救援他。不过他并不一定需要救援行动，通常只要特定的人说几句他要听的话，他自己就立刻展开有效的自我救援行动。

有些人坚信"我没错，都是别人不好"，所以"杠上又怎样"，"火上加油"拼拼看谁比较不好过。这种人绝对不重新评估与改善自我内在资源系统，而把负向情绪全部归因于外界情境资源系统，坚持以"改变环境"作为适应自己的手段。成功地改变环境，当然可以解决负向情绪，但是在改变的过程中，却难逃负向情绪的恣虐。万一无法改变环境，自我的挫败将极度严重而难以收拾。

(二)负向情绪的接受与新动机的产生

面对负向情绪时,要抱持开放性的态度,承认造成负向情绪的事实。不管谁对谁错,一定要先"接受"负向情绪背后的——冲突情境。"这不是真的!""不可能,我不承认!"这一类的呐喊,让负向情绪在个体心中一再地加深、加剧。唯有接受个体正置身于冲突情境中,才能让个体接受负向情绪,尤其是负向情绪之中的我。唯有受创伤的我,才能引入快乐原则的新念头,经由动机管理,把整个人转换到主动性情绪的生活模式中。不接受负向情绪、冲突情境与受创伤之自我的人,总是一味地粉饰太平,"我好好地又没怎样,干嘛经营什么新念头,我现在还是很好啊!"。

父母亲必须接受情绪教育,不会处理自己情绪的父母,当然无法示范美好的情绪生活模式。家庭是情绪教育最初,也是最好的训练场所。因为亲情的紧密结合,家庭中允许尝试错误的练习。孩子在家庭中学习动机与情绪,练习动机与情绪的滋生、展露、修正与管理。父母是榜样、是教练,也是互动的演员。所有的教养行为都伴随着情绪的展露,快乐的生活观也将教养行为的理论基础,设定在动机与情绪的管理模式中。抹杀了动机与情绪教育,"爱"就只剩下绝对自我的实现;家庭法治教育,也将成为绝对权力的谎言。

第二节 父母的七情六欲

父母是家庭中的超级巨星,任何举止都为子女所注目、观察、模仿、诠释、评价与学习,所以"龙生龙,凤生凤,老鼠生的孩子会打洞"。孩子是龙？是凤？还是老鼠？几乎完全系于父母亲表现得像龙、像凤、还是像老鼠。父母亲当然有喜怒哀乐，当然也会贪、嗔、痴、慢、疑。重点在于如何把负向动机与情绪，转化成正向动机与情绪的思维和行为历程中，并把自己的努力、耐力、毅力、勇气、决心与"为爱而成长"的原动力，诚实而明白地告知我们的孩子。

一、趋善避恶的动机管理

父母做错事、说错话、乱发脾气、闯红灯、说谎话、起坏念头、恶行恶状……，小孩子一一看在眼里，记在心里，他不会讲，也不会马上学着做。可是，日后面临某些双趋冲突无法抉择时，他就会告诉自己"爸妈能，我为什么不能！"。所以，Just do it！养儿育女最大的附加价值也就于此显现——提供父母亲修身养性重新自我成长的机会。为了孩子，父母亲时时鞭策自己——除一切恶根、去一切恶言、灭一切恶行。孩子视父母为手持天秤的正义天使，设若父母为恶而子女习以为常，人性之善将不复存于家庭之中。

动机管理的教育之中，最重要的是摒除恶念——泛指一切损害他人与自己基本人权的动机——父母带着孩子"诸恶莫做、众善奉行"。父母亲当然也会杂念丛生，可是一定要严守言行的关口。一不小心说溜嘴、表错情、做错事、展露出负向动机，就必须以开玩笑的口吻告诉孩子，"糟糕，我变成坏人了。不行，不行，我不能当坏人，救命啊！你们告诉我，怎样才能变回好人？"所谓"身教"，就是扬己之善，以及灭己之恶，尤其是自己转恶为善的努力。宣扬自己的善念善行要求学习，转化自己的恶念为善要求协助，这就是动机教育。

二、情绪与管教行为

为了保护孩子免除成人世界的诸种压力，父母之间与工作生涯所滋生的情绪，尤其是极端而激烈的情绪，都不宜表现出来给孩子看，只能关起门来夫妻自个儿"相濡以沫"。可是因孩子不当言行而生之情绪，却必须完整地展露给孩子看。"父母如何生气？"这是为人父母者最大的自我挑战之一。

孩子做错事，父母就必须给予管教。管教行为当然要搭配适当的情绪，就沟通分析的理论扩而言之，可以概分如以下三种：（图13-2）

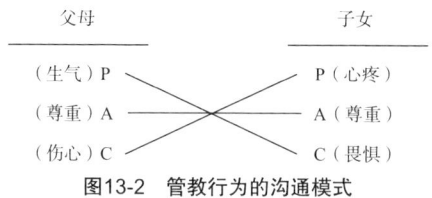

图13-2 管教行为的沟通模式

互补型的互动模式是 P ⟷ C 或 C ⟷ P，冲突型的互动模式是 P ⟷ P 或 C ⟷ C；诡异型是 A ⟷ A。三者有时互补，有时冲突，有时却是毫无效益。父母与子女间，必须建构这三组角色的相对内涵如图示。如果子女和父母的角色内容互换，则家庭权力系统将会倒错而子女行为失控。

（一）鸡尾酒管教法

父母及子女的沟通行为，都可以区分为权威式父母角色（P），平等式成人角色（A），及赖皮式儿童角色（C）。沟通行为的过程中，父母（C）⟷ 子女（P）、父母（A）⟷ 子女（A）、父母（P）⟷ 子女（C）三种模式，不能单独出现。轮流以两种或三种情绪模式，引发子女相对应的情绪模式。由心疼、畏惧、尊重三种情绪引导子女接受管教之动机的产生，让子女心甘情愿地接受管教内容。至于采用二合一模式（先P后A、先A后P、先P后C、先C后P、先A后C、先C后A），或三合一模式（PAC、PCA、ACP、APC、ACP、CPA、CAP），或该模式中的哪一种管教程序，就必须视家庭成员与事件之特性而灵活应用。

（二）单一管教法

单一模式的管教行为，短期间新鲜有效，长久下来习以为常就没有效益了。C⟷P久了，儿女就知道苦肉计又来了；A⟷A久了，孩子会忘记他也必须付出相对于父母的尊重；P⟷C久了，孩子就永远是孩子了。虽然C⟷P与A⟷A久而无效，却不会造成不良的并发后果。可是P⟷C完全不同，P⟷C是最可怕的一种管教模式。父母应该如何生气？就定义在P⟷C的模式中。

（三）生气的危机

生气是一种很奇特的情绪，它只进不退，它会愈来愈气。如果把生气分成1～10个等级，等级愈高，生气的人肌肉就愈紧绷，血管充血就愈严重，声音的分贝数就愈高，也愈容易口出恶言。在P⟷C的管教模式中，双方就像打抗生素一样，时间久了就产生抗药性。同一个等级的生气出现多次以后，子女就习惯它，不把它当做生气了，所以这一次生气到第六个等级，下一次就得升级到第七个等级才能奏效。当以面部表情和高亢声怒斥的生气模式到达等级10之时，通往野蛮权力体系之门即将打开——体罚，就等在等级10之后，父母的手一伸出来，它就是立即接管父母的人。

"兔崽子，今天我不打你，我这口气就消不下去！"

原本是因为孩子犯错，所以父母生气，而父母展露生气的不同等级，是为了让子女知道，犯错的后果有多严重。可是到了最后，父母是因为要舒解自己的生气状态，而去处罚孩子。尤其是 P ⟷ C 久了以后，孩子模仿 P 的角色行为，而使得管教行为明的是 P ⟷ C，暗的却是 P ⟷ P，或者就干脆整个变型成 P ⟷ P。在 P ⟷ P 或 P⟶C 的状态下，生气等级很容易就会跳跃飞升，甚至冲破等级10，进入"体罚"的另一个世界——肢体冲突。

三、父母如何不生气

乍听这个命题，每个父母都会笑着说"怎么可能？"但是每个父母都会用祈求的眼神问你"真的吗？如果可以的话，任何代价我都愿意"！每个父母都快气疯了，每个父母都恨死了"生气"这件事，因为怒火只要一点燃，全家就没好日子过。每一个父母都在呐喊——我也不想生气啊！如何尽量减少亲子冲突情境，创造与维持快乐的家庭（心理与物理）环境呢？答案就在"一公尺管教权"与"一公尺管教技巧"。

（一）一公尺管教权

"管教"与"教养"，是父母的两大天职，可是大部分的父母却都"叫着管"，"叫着教"，"叫着养"。父母一"叫"再"叫"，自然"气"上心头，怒火中烧，然后就发生无止尽的家庭灾难。父母可以不要高声怒斥吗？但是小声地讲，没获得回应啊！和气地劝说，孩子不理不睬啊！孩子不听话的时候，父母当然要高声怒叫了。试问天下父母，如果怒叫无效呢？就出手打孩子吗？

请每一个父母一起念"一公尺管教权",然后谨记在心:父母对子女的管教权,只在一公尺范围内有效。意即,孩子犯错时,做了不该做的事,或不去做该做的事之时,如果父母身在一公尺之外,请你闭嘴——不要叫,不要管!如果非管不可,请你走进"一公尺管教圈"。恳请父母们放下手头上的事,移步走到孩子身边的一公尺范围内,如此你才有权力执行管教权。记住,一定要这么做,因为每次要管孩子时,都走入一公尺管教圈才开始管——你自然就不会大声叫,你自然会轻声细语,小声说话自然就气不起来。如果你已生气,记住:愈气,就靠得愈近,靠得愈近就愈大声不起来。

(二)一公尺管教技巧

进入一公尺管教圈之后,请你心中复诵指导语"温言软语,半推半就",然后伸出左手搭着孩子的肩膀(愈生气就搂得愈紧,记住:你是大人,这点修行也没有,怎么搞定小孩子!),再用右手直接拿起摇控器关掉电视,或做其他动作,(而非远远地喊:我叫你把电视机关掉,进书房读书,你到底有没有听到?)然后把脸凑到孩子面前,把嘴凑到孩子耳边。一边温言软语地告诉孩子:"走,到书房读书去!洗澡去!吃饭去!睡觉去……"一边搂着、推着孩子朝目的地移动。因为手搭肩、嘴近耳,你自然会"温言软语"。因为你半推,孩子也只能半就。

因为你没远远地大叫大喊,所以不会出现喊叫无效后,怒气冲天趋前大骂或出手伤人的场面。因为你执行一公尺管教技巧,所以家中的亲子冲突将可降低到最小。所以就算孩子不乖、不听话,父母也能不生气,孩子才能不受气。

四、父母如何生气

生气有两大原则，第一个原则是鸡尾酒管教法，生气模式不要单独使用。第二个原则是把生气细分化，生气的等级愈多愈好。生气的目的，是为了告知对方"我生气了，你必须改正自己的行为。"生气的等级愈小，对方改正行为的机会就愈少。"我爸妈动不动就生气，好可怕呵！""我只犯个小错，爸妈为什么要生这么大的气？"如果父母只有大生气、中生气、小生气三级，子女动辄受气当然无法消受。不但子女受不了，父母也会因为自己经常处于极端的生气状态而不满，不满自己、配偶、子女，以及这个总是令他生气的家庭。

因为拥有家庭中绝对的权力，父母很容易放纵自己的脾气，认为自己的话就是法律，子女不听话就是"不把我当父母"；就是"你把我当成什么？"；就是"你当我讲话像放屁？"；就是"自己的人格尊严被贱踏"；就是"子女受恩不报还嚣张犯上"；就是"自己做牛做马所为何来？"绝对的权力让父母控制不住自己的脾气，总是一怒冲天之后，"不出手"就好像没戏唱了。生气是必要的，否则孩子会掌握不住行为的分寸，但是父母必须学习控制自己的脾气，学习"微怒"，也就是"动怒不动气"。

（一）生气的系统

生气的展露可以分成五个系统：第一个是语言系统A；第二个是音量系统B；第三个是表情系统C；第四个是动作系统D；第五个是处罚系统E。再把每个系统细分成10个等级，就可以得到A_n、B_n、C_n、D_n、E_n；$n = 0 \to 10$。如此一来父母就拥有"生不完的气"了！例如：瞪他一眼、给他一个脸色看等。把两个系统区分出更多的等级，再交替融入鸡尾酒管教法中使用，父母就可以长期使用"生气"这个资源来管教子女。粗心、不用心的父母，容易把生气像和稀泥一般糊成一团，两三下就把"生气"给用完。

（二）生气的等级

许多父母习惯把生气等级，设定在临界点——第10级。不管孩子做错什么事，不管事件大小，不管是否情有可原还是罪无可赦，一律以等级10的气焰对待之（甚至，五个系统全部打开：An、Bn、Cn、Dn、En）。孩子在无法接受的状况下，若是充耳不闻或反抗顶撞，"管教行为"就立刻变身为"体罚行为"了。而必须提醒父母们的是，千万不要把自己的人格、权威和苦劳给扯下海，扯进与当下毫不相干的子女管教行为之中。千万不能动气，绝对不能在"气头上"管教孩子。不要大声，不要大吼大叫，分贝数愈高，就愈容易动气。只能动怒，微怒，有技巧的微微发怒。一定要记住，"生气"这种东西，气到最高点就"爆"了。气爆之后，你们家再也没有教养行为，你的家里只有剩下家庭暴力行为。

第三节　孩子的七情六欲

孩子会不断地犯错，是因为他还是个孩子——身心未成熟而无法完全控制自己发展的个体，称之为儿童。孩子并非一再地明知故犯，而是还在学习成长之中。孩子所以会表现出不当行为，不是因为他行为恶劣，而是因为他起了坏的念头，不利于他自己或者会伤害别人的动机，所以才出现利己不利人、利人不利己、不利人也不利己，或者毫无价值、虚掷光阴的不当行为。

一、时好时坏的心情

避苦趋乐的本能，使得孩子以"玩"的方式和态度来操作生活的每一件事，而以"好玩"来得到快乐的过程和结果。（这种充满童趣的生活方式，同时也保障了"练习—成熟"的发展历程）。就在"可以玩v.s.不可以玩"、"好玩v.s.不好玩"之间，时好时坏的心情就一涌而出。儿童的情绪，有一个很大的特色——情绪滞留。不管是正负向的情绪，孩子几乎都没有能力控制它。他无法在适当的时间，自己结束滞留的情绪。高兴的时候，他会一直地兴高采烈，一直地玩下去，一直到被制止。伤心的时候，他会一直哭泣难过，一直哭下去，一直到被制止。

（一）情绪滞留

儿童必须借助父母或他人的力量，才能从情绪滞留状态脱身而出。尤其是处在极端情绪状态时，孩子对自己的情绪更是毫无招架之力。父母不但要帮助孩子，在适当的时空脱离情绪滞留，更要立刻伸出援手，以拥抱、爱语、事件转移、时间延宕和空间转换等方式，尽量缩短孩子经历极端正负向情绪经验的时间。尤其是极端的负向情绪。长期滞留其中的经验，容易导致异常或变态行为，令父母与孩子终生苦痛。

所以，玩与好玩，虽然都能带来正向的情绪经验，却总会纵情无度而"乐极生悲"。因此，不能玩与不好玩，会带给儿童负向的情绪经验而伤心不止、哭个没完。教养行为中当然包括负向情绪的体验，所以以家庭为防护罩，让孩子自由抒发七情六欲，而后再给予情绪教育，这是为人父母当然的角色行为。

为人父母者易犯的错误，是孩子只能有好心情，不允许出现坏心情。成人的心情，本来就时好时坏，孩子的心情更是如此。孩子可以心情不好，可是持续太久，久劝也不能平息时，就轮到父母发脾气了。如果不教孩子如何面对"生气"，如何面对"悲伤"，父母即将不断地面对教养挫败的自己。

（二）孩子可不可以生气

孩子可不可以生气？当然可以。父母要教导孩子生气的适当动机、生气的适当行为、生气的适当情绪。父母要把自己学到的那套情绪管理，透过身教和言教方式来教给下一代。教导的步骤方法如下：

1. 教孩子明白"生气的定义与目的"亦即：什么人、事、物的关联程度，才"值得"你生气动怒，这样孩子才不会动不动就生气。

2. 帮孩子细分"生气的等级"，孩子才不会一生气就勃然大怒。

3. 教孩子谨记"生气的目的"，孩子才知道抉择适当的角色行为模式来沟通。

4. 教孩子莫忘"快乐生活观"，孩子才能在适当的时空踩刹车，学习自己控制情绪。

（三）孩子可不可以悲伤

个体的认知、语言或行为，对立于自己或他人的认知、语言或行为。而发生冲突或挫败之时，若归因于他人的错就易引发"生气的情绪"；若归因于自己的错，就易引发"悲伤"的情绪。错在别人,而自己无力回天之时,个体就会"气自己"。错在自己,而别人却伤害自己时,个体就会为对方"伤心"。重要的是,父母必须教会孩子,发现自己或别人指责自己而让自己陷入悲伤的状态时,到底该怎么办?

按了"启动键"之后,该悲伤多久呢?该不该愈来愈悲伤呢?悲伤的人该对自己或对别人说些什么?做些什么事呢?悲伤的心情要藏起来?还是只让某些人知道?还是要搞得大家都看到呢?如果藏不住悲伤的心情,又该用什么脸、什么语言、什么文字、什么声调、什么动作、什么行为、什么哭声、什么眼泪,来表达或释放自己内心的悲伤呢?

自己又如何知道:这种悲伤的发生是对的吗?这种悲伤的程度是合理的吗?这种悲伤的表达的表达方式是公平的吗?这种悲伤延续的时段是必要的吗?如果友人相劝、亲人相慰,我该止住悲伤或者不理不睬呢?如果有人落井下石、如果不在乎的人殷勤劝慰,我到底该如何是好呢?我又是否有能力如心所愿呢?以上这些都是父母透过身教与言教,必须传达给每一个孩子的。

孩子也有许多好念头、好行为和好心情。孩子每一个笑容、善行与爱念,都等待着父母的认证、赞美与鼓励。父母必须经营一个快乐的家庭环境,一个充满善行与爱念的生活空间,让子女在学校与社会的多元冲击下,还能在家庭中享受无尽的爱与归属,从而衍生更多的好念头、好行为与好心情。

二、时好时坏的念头

就像每一个大人一样,孩子的心中也有时好时坏的念头。每一个父母都容易掉落以下的陷阱:"只可以有好念头，不可以有坏念头"。

大人不可能做到的，怎可拿来要求孩子呢？只要一发现孩子有坏念头就像疯了一样：我的孩子怎么会这样？我不能接受我的孩子会这样？殊不知，有坏念不一定会一直想，也不一定会说出来，更不一定会去做！而如何让孩子愿意告诉父母，他有哪些坏念头，这比什么都重要。我们必须陪着孩子，一起去面对他的坏念头。父母如何以身教和言教，教导孩子辩识与抉择"正向的续发性动机"，而避开"负向的续发性动机"，是非常重要的事。

（一）负向的续发性动机

当孩子发现自己的坏念头时，接下来脑袋里想的如果是"因为我坏，所以才会这么想！"、"我会这么想，就是有这个感觉，就是有这个必要！"、"这个念头是真的，我真的在想，所以我一定要做！"、"这个坏念头不能说出来，我得悄悄去做，别让人知道！"、"为什么我会这么想呢？是不是我很坏呢？"、"不知道为什么我怎么会想这个呢？我不该想的，可是我却一直想，一直想……"以上都是负向的续发性心理历程，这些内在的自我语言，将建构成负向的续发性动机，而激发负向的行为与情绪。

（二）正向的续发性动机

孩子出现坏念头后，如果想的是"嘿！还好我不是坏人，不然就有人倒大霉了！"、"哼！如果我是坏人，你就太惨了！"、"哈！想一想就算了！虽然不会去做，可是想一想，叫一叫也蛮舒服的！"、"想想，也就好一些！"、"我是不会这么做，但是我得找个人吐一吐苦水呵！"、

"对，可恶！好！我得真的想个好办法才行！"、"除了使坏，还有没有什么好办法呢？"、"嗯！这是不能做的，还有什么是可以做的呢？"、"好了，别神经了！想点实际的吧！"、"别闹了！这可千万不能说，更不可以去做！"、"好、好！停、停！想点别的，想些好笑的，想些有效的！"、"好了，不想了！我去跑步、打球、上网、找人聊天，或者读点书或唱个歌、跳舞、吃点东西，或做些什么事或干脆睡觉去！"。以上这些都是正向思想，这些正向的内在自我语言，将建构出正向的续发性动机，而激发正向的行为或情绪。

每一个管教行为中，父母都必须以探索孩子动机的〇、×为首要，千万不要停留在行为与情绪层面。父母与子女在行为上的对峙与情绪上的对决，所导致的结果不是错杀了〇的动机，就是错放了×的动机，以致造成管教行为的失败。管教行为中，父母不可以直接处理行为，也不可先处理情绪再处理行为，而是要先处理情绪，其次处理动机，而后处理行为，最后再终结于正向的动机之中。

孩子的坏念头，一部分是模仿而来，一部分是对应于本身的需求而来，一部分则是由好念头软化而来。模仿权威者的坏念头，忽视满足需求时对他人的伤害，都是坏念头的起源。火力最强的坏念头，大都是由好念头转生而来。当孩子的好念头被他自己有意或无意地藏匿起来，然后被别人有意无意的忽视，被父母或别人扭曲、误会，被猜测为坏念头而严加挞伐之后，好念头就会变成坏念头，变成超强火力的坏念头。这种坏念头不是偶尔出现的那种坏念头，而是我就是坏念头，坏念头就是我，我想的都是坏念头。

孩子当然也和大人一样，什么千奇百怪的念头都会浮现脑中。教养行为的目的，就在于文明的社会化历程，就在内化某种评价的规律，让孩子自己能够去抉择。抉择哪些念头一出现就必须赶紧除掉；哪些念头想想可以，却千万不能说出去；哪些念头说说可以，却千万不能去做；哪些念头可以坚持甚或繁衍；哪些念头修改甚至放弃也无妨。

（三）动机行为与情绪

孩子犯错时，通常表现出下列三个层面，一是不适当的念头，二是不适当的行为，三是不适当的情绪。（表13-1）

表13-1　偏差行为的动机模型

动机		行为		情绪		备注
		○	×	○	×	
○		☆		☆		1. ○代表：适当的
		☆			☆/【☆】	2. ×代表：不适当的
			☆/【☆】	☆		3. ☆代表：个体在不同动机模式下的行为与情绪状态
			☆/【☆】		☆/【☆】	4. 【】代表：假装的、隐藏的行为或情绪
×		【☆】		【☆】		
		【☆】			☆	
			☆	【☆】		
			☆		☆	

教养行为历程中，父母感到最遗憾的是：子女有适当的动机，却选择了不适当行为与情绪；以及有适当的动机与行为，却表现出不适当的情绪。最畏惧的是：子女有不适当的动

机，以致产生了不适当的行为与情绪；以及子女假装适当的行为或情绪，用来隐藏不适当的动机。

父母必须学会"透视行为"与"超越情绪"的能力。因此，父母必须正确地判断以下三点：

1. 孩子的"情绪"是○、×或【○】、【×】
2. 孩子的"行为"是○、×或【○】、【×】
3. 孩子的"动机"是○或×

父母都了解，不适当的行为与情绪模式是可以矫正的，可是不适当的动机模式却会教养出一个坏心眼的孩子，天啊！打死自己都无法接受，更别谈耐心矫治了。

所以父母亲必须在家庭中，时常示范适当的动机、行为与情绪。必须注意观察子女的行为与情绪，只要动机有些许偏差，都必须立刻矫正，而且调高生气的等级，让孩子知道——我们家的人绝不可以有坏念头。

三、基本需求的满足

当我们以Maslow的需求理论（如图13-3），来衡量儿童的基本需求之时，可以发现在一般常态家庭中，儿童的第一、二层需求都能得到满足，所以儿童的生活就集中在追求第三、四、五层的满足。在没有获得经济自主权与谈恋爱之前，所有的子女莫不如此——以亲子之爱和家庭归属为基础，经由家人的尊重获得自我肯定，而去追求自我实现的完成。时好时坏的念头，也就归因于此。

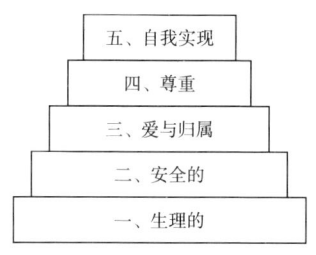

图13-3　马斯洛（Maslow）的需求理论

不适当的动机，并非根源于人类的劣根性，而是源于基本需求的剥夺与不满足。上述每一层基本需求被剥夺或不满足，会让个体自然地产生强烈的求生动机。对当代的孩子而言，第一、二层需求很容易满足，所以产生泛文化的集体动机。第三层需求的满足与免于被剥夺，不像第一、二层需求般只要物质性的定量供给即可满足，它需要心理性、精神性的大量资粮。它就像电子宠物一样，需要不定时、不定量、多元而繁琐的需求，若不满足它，它就会死亡。偏偏处在现代的工商业社会，让父母总是自顾不暇，而疏忽于满足孩子的第三层需求。因此爱与归属变成基本的需求动机，自我实现变成最后的目的，尊重——也就迷失在自我与人际的迷雾之中。

这个基本的需求动机不满足或被剥夺时，会使得原来正确的动机变成坏念头，而产生不适当的行为与情绪。当那个最后的目的无法达成时，就又会产生不适当的动机，而陷入恶性循环之中。所以，父母在教养行为中，必须给予子女大量的情爱，而于家庭生活的各个面向中表达出来。所以，父母在管教行为中，探索子女动机之本源时，务必先行检讨，是不是自己给予子女的爱与归属感不足所致。大量情爱与归属感的满足，往往是治愈坏念头的万灵丹。伴随拥抱和爱语的这帖灵药，可以让孩子立刻超越不适当的动机、行为与情绪，而产生好念头——适当的动机，让"正向动机——正向行为——正向情绪"的正向循环机制重新设定而能恒久启动。

第四节　冲突管理——处罚

处罚原本应该是冲突的结束，却也可能成为另一个冲突的开始。冲突管理的终极武器，就是管教行为中的"处罚权"。父母在不同的生气等级都可以应用处罚权，而非一直生气、一直怒吼、直到拳打脚踢。处罚不等同于体罚，处罚相对于奖赏，是一种动机的约束，是一种行为的约束，是一种需求与情绪的暂时性剥夺。父母把不快乐的情境，联结在子女不适当的动机、行为与情绪之后，提供强烈的负向增强物，造成子女嫌恶性趋避学习。所以，负向增强物的选择、刺激呈现的时间与执行后的检讨等，就成为重要的管理技巧。

一、嫌恶刺激的选择

嫌恶刺激包括两类：第一类是子女日常不喜欢吃的食物、不喜欢做的工作等，所有不喜欢之事物的强制执行。第二类是子女日常喜欢吃的，喜欢看的，喜欢听的，喜欢做的事等，喜欢之事物的强制剥夺。选择正确有效的嫌恶刺激，是处罚效应的基本条件。"责备"是要求完美，责备不是怒骂，怒骂不是处罚，而是对子女尊严之基本需求的剥夺，所以不能乱骂孩子。"以后不要叫我妈，我没有你这个儿子"、"我不会再原谅你了！"、"我再也不会疼你了！"、"以后别想要我再对你好！"、"走开，不要让你爱"、"我不喜欢你，我永远都不要爱你！"，许多父母习惯以剥夺孩子爱与归属的需求，来当做处罚的嫌恶刺激，这样只会造成难以想象的恶果。

二、刺激呈现的时间

处罚的命令必须在冲突情境后立即下达，不管处罚的时间长短，都只能执行一次。有些父母处罚完孩子之后，过了十分钟突然又想起来，或者气还没消，又把孩子叫过来怒骂一番，或二次处罚。这种模式会剥夺孩子基本的安全需求，造成严重的心理创伤。

三、执行后的检讨

处罚结束之后，父母应与受罚子女召开检讨会。检讨会可以不拘形式，双方窝在床上、沙发上，边吃边聊，一边散步一边谈话，皆可。任何时地都可以展开会谈，但是必须先建构良好的气氛与亲密的行为语言。

会谈的程序如下：

1. 询问孩子接受处罚的感觉。

2. 以同理心表达自己的关怀。

3. 告诉他自己身为父母，有责任矫正他不适当的动机、行为与情绪。

4. 强化犯错的严重性与对他的危害。

5. 约法三章，日后不再犯同样错误，否则会有更严重的处罚。

6. 强化亲情之爱与亲密的拥抱。

四、有效的处罚

处罚是否有效，取决于下列5个要件：

1. 子女知道受罚的原因——犯了什么错？
2. 子女认同受罚的结果——必须付出什么代价？
3. 子女甘心受罚——负责任。
4. 子女真正在意的处罚——价值观。
5. 子女认为处罚的内容与犯错的严重性相配称——公平与合理。

一般父母亲经常处理的是前3项必要的非充分要件，经常忽略了后2项必要且充分之条件。第4项之认知冲突（亲子间），将在处罚后开启另一个更加严重的冲突。第5项之处罚内容与形态的错误，将造成处罚的失能——毫无效度可言。

五、非嫌恶刺激的处罚效果

有效的处罚不一定要采用嫌恶刺激，在家庭管教行为中，没有得到奖赏就是一种处罚——一种真正在乎的处罚。对孩子而言，处罚行为常会被翻译成：父母不爱我。奖赏行为，则一定翻译成：看吧！父母多么地爱我。所以在管教实务上，非嫌恶性刺激之剥夺，应该摆在嫌恶性刺激之前。

非嫌恶刺激之给予，也是一种有效的处罚行为。在各种形态的家庭冲突之后，要求亲子或兄弟姐妹间，配置某些亲密行为，往往是最高级的处罚模式。

例如："处罚你亲吻大哥20下"，"处罚你们每个小时自动来抱爸爸一下，还要在爸爸面前互相抱一下。"，"下次再犯错，加倍亲100下"。这种处罚模式，直接把最终极的行为结果，把欢欣喜乐直接加注在愤怒与眼泪之上，而使得家庭冲突在必然性（一家人的血缘关系与生活条件）的基础上，"莫名其妙"地解决（超越问题处理模式）。所以，在管教实务上，非嫌恶刺激的运用价值，更远胜于非嫌恶刺激之剥夺。

延伸思考

1. 请举例说明处理负向情绪的两种不良态度？
2. 请用10个等级设计出自己五个系统的生气资源表？
3. 判断儿童对错的标准，不在于可以观察的行为与情绪，而在于无法观察的动机。请问你为什么必须预设孩子的动机是正向的呢？

家庭冲突与体罚

家庭人际关系之儿女关系，直接表现在子女彼此的生活中——兄友弟恭或是兄弟阋墙。吵架、不断地吵架甚至打架，因为个别利益、权力、角色扮演的自我实现，或是遭受"不公平"之待遇而造成了家庭人际关系的冲突。这种冲突具连续性与不连续性之向度，而共存于"祖父母－父母－子女"的家庭人际关系中。某些冲突事件结束后，会立即（或延宕）引发另一个冲突事件，而且绵延不绝的连续作用在个体的生活史中继续发酵。某些冲突事件，结束后就消失不复再见，甚至在当事人记忆中消失。某些冲突事件，却引发正向的新态度或新事件，呈现不连续的行为后效。

从讽刺、泼冷水，到斥责、口角、争吵、打架，以致各种形态的冷热战，甚或视若无睹、干脆弃之不顾等冲突现象，出现在不同世代的父母、夫妻、亲子与子女的关系中。我们惊讶地发现家人施暴（语言或行为）的频率与严重度，远超过其与一般人际关系中的分寸。凌虐老人、凌虐配偶、凌虐子女的手段，俨然不同于一般人际关系中的人格展露。我们深切地怀疑在家庭人际关系中，是否潜藏了什么未知的机制，使得一般的人际关系在家庭中呈现了二极化的极端现象？为什么血脉相连、同根而生、同居而活的家人，理当相爱互助、体恤相怜的亲人，却会表现出极端恣虐的反向行为呢？

第一节　家庭人际关系的冲突

个体在人际关系中，遭受"不公平对待、被迫害、自我实现之挫败"的当时，会产生人际冲突事件。人际冲突事件中之弱者（受害者），以三种模式呈现：反抗、不反抗、无力反抗。反抗模式的结果有三：一是成功、二是失败、三是持续抗争行为。不反抗模式的结果有二：一是承认对方的权力，忍受对方的行为；二是忍受对方的行为，但仍保持抗争的意识。无力反抗模式的结果有二：一是承认对方的权力与行为，二是承认自己的无能与宿命。

以上的行为机制，出现在所有的人际关系中。在一般陌生的人际关系中，它由"利益与权利"两个判准来控制。在非家庭之半陌生或社交或工作的人际关系中，它由"利益、权力与人情"三个判准来控制。在家庭人际关系中，它由"利益、权力、血缘、亲情"四个判准来控制。因为血缘的作用，使得人情质变为亲情，而有极端正向的亲密行为；也因为血缘的作用，使得非家庭人际关系之"相对性"利益与权力；质变为"绝对性"利益与权力；更因为血缘的作用，使得深具社会文化集体价值与规范之"人情—公理"的键结，质变为只具个别家庭次文化价值与规范的"私德—（私）亲情"的键结。

所以，家庭中掌握经济大权者，是最高辈份的权威者，也是为人父母者与为人兄姐者，在家庭的黑盒子保护下恣虐家人的原因所在。此也所以，承受弱势角色的家人，容易在家中采取不反抗模式的原因。这种现象，更促使强势角色的家人，愈加"任性"地施虐于弱势角色的家人。最可怕的是，强势角色家人，往往会在相连续的二段时间中，施与家人极端正向的亲密行为，以及极端负向的暴力行为。对强势角色家人而言，这是他的自我实现，一切都合情合理；对弱势角色家人而言，则不知所措而无理自容。

亲情中如果没有浓烈的爱恋，亲情只不过是家庭角色扮演的行为规范之一。面对家庭生活的冲突时，领受强势角色者，反而会藉此行为规范来施虐于弱势家人。如何在家庭人际关系中，在亲情中、在教养行为中，积极养成"亲情之爱"，才是人类超越"家庭制度"之负向限制的法宝。所以家庭人际关系的行为机制，应该经由为人父母者之实践与养成，将之发展为"血缘—亲情之爱vs.利益—权力"。

因为浓烈的亲情之爱，所以家人才能由"相对客体性的人际关系"转化为"个别主体性的人际关系"以至"互为主体性的人际关系"。一般的人际关系，是以相对性的权力位阶，以及利益之可交换性为原则。权力之下位者，一定要对上位者表现恭敬之态度，但上位者却不一定要礼遇下位者。你对我好，所以我才对你好；你对我不好，当然我就不需要对你好。这些一般人际现象，密切而频繁地涉入家庭互动中，所以家庭角色间才会争吵不断。父母若能主动导入"亲情之爱"，赋予绝对性的动机——因为我是父母，因为我是兄姐，因为我爱家人，因为我有能力爱家人——所以不管你对我好不好，我都要对你好！不管你能不能打赢我，我都要谦让于你！不管你是否权力低下，我都要尊崇于你！也不管你是否不服管教或无理取闹，我都要钟爱你、体恤你！

因为浓烈的亲情之爱，个别主体性的人际关系于焉诞生。因为父母至爱的养成教育，全家人都能遂行个别主体性的人际关系；所以互为主体性的人际关系，才能美满地实现在家庭生活之中。家庭中的人际冲突，也才能在——因为我爱你，所以我要以快乐的我来面对你，更要想尽办法让你快乐，让你因为我的爱而更快乐——爱的动机情绪管理模式中，获得圆满的解决。不然的话，不同世代的父母、子女、夫妻与亲子间，仍将陷入相对交换性人际关系的行为机制中，忍受（暴力恣虐的）不快乐的家庭生活。

第二节　体罚

一、体罚的定义

在乙方无能力反抗或不得不接受的条件下，甲方以暴力攻击乙方身体，称之为"体罚"。所以体罚的成立有两个要件，一是甲方的暴力攻击行为，二是乙方无选择性地接受攻击。所以攻击的部位不是重点，大痛小疼也不是重点。重点在于体罚是一种"图腾"，由小（年龄）而大，以不同的相貌，不同的"意义"，为实现各种不同的利益，而吸附在每一个现代人的身上。

二、体罚的图腾

"打在儿身，痛在娘心"、"爸爸打你是为你好，是要你……"、"手伸出来，你刚才那样做对不对？错了是不是！错了就要被打……"在儿童发展历程中，以上的场景一幕幕地烙印在每一个个体的记忆中。个体从小就被"体罚"，被父母、祖父母、兄姐，或其他比他身强体壮的人体罚，而被体罚的他，无力抗拒。

"怎么讲你都不听，棍子拿来……"、"讲那么多遍了，你根本就是明知故犯，我打死你……"。施暴的人永远是教训别人的人，永远是大人，永远是长辈、长官、上司或拳头比较大的人。施暴的人，总是自觉在口说无效之后，"不得不"以暴力攻击，为的是让对方听话，听他的话，改正（他所认知的）错误的行为。

体罚对施暴者而言，竟是一种利他性行为；体罚对受虐者而言，竟是一种利己性行为。体罚与一般暴力行为的差异，在于体罚是利他性行为，而且体罚是单向性攻击行为。最奇妙的地方在于，只要有暴力性抗拒，或有报复性攻击的可能性，体罚行为绝对不会出现。

所以，体罚的判准也就不在于"利他性"行为的价值，而在于"单向性"暴力攻击的保证。若无此把握，施暴者最多也只"敢"施予语言暴力，而且还要拿捏好分寸，甚至不"利他"罢了！否则，会招来对方单向性攻击，或引发双向性的暴力行为，那就大大地不利己了。上述的保证若愈有把握，施暴者的"善心"就愈会发挥得淋漓尽致，体罚行为的质与量就会尽情狂飙。

最可怕的宿命在于：在发展成熟的过程中，每个个体几乎都有被体罚的经验，或目睹别人施暴与受虐的经验；曾经是受虐者，同时也是施暴者。"图腾"的印记鲜明简易——拳头大时，"可以"体罚别人（善心的）；拳头小时，"不得不"被体罚（善心的）。

三、图腾的原罪

人类从"弱肉强食"——肌肉能竞争的原始权力体系，演化至今以"优胜劣败"，竞逐于文明权力（威）体系的战场。文明的权力体系下，人类生存与生命资源的竞争，变成年龄、职位、角色、阶级、财富与成就……等不同权力阶梯的竞赛。拳头小的个体，可以凭借家世、财富、阶级或特殊的成就，而向拳头大的人大小声或体罚。

国民基本教育及社会教育的过程，就是文明权力体系的"社会化"过程。社会化失败的人，或在文明权力体系频频碰壁无法生存的人，会停留或抉择"生活"在原始的权力体系——以暴力攻击的方式（拳头大小）来争取生存与生活的资源。校园帮派、青少年暴力行为，流氓横行、黑帮械斗、以至于"战争"；再衔接亲子暴力、兄弟姐妹暴力、家庭暴力、教室暴力……等体罚行为；全部都是人类所背负的原罪图腾——文明权力体系无法解决时，就回到过去"当原始人"，以原始的权力体系解决。

四、体罚有罪——原罪

个体从出生到发现自己长得够大，强壮得足以欺侮别人或体罚别人的历程中，父母师长一方面要求文明权力体系的信受奉行，另方面却偷偷地执行原始的权力体系。体罚变成了文明世界中，原始权力体系的教导师——恶魔之种。藉着不同形态的体罚，原始权力体系的图腾也就内化到每一个现代人的心灵之中。所以，体罚有罪，而且是原罪。

第三节　撒旦与文明

一、撒旦的真面目——我有权力惩罚你

图腾内化之后，可怕的不在于两个权力系统的消长，而在于每个人心里都长出了一个"撒旦"。这个撒旦以"行善"之名，活跃于文明权力体系，却暗行原始暴力之实。

问题不在于对方做对或做错，也不在于帮助对方改过的"善心"，而在于，不管对方犯什么错，错得多严重，到底谁有权力惩罚他？"惩罚权"才是体罚行为的罪孽所在。经由体罚的过程，个体学习到的不只是打与被打、或者是爱与被爱。个体学到的是"我不乖，爸爸打我"、"我不听话、做错事，妈妈处罚我"，所以"弟弟不乖，我就打弟弟"，"妹妹不听话做错事，我就处罚妹妹"。个体学到了"我有权力处罚你"——因为，对方做错事、对方不听话，对方危害他自己的

利益，对方危害他人的利益……因为对方危害了我的利益。一切的暴力都非关善恶之因，而关键点在于"我有权力处罚你"。所以，儿女欠揍、弟妹欠揍、同学欠揍、同事欠揍、关系人欠揍、陌生人欠揍，一直到所有的人都欠揍，而且是"欠我揍"。体罚让我们成为撒旦之子，我们在文明的权力体系得到授权——我有权力惩罚你，却偷偷地在心里遂行原始的权力体系——我有能力惩罚你。

二、真正的文明

体罚是文明世界的黑洞，它随时要吞噬人心，巅覆文明。数千年来的进化，我们才得以破解恶魔之种的诱惑。当代的年轻夫妇，已有许多人不体罚小孩。当所有的父母都不体罚小孩，所有的兄姐都不会体罚弟妹、所有的老师不再体罚学生……，反体罚的浪潮已经兴起。

反体罚的浪潮，代表人类文明的进化。这一代或许无法完成，但是下一代，下下一代，仍将继续进化，攫取真正的文明——真正割离原始权力体系的黑暗势力。衷心期盼天下的父母，都能成为文明进化的舵手，引领每一个家庭，每一位子女，同心追寻真正的文明。教室行为和家庭行为的管教，体罚绝对是最简单最具效益的方法，可是我们一定要舍弃，绝对的舍弃。非关疼痛的久暂，而是不能再教养出恶魔之子。

真正的文明——让每个人的尊严都受到绝对的尊重，不论年龄、阶级、财富、角色、性别和种族；真正的文明——让每个人都没有权力（随心所欲地）惩罚别人。

第四节　失能的父母

在家里，每个人都可以自在地抒发自己的情绪，也都可以充分地获得家人的接受与了解。家人不但无怨地承受情绪中的你，还能主动地协助你抒解情绪！而你也能在抒发情绪之后，立即（主动或被动）找到一个下台阶，尽速地抒解情绪。就在这个过程中，一方面领受家人之爱，二方面找到一个中止情绪状态的立足点来检核自己，三方面则开启了日后主动协助家人（或别人）渡过情绪难关的契机。

主动地创造与维护家庭中良好的情绪环境，容许孩子自在地抒发情绪，协助家人进行情绪与动机的管理，这是家庭中的所有成员，尤其是为人父母者应尽的责任与义务。可是父母亲有没有这个能力呢？每一个父母在成长的过程中，几乎都没有接受过动机与情绪管理教育、父母角色养成及家庭管理训练。因此，家庭中普遍地存在一个族群——失能父母（学校中或许也存在一个族群——失能教师）。

"怎么这么爱讲话，笨蛋！"孩子回家抗议老师骂人的话，"为什么要骂我笨蛋，我又不笨"。成人往往不经意地（肆无忌惮地）贬低孩子的自我价值。教养行为总是变成父母师长的人格式管理，甚或落入角色（扮演之）管理而不自知。孩子一直在原谅父母（师长）的错，可是孩子犯错时却发现父母并不原谅他。当孩子不得不接受或认同父母的错时，一切的教养行为都将破灭。

我们容许孩子生气，可是不容许他以任何行为或语言伤害自己、家人或其他人。不管生气的原因合不合理，孩子表达生气的方式都必须经由父母的教养来予以保护。当然不能无理取闹，更不可以得理不饶人。理直可以气壮，却不容许气旺，甚至大发脾气。别人犯错，你生大气，气死自己，活该没人理。

就算孩子无理取闹，父母也必须在第一时间给他台阶下。情绪处理的第一个步骤是"接受与保护"，第二个步骤就是替他找出一个适当的（他能接受的）台阶下。除非万不得已，尽量不要去动用"处罚"。"犯错的处罚"是合理的，但是"负向情绪—处罚"是不合理的。

孩子闹情绪时，父母若处理不来，就会跟着闹情绪，而且是乱闹大情绪。父母往往把自己无法控制的情绪，变成丧失理性的处罚。儿童钢琴班教室后侧，家长闲聊的对话——"我这个女儿皮得要命，管不住的时候，我就把她的头按到水里，她还是不怕，我真的气死了，真的不知怎么管她好！"、"还好啦！我这个女儿才糟糕，我用铁丝缠在棍子上打，打得一条一条的，她还不是那么皮！"、"我用建筑模板打，打得模板都断了，我儿子哼都不哼一声"——失能的父母。

教养与处罚的标的物，是孩子不适当的动机、情绪与行为，而不是犯错的这个孩子，更不是如何才能有效舒发自己的情绪，甚或"寻找"有效的处罚方式。失能的父母造就不健康的家庭环境，不适当的教养行为，残迫自己和孩子的自我与未来。发展"失能父母检核表"以有效筛检失能父母，并于学校教育、社会教育与社区教育三大系统中，建构有效的父母训练（或矫治）课程，借以重整有效的家庭教育系统，诚为今日最为迫切之教育大计。

延伸思考

1. 请说明如何用爱的动机情绪管理模式,来化解家庭人际关系的冲突?
2. 请说明原始权力体系如何纵横人的一生?
3. "我有权力处罚你",为什么是一切暴力的源头?

part 15 孩子的梦公园

成人有梦，孩子更有美梦与恶梦。孩子亟须父母分享他的美梦，分担他的恶梦。但是，许多父母抛弃了、轻忽了可藉着分享与分担孩子的梦境，来增进亲子关系幸福感的机会。更多的父母，不懂得如何让美梦延伸到孩子的日常生活中，让孩子好梦连连；以及如何帮孩子解除恶梦，并且引领至日常生活中不适应性行为的改善，让恶梦不再发生。为人父母者，恳请你学会帮孩子解梦的技巧，以及帮助孩子美梦成真与解除恶梦的技巧。把孩子的美梦与恶梦，都引导至快乐身心状态的实践与行动。家——孩子的梦公园，因为父母，孩子们可以心想事成，美梦成真。

第一节 梦的解析

一、解析的项目

解梦时，不要陷落故事情节或场景或对象之中，对梦中的虫蚁鸟兽、风火山林、溪河湖海、人物景象大肆隐喻假托。而应在下列项目中，解析出刺激与反应的向度，并且归结

度，并且归结于动机、情绪与自我。尤其重要的是：解梦的目的，是为了美梦成真或消除恶梦。

1. 环境（A）

（1）彩色的vs.黑白的

（2）开放的vs.封闭的

（3）可控制的vs.不可控制的

2. 对象（B）

（1）认识的vs.不认识的

（2）善良的vs.邪恶的

（3）喜欢的vs.不喜欢的

3. 声音（C）

（1）语言vs.非语言

（2）和谐的vs.不和谐的

4. 身体（D）

（1）舒适的vs.冰热的

（2）强健的vs.残病的

5. 行为（E）

（1）正向的行为vs.负向的行为

（2）成功的行为vs.挫败的行为

（3）主动的行为vs.被动的行为

（4）攻击的行为vs.被攻击的行为

（5）个别的行为vs.互动的行为

6. 动机（F）

（1）正向的动机vs.负向的动机

（2）享受的动机vs.逃离的动机

7. 情绪（G）

（1）正向的情绪vs.负向的情绪

（2）有效的情绪vs.无效的情绪

8. 自我（H）

（1）有能力的vs.无能力的

（2）满意的vs.不满意的

（3）快乐的vs.不快乐的

9. 梦（I）

（1）好梦vs.坏梦

（2）指引快乐时光的梦vs.指引改变困境的梦

二、解析的程序

请用适当的语言，描述各大项、小项的向度，并套用"因为A、B、C、D、E，所以F、G、H，因此这是一个I梦！"的模式，向孩子解梦。解梦之后，就要引导孩子，学习美梦成真与解除恶梦的动机。

1. 当你置身：A的环境中

2. 面对着：B的对象

3. 听到或发出：C的声音

4. 发现自己：D的身体

5. 做出或遭遇到：E的行为

6. 你想着：F的动机

7. 而生出：G的情绪

8. 觉得：H的自己

9. 所以，这是一个：I的梦

第二节　美梦成真的技巧

孩子做美梦之后，如何让美梦成真？如何引发孩子强化美好生活的动机？如何训练这种能力？并强化亲子关系与彼此的幸福呢？请务必执行以下技术：

一、玩梦

1. 写梦

（1）把梦境写成短文，再写出续集，看孩子能写出多少续集。

（2）把梦境写成短文，再找家人或朋友，一起玩文字接龙。

2. 画梦

（1）用彩色笔把梦境画在一张图画纸上。

（2）把梦境画成连环图画。

（3）画出梦境中，重要人物的单张特写。

3. 演梦

（1）协助孩子，用角色扮演的方式，把梦境表演出来。

（2）演出这场梦的前一集，以及下一集。

二、续梦咒

（1）孩子入睡前，在床边一起叙述美好的梦境（或观赏梦画）。

（2）祝福孩子，睡着后可以重游旧梦。

（3）和孩子一起念出续梦咒"巴巴巴.布"，然后协助孩子就寝。

三、美梦咒

1. 询问孩子想做什么美梦。

2. 床边陪着孩子，一起叙述美梦的愿景。

3. 祝福孩子，睡着后，可以有一个美梦。

4. 和孩子一起念出美梦咒"布.巴巴巴"，然后协助孩子就寝。

四、美梦成真的方法

1. 协助孩子确认,日常生活中在什么A?什么B?什么C?什么D?的条件下,他会出现E的行为F的动机G的情绪,而成为一个H的人。

2. 列出明细表,约定主动去实现、创造与维持ABCD。

3. 为了扩大与创造更多更棒的EFGH,所以协助孩子再想想看,可不可以想出新的ABCD?

第三节　消除恶梦的技巧

当孩子做了恶梦,除了抱着他、安慰他以外,还得想法子不让他继续做恶梦。方法如下:

一、解梦

1. 说梦:要孩子把梦境说出来(当然你得抱着他或握着他的双手)。

2. 写梦:协助孩子把梦境写出来。

3. 画梦:协助孩子把梦境画出来。

4. 入梦:承诺孩子你会陪他、保护他,并且请他邀你入梦,让你在他的梦中,陪他面对恶梦并且消除恶梦。

(1)获得孩子的口头承诺,邀你或其他重要的人入他梦境。

(2)协助孩子想象,你或其他重要他人加入梦境后,他与梦境会发生怎样的改变。然后写下来,或者画出来。

二、改梦

1. 神力咒:和孩子约定并练习,以在梦中若遇困难状况，只要念神力咒"巴巴……布布"，他就会拥有神奇的力量来改变梦境。

2. 隐形咒：和孩子约定并练习，以后在梦中若遇紧急状况，只要念隐形咒"布布……巴巴"，他就会隐形消失不见。

3. 入梦咒：和孩子约定并练习，以后在梦中若须协助，只要念入梦咒"巴布……巴布"，你或他指定的人就会入梦来帮助他。

4. 换梦咒：和孩子约定并练习，以后若遇恶梦而制止不了，只要念换梦咒"布巴……布巴"，他就可以换成另一个梦。

5. 离梦咒：和孩子约定并练习，以后若遇恶梦而无忍受，只要念离梦咒"布布布……巴"，他就可以离梦醒来。

三、消除恶梦的方法

1. 协助孩子确认，日常生活中在哪些A？哪些B？哪些C？哪些D？的状况下，他会出现E、F、G？
2. 列出明细表，约定主动去铲除与改变A、B、C、D。
3. 协助孩子，找出铲除或改变A、B、C、D的方法。
4. 协助孩子，学习美梦成真的技巧。

第四节　梦公园的园丁

日有所思，夜有所梦。孩子很在意的矛盾、冲突或挫折，或是很重视的希望、成就或美好的人事物，几乎当夜就会化为梦境，甚至连着几夜出现在梦中。每一个父母都知道，孩子白天或睡前若处于太兴奋或太悲伤的状态，当晚一定梦事连连。因为孩子没有能力或不愿意表现出他在乎的、重视的价值判断为何？所以，梦就变成守护孩子"动机意念"的最佳圣地，父母就是守护孩子梦公园的园丁。

一、美梦成真

美梦引导的就是好事吗？美梦包括以下四类，父母必须运用本章第二节的技巧，和孩子一起确认是哪一类的美梦，然后运用各种正向的教养技巧协助孩子美梦成真！

1. 期待发生的美好人事物。
2. 重复验证美好人事物的成就，希望能持续发生。
3. 矛盾冲突或挫败困境的解除，希望坏事没发生或期待困境解除后的美好结果。
4. 逃避矛盾冲突或挫败困境，躲到美好的梦境中。

二、消除恶梦

恶梦引导的就是坏事吗？恶梦包括以下四类，父母必须运用本章第三节的技巧，和孩子一起确认是哪一类的恶梦，然后运用各种正向的教养技巧协助孩子消除恶梦。

1. 害怕美好的人事物不能实现。
2. 担心美好的人事物不能持续发生。
3. 企图离开矛盾、冲突或挫败的情境，尝试各种努力的途径。
4. 陷落矛盾、冲突或挫败情境而无能为力。

三、园丁的工作

园丁的工作有四：
1. 帮助孩子美梦成真。
2. 帮助孩子消除恶梦。

3. 教孩子如何自己面对恶梦。
4. 引导孩子如何过日子，自在地享受美梦。

父母亲必须帮助孩子学会解决困难的技巧，让他有能力面对每一天的挑战。如果都做到了，孩子当然夜无恶梦且好梦连连。如果没做到，那么学习美梦成真与消除恶梦的技巧，就变成每一位梦公园的园丁一定要完成的工作咯！

延伸思考

1. 请拿一个梦，套入解析程序，分析看看？
2. 美梦成真的方法为何？
3. 梦公园园丁的四大工作为何？

结论

我们期待下一代变成21世纪最优秀的世界公民，所以我们必须更严肃地面对上述四大教育系统中最基础的核心——家庭教育，家庭教育是家庭管理的前因，更是家庭管理的后效。而家庭管理成败的基准点就在于教育行为，没有下一代，家庭的延继就不能延继存有。没有更健康、更优秀的下一代，家庭的延继存有，就丧失了人之所以为人，父母之所以为父母的存在价值。因此在快乐的生理状态、心理状态、精神状态、行为状态与语言状态，也就成为教养行为的圭臬，以及教养心理学的最终价值。

父母和老师拥有家庭与班级的权柄，随便出口的一句话、一个眼色，或是没能出口的一句开怀、一眼珍惜，都有让孩子悔恨一生或珍爱一世。家庭向下管理的权力系统中，掌握生杀大权的父母必须以热爱来消除权柄的恶念。更必须经由成为教育来学习如何当父母。学习教养心理学的知识与爱，才能孕育有效能的父母，才能守护我们的下一代。愿与天下父母共勉，愿为天下的孩子共祷！

孝养心理学（父母观）
——向上管理

5

孝养心理学的定义是：为人子女（女婿、媳妇）者如何孝顺与扶养父母的心理历程、观念与行为技巧。列为家庭管理心理学的一个部分，它规范着家庭中为子女者，如何执行向上管理，让父母"老有所欢"的心理历程、观念与行为技巧。

孝养心理学分成三大部分，第一部分是孝顺心理学，第二部分是孝（顺与扶）养心理学，第三部分是老人心理学。第一部分是：未成年或成年子女如何孝顺青年或中壮年的父母。第二部分是：已成年子女如何孝顺与扶养老年的父母。从孝顺父母到孝养父母的历程，个体也从童年发展至青、中、壮年。家庭权力体系的发展，也从配角转换至操持全家生计大权的当家主角。从孝顺父母到孝养父母的历程中，贯穿其间的就是"老化"。每个人都会老、都在老，老年人更经历着"急速老化"的生涯历程。可是为子女未曾老过，又如何孝顺老化中的父母？因此如何孝养老化中及急速老化中的父母，就变成为人子女的根本难题，而答案就在老人心理学中。

孝顺心理学

在中国文化中，二十四孝的故事绵远流传，"忠"与"孝"两者并列道德至尊，而"不孝"更被视为人伦大忌。每个子女，小时候只要稍一懂事就被教导"要听父母的话，要孝顺父母"。孝顺与否，成为社会人际关系，以及家庭亲子关系的指标。儿童渐渐长大成人，知识阅历愈来愈丰足之后，是该继续听父母的话？还是可以不听父母的话呢？子女总认为：有"孝"心，不一定要有"顺"行。父母却认为："不顺"就是"不孝"。这种对立冲突的消解，正是孝顺心理学的终极价值。

第一节　子女的终极辩证：孝vs顺

不论是根源于本能、学习或文化的因素，我们都可以指称"本来每一个子女都很愿意孝顺父母！"这句话的关键字汇是："本来……愿意……"，相对于另一个现象"后来……不愿意……"，以及"后来……没办法……"。如果孝等于顺，不顺是否就是不孝呢？心里头的孝，相对于行为上的不顺，让子女陷入孝顺的迷思之中。

一、权力与真理的对立冲突

对子女而言，"孝"的定义有三个面向：一是消极面，二是积极面，三是冲突面。其消极面不外是：保护与维持自己的安全、健康，稳定的社会地位与生活质量，以及不让父母担忧；积极面则为：主动关心与维护父母的安全、健康、快乐与生活质量。冲突面却是：顺与不顺。"顺"代表绝对的服从；"不顺"代表相对的选择与判断。子女发展成熟的进程中，生活的空间与互动的人事物愈趋庞大，且凡事皆有自己的价值判断与行事作法。动机与情绪的产生，以及表出与贮存的模式，也愈趋复杂而多元。子女的认知、念头与行动，会在很多时点上和父母产生或大或小的冲突或歧见。

面对冲突情境时，到底要听父母的还是听自己的呢？在儿童阶段，父母拥有绝对的权力、财力与知识，亲子的互动方式详述于第四篇教养心理学（向下管理）。在少年、青少年、青年阶段，子女虽被扶养，但智慧渐开、知识渐长，而开始挑战家庭中的权力体系。从就业、新婚、抚育子女，到持家掌权的阶段，更逐步颠覆了家庭中的权力体系。

从没有权力、挑战权力、领受权力，到成为权力至尊，影响着子女顺与不顺的价值判断及表出模式。有些子女认为：父母错了，我为什么还要顺从？有的认为：父母不一定对，我也不一定错，为什么一定要听他的？有的子女更认为：父母没错，我也没错，但这是我的事当然由我来判断。"权力"与"真理"，似乎成为子女判断顺与不顺的指标。父母认为孝就是顺，不顺从我的权力与真理就是不孝。子女认为：孝是内心的感情与意志，顺则涉及相对权力与真理。所以在绝对与相对（权力与真理）的两极之际，孝与顺永远会爆裂出火花，而危及亲子的关系与家庭关系。

二、不顺的代价

当子女把生活事件放在天平的左边，右边放上权力与真理时；由于两代间权力与真理相对的差异性，让子女选择我的真理和我的权力，而非父母的权力与真理。所以产出的结果就是"不顺"，虽然我真的有满满的"孝心"，可是我真的做不出"顺行"，因为那是不对的不合理的。亦即，虽然不顺从父母，可是子女的心却毫无歉疚。

但是，子女必须歉疚，甚至必须悔恨。因为他不知道，子女坚守真理，守护人权的背后，父母必须付出什么代价。原来，当孩子不顺的时候，父母（尤其是高龄父母）就会产生下列的心理历程（自我语言）——

1. 我的孩子不孝！
2. 为什么我的孩子会如此不孝？
3. 为什么我的孩子要这样子忤逆我？
4. 是不是我这个父母当得失败？
5. 是不是我不好，我没资格当人家父母？
6. 一定是我不好，我一定很烂，所以才这样子让孩子为难！
7. 孩子这么不孝，我活着什么意义？
8. 我干嘛还活着，活着讨人厌，活着让孩子痛苦！
9. 我干嘛还活着，活着这样子被糟踏？糟踏自己？
10. 我干嘛不去死，我死了算了！死了就没事了！我死给你们看!

　　以上10个心理历程,几乎泛文化地存在每一个父母的脑袋里。而且,年纪愈大的高龄父母,掉得愈深,负向的死亡意念,愈是容易滞留脑中而挥之不去。想得愈多(愈往下想1→10),想得愈久,滞留的时间就愈久,就愈容易引发或扩大心身症状。于是,从"孩子不顺"→"孩子不孝"→"我不好"→"我死了算了"→"心身症状"→并发"生理疾病"→爆发"精神疾病",这个负向的心理历程,让父母长期处于负向的心身状态或爆发病情。

　　由于家庭权力系统的低落,高龄父母大都只能以"疾病"来折磨自己,用"病发严重"来折磨孩子,或赢得子女实质的关爱。每个子女皆当了解,任一个不顺的行为,都将引爆父母的心,开启10大负向心理归因历程。这个方程式一启动,父母的寿命将为之缩短,你就成为"慢性"谋杀父母的"杀手"。

　　《父母恩重难报经》云:"父母恩德,无量无边;不孝之愆,卒难陈报。"人生在世,受人点滴之恩,当涌泉以报。事实上,一辈子唯一无法回报的恩情,不是养育之恩,而是"生"之大恩。父母"生"我,生我为"人",生我为如此这般的一个人,这样一个当下能思能想能做能说的一个人;我没有生为猪狗,没有生而残疾,没生而……就该感谢与报答父母。可是,父母给我75岁的生命(台湾地区男女两性的平均寿命),我又能送给父母几年的阳寿呢?(只能眼看着父母逐渐老去)所以,为子女者,能帮父母延长多少人寿呢?或者,如何帮助父母欢度晚年?就变成当代子女最重要的必竟之务!

　　如果以上属实,那么哪一个人担待得了"谋杀父母"、"慢性折磨父母"、"刺激父母折寿致死"的罪名吗?殊不知点点滴滴的"不顺行为",犹如刀斧般,刀刀斧斧"砍断"父母的生命之树。试问每一个子女守护"我的权力与真理"重要,还是守护"我父母的阳寿"重要?试问,哪一个子女,支付得起不顺的代价呢?尤其当父母年龄愈高之时。二权相害,取其轻。所以,再不对、再不合理,你都得做出"顺行",只为了博得父母欢心——我的子女很孝顺。值得吗?当然值得,因为没人付得起"代价"。

三、百善"孝"为先

只因为支付不起不顺的代价,子女只好又孝又顺吗?不是的,顺行不是被迫的。承担不了不顺的代价,只是顺行的外在的、相对的客观条件。顺行还有其内在的绝对的主观条件,就是——孝心,积极的孝心。消极的孝心,只是守护好自己,不让父母为我担心挂虑。积极的孝心在于——主动守护父母,让父母老有所欢且延年益寿。所以,当天秤的左边摆放生活事件,右边放置父母的生命时,我们都知道非顺不可。此时,"孝=顺"是必须的。但如果,天秤的左边摆生活事件时,右边还可以放置"父母的权力与真理";这时候"孝=顺"就浑然天成了。

孝心的内在,藏着一个"同理心"。子女愿意用父母亲的观点,去评估、去认可、去执行父母的决策,去满足父母的动机,这种心意就是孝心,这种行为就是顺行。当自己的权力与真理和父母的权力与真理对立冲突时,为什么子女要放弃自己的价值观?要怎样才能让自己"心甘情愿"地,用父母的价值观来取代自己的价值观呢?什么样的解答,能让每一代的每一个子女心服口服,让"孝=顺"浑然天成呢?答案就是:百善"孝"为先。

原来，孝顺是一种"善心善行"。而且，孝顺是一切善行之首。什么是善行呢？善行就是利他性行为，就是满足对方需求的行为，就是让对方高兴快乐的行为；而且，必须把自己的利益、需求和欢喜搁置冻结，甚至折损自己的利益、需求与欢喜也在所不惜。"利人利己"不敢称善，"利人不利己"方见大善懿德。大部分人行善助人都于家门之外，可是当你有能力帮助别人时，为什么不先帮助家人呢？尤其是先帮助自己的父母，先帮助自己的父母实现他们的愿望。百善孝为先，如果不能行善于父母，所有的善行都立刻变成伪善与矫情。

原来，孝顺是行善于父母，是以父母的需求、利益和喜忧当做唯一判准的行为。试问每一个子女，当天秤的左边摆上任一生活事件时，天秤的右边该摆上父母或子女的权力与真理呢？该"满足"谁的需求、利益和喜乐呢？又该"牺牲"谁的需求、利益、喜乐、权力、真理而在所不惜呢？所以，甘愿了吧！对父母的同理心油然而生，子女便会停止责怪父母偏执的思想与言行，而能够去了解与认同父母思想与行动背后的环境、条件、压力与必然的限制，能够以同理心所引领的爱和体谅，来融通两代间对立冲突的权力与真理。"孝＝顺"就理所当然了，也就浑然天成了！

第二节　向上管理——孝顺的中介变项与后置变项

孝与顺的中介变项，不是权力与真理，而是同理心。

孝心，就是子女对父母的同理心；顺行，就是子女对父母报答生育大恩的善行。话虽如此，子女却又必须支付"顺的代价"。"顺"不只是顺着父母的决策去实行，而且还要顺着修补决策的漏洞和纰漏，更要边做边补且补到完美无缺。

一、必要的浪费

原来，孝顺最引人入胜之处，更在于"后设变项"——补破网。尤其是高龄父母，决策往往不够周延，甚至不了解耗费的人力或财力成本。但是，每一个子女都必须清楚明白，就家庭管理心理学的孝顺心理学而言，这些成本的支付都叫做"必要的浪费"。因为没有这些必要的浪费，家庭就不会和谐，也显现不出父母的高贵，以及子女反哺之心的纯美与价值。

什么是孝顺呢？

【例】当父母执意如此时，子女说："爸，好啦！照你的意思做，你高兴就好！可是，你知不知道，这样子累到谁？这样子我得多花多少时间、多少钱……。不过，这也没关系啦，我一定顺着你的意思去做。"

事成之后，子女对着父母说"爸，都已经照你的意思处理好了！高兴了没！可是，爸！你知不知道，为了让你高兴呀！我可惨了，我……"

以上状况，虽说是"顺行"，却是"不孝"啊！孝心与顺行是不可分离的。做了让父母高兴的事，却说出让父母痛心的话语，这样子的孝顺只是在履行子女的角色扮演，只是在昭告天下我是一个孝顺的人，而不是真的要孝顺父母，让父母享受至高的尊崇与喜乐。

二、孝顺之美

真正的孝顺,要孝到心坎里,要顺得漂亮无瑕。父母决策若有疏漏,为子女者要自己想办法去补足疏漏之处,自动把伤害降到最低,把福祉升到最高。不管支付多少"必要的浪费",都静默不提只字,都自己欢欢喜喜地吞下。这种"知其不可而为之"且"为而不令人知——不令父母知",的意念和言行态度,就是真正的孝顺,这就是"孝顺之美",人伦之绝美。

向上管理的绝妙精微处,就在这中介和后置变项。子女有没有孝顺的能力,不在于面对支付不起的代价,而在于愿意支付的成本。容许犯错,是家庭组织中重要的功能。父母容许孩子犯错,还替子女捉漏补强,甚至以错为对而毫无怨言——只要孩子高兴就好。子女长大后,也能以反哺之心,容许父母犯错,还替父母捉漏补强,甚至以错为对而毫无怨言——只要爸妈高兴就好。这就是家庭人伦之美的极致,以及人性高洁的情操——孝顺。

延伸思考

1. 请解说为什么孝=顺?
2. 为什么百善"孝"为先?
3. 请举例孝行中"必要的浪费"是什么?

Part 18 孝养心理学

父母年事已高时，子女不只是"孝顺"父母，还得要"养护"父母。孝心顺行不再止于生活的点滴，而在于养护父母时，落实于日常衣食住行育乐的主动性关怀、语言与行为。尤其是，如何贴入父母的心，如何满足高龄父母真正的需求呢？只要给他吃、给他住、给他钱，他想干嘛就让他干嘛，是吗？当然不是。孝养高龄父母得从毛发、五官、四肢到五脏六腑切入，因为高龄父母正面临急速老化的窘境与容易病变的困境，为子女者不了解其惊心动魄与窘困的情境，就无法同父母的理，解父母的困局。所以，一方面知其所以然，能以真爱来孝养父母；另一方面也因知其然，对自己可预期的老年生涯有所防范。

第一节 毛发与孝养

老年人的头发变干变粗，大量变白、脱落、长错地方，连鼻毛和其他体毛也都变成灰白。三千烦恼丝的老化，攸关个体的形象与美丑。头发一直掉，掉得每个老爷爷老奶奶心惊肉跳。每个人都爱美，都怕秃头，尤其是老年人更爱美，更珍惜仅存的几根头发。毛发的老化，虽然不会造成什么病痛，可是却等于直接把"我老了"写在脸上给人看，也给自己看。无发之丑令人无法忍受自己，自己缺点难以掩饰地暴露在别人面前，更让自己几乎无地自容。

子女知不知道高龄父母的心境呢？看到水槽或地板的落发，子女是否只会柔声劝说："爸妈，洗完澡，可不可以拜托你顺手整理一下，把地上的头发丢进垃圾筒，否则水管塞住就很不方便！"然后就没个下文。可知父母听了这话，心里想的是什么？"你只知道我掉了满地头发会造成大家的不便，你只关心你的水管塞住，却不在乎我头发掉光了！"。听到父母叹说头发少了、白了、掉了，是否只会柔声劝慰："没关系啦！年纪大了每个人都是这样嘛！白头发代表智慧，秃头代表福气呀！"每一个父母听完后，心里头都泣血成河。

子女必须明显地表态，让父母知道子女和他一样，非常关心、在意这件事。子女对抗毛发老化的动作，要比父母还积极。子女要主动帮父母梳理头发、整理落发，选购pH值4.5～5.5的弱酸性护发用品，建议他们不要用发胶，不要用力梳头发、编太紧的发髻。帮他们买能够抗紫外线的遮阳伞，帮他们买足以抗晒的帽子，适合各种场合的漂亮帽子。供应父母营养均衡的饮食，适度补充蛋白质、铁质、矿物质与维生素B群。父母如果不能接受白发，子女就得主动带去染发，用植物性的天然染剂染上流行又漂亮的发色，让父母能够快乐地、精神奕奕地去除心头大患，享受那种年轻很多岁的感觉。如果父母有秃头的征兆，子女就得开始给予心理建设，并主动提及佩戴假发的好处，务必让父母消除佩戴假发不方便、不好、浪费、不漂亮等疑虑。

　　面对高龄父母老化的毛发，如果为子女者没有做到上述各项孝行，而让父母孤伶伶地面对老化的自己与子女漠不关心的自己，那么你就是不孝之人。事实上，上述的一切孝行，父母在我们年幼的时候都为我们做过，就像现在我们为年幼子女所做的一样，难道我们没有反哺的能力吗？不孝到底是"无知"还是"无心"呢？我们不能疼爱父母犹如疼爱子女吗？当然不能。因为父母会抗拒，他会说这个不必、那个不要、这样子我不习惯、那样子人家会笑，可是这些抗拒背后的慈心，以及面对抗拒不懈努力的子女的孝心，多美呀！这就是——孝顺。

第二节　眼睛与孝养

　　眼睛是老化最快的器官，一过四十岁马上就显现在脸上给你看，一到了六十五岁更是万箭齐发，什么症状通通一起出来。眼球中的水晶体会随着年龄老化。水晶体硬化弹性变差后，就无法调整视距了。水晶体也会慢慢开始变混浊，几乎到了六十岁以上的人，3/4都或轻或重地患有白内障的现象，而使得视线模糊不清，看到的都是朦胧模糊一片。虹膜的老化与眼压的失控，会压迫眼神经末梢组织，当神经破裂无法传递信息时，青光眼症状就表现出来了。刚开始会时好时坏，一严重起来眼睛就瞎了。还有人会发生老人性斑状病变，而严重的飞蚊症更使眼睛只剩下周边视线，甚至失明。

　　以上有些症状会慢慢出现、渐渐加深，有些症状如青光眼却突然就来袭，令人措手不及。父母们面对这些眼睛老化的病变时，由疑心、害怕、证实、惊慌、无助，到无奈与不吭声的忍耐，经历着恐怖的心路历程与生活的折磨。父母突然不看书报了，父母看电视时总是睡着了，父母不愿意出门到户外活动了，父母不太愿意随子女出游了……这种种的迹象显示，父母愈来愈缩小生活圈，不和别人接触，不接受新信息。嘴巴告诉子女说："老了，容易累。"子女回答说："爸妈你就多休息吧！"高龄父母私底下放声大哭，眼睛看不到了、老了、不中用了、要失明了，瞎了以后日子怎么过呀！父母嚎啕大哭，而子女却毫不知情。

子女必须主动带父母去配老花眼镜，而且每年都要定期验光，重配适合度数的镜片。一开始老人家会说"不必啦！没戴过眼镜不想戴，戴了会不舒服、不方便，看不清楚就不要看，这么老了有什么没看过，看不看都无所谓……"。任凭父母千万个理由挂在嘴上，其实他们心里还是想配眼镜，子女们的关心会让他们高兴极了，只是不愿子女多花钱罢了！所以，子女要想尽办法，"拖"着父母去验光配镜。要告诉父母先要到眼科验光，再去眼镜行配镜。到了眼科刚好趁机来个眼睛总检查，看看有无白内障、青光眼或其他症状。而老花眼镜一次至少要配两副，一副给随身挂着（长链）戴着，另一副放在家里客厅或卧房，以备随时取用方便。这样当老人家的眼镜不知遗忘放在哪儿，或突然破损或弄丢的时候，就能立刻替补而不会造成不便。

子女必须告诉父母，老年人的眼睛会有哪些变化，以及防治的方法。一方面让老人家知所应变，而不会慌张失措过度紧张；二方面要老人家一发现异状，一定要立刻通知儿女协同处理，以免延误医治时间而令全家遗憾。老花眼的度数会逐年增加，许多老人一副老花眼镜戴一辈子，戴了也等于没戴。白内障只要开刀换人工水晶体，即可令老人家重见光明且明察秋毫，不必再如睁眼瞎子一般生活。而青光眼通过投药、激光与超声波，也可以大幅改善症状，也不会导致失明之憾。如果上述的事都没去做，而弃置高龄父母于暗黑朦胧的眼疾之中，为子女者难逃不孝大罪。老化的眼睛，最大的敌人就是炙烈的太阳。一定要帮父母配一副抗紫外线的太阳眼镜，老人家白天出门一定要戴太阳镜，子女切记。

第三节　耳朵与孝养

耳朵的老化和噪声因素，会引起老化性耳聋。由于器官的老化，老年人会分辨不出高音，声音时有时无，听不清楚、重听、甚至失聪。传导性的听觉丧失，不论是耳垢积存阻塞所致，还是中耳炎所致，都可以经由门诊的处理或投药或开刀得到有效的治疗。神经性的失聪，是导因于中耳螺旋圈上细毛的正常损失或伤害。虽然无法避免也无法治疗，可是却可经由助听器或电子耳来替代听觉神经与器官，仍旧可以清晰地聆听这个世界的声音。

子女有时候会突然发现，父母戴着度数正确的老花眼镜，却仍在电视机前打瞌睡。老花眼镜已有加挂太阳眼镜镜片了，帽子有了，伞也有了，父母却仍缩减社交接触足不出户。原来是因为老人家耳朵背了，听不到声音他们就不听了，算了！许多子女发现这个现象时，自己就大声和父母说话，也要求全家和爷爷奶奶讲话要大声，甚至告诉外人："我爸妈年纪大耳朵背了，请你大点声些讲话，他们才听得到。"

这种无知的子女，根本就不知道，老年人听不到声音有多么的苦。不论是家人还是外人，对方讲什么根本就听不清楚，可是又不好意思请对方再讲一遍，加大声量地重讲一遍。更不好意思四处告诉人家："我聋了"、"我快聋了"。老年人退出社交圈，不敢出门，或者躲在家，缩进自己房间，藏在自己无声的世界，最后抽离家人的生活圈。有哪个子女或孙子，愿意慢慢地大声地讲话，且仍保持原来正常的沟通数量呢？每个人的话变少了，最后，真的把年迈的父母当聋子了。

老年人又气又害怕，他恨自己老而不死，恨自己听不到声音，恨自己没有用，恨自己是个没人理会的老东西。他开始畏缩失去自信，他开始怀疑不相信这个世界，他成为"独居"于世的老人。他气得半死，他气家人除了大声吼叫之外，竟然没有人知道他的苦楚，以及心里急于想摆脱失聪恶梦的决心。

子女必须定期协助或提醒老人家清除耳垢，就像我小时候趴在父母膝上掏耳朵一般。因着反哺的孝行，俯视枕在自己膝上的父母，细心地为他们清理、按摩耳朵掏除耳垢，这是多么美好的天伦之乐呀！子女一旦发现父母耳背，就必须带父母就医，确认是该定期门诊还是吃药，或是开刀，又或许是配挂适当的助听器。不要让老年人身处高分贝的噪声环境，给予充分的营养，尤其是补充维他命A。帮助父母维持正常听力，保持家庭与外界正常的人际沟通和社交行为，才是子女应尽的孝道。耳背与失聪，会急剧加速老年人整体的老化。世上没有失聪的父母，只有不孝的子女。

第四节　鼻舌与孝养

由于鼻腔黏膜及下鼻甲的萎缩，以及血管的缩小与管壁的钙化，老年人很容易有复背性的鼻出血，很容易自鼻腔感染环境中的病毒、细菌与冷空气，很容易导致鼻中隔弯曲引发鼻塞不畅。60%的老年人鼻觉细胞退化，而闻不到或分辨不出各种味道。经常性的鼻塞，让老年人必须更用力呼吸，而加重心肺的负担。鼻塞的抽蓄声及喘息般的呼吸声，频频擦拭的鼻水和鼻涕面纸，让老年人除了头昏眼花的副作用之外，更因尴尬而不自容于人群之中。鼻部老化所致症状，不但让老年人身体不适，心情更无法开朗，甚而更会因降低判断力、社交人际关系，而破坏自我影像的评价。

由于老化的因素，使得味觉减少了将近80%。儿童期舌头的味蕾约有250个，到了八十岁味蕾就只剩下个位数。所以老年人对酸甜苦咸辛辣麻等七种味觉的感受，除了咸味以外几乎都已食不知味。看别人吃得津津有味，自己却如同嚼蜡般的进食，总让老年人不知如何自处。

嗅觉与味觉的退化，不只是少闻些气味或少尝些味道而已。看一看、摸一摸、闻一闻、尝一尝，这是个体接触这个世界的基本途径。试想再也闻不到花草树木等自然环境中的各种气味，再也分辨不出身边亲人的体味，连煤气漏气的味道都闻不出来，这种日子过得有多悲惨！试想满桌的美食，可是每一道菜吃起来都淡而无味，吃每一种东西都吃不出什么味道来。加上口水的分泌也变少了，那种对吃食的无奈，破灭了老年人的口舌之欲，让老年人活得毫无生趣，毫无生活质量可言。

为子女者知不知道，高龄父母正在遭受鼻舌的煎熬？老人家发出怨言说："为什么煮的菜这么难吃，连一点咸味都没有？"媳妇却说："现代人吃食要淡一点，要讲究低盐饮食，全家人的身体才会健康。"儿子接着说："爸妈为了你的身体健康，不要吃太咸，慢慢改，对身体有好处，吃那么咸你的肾脏会受不了的。"老人家听了只能点头暗自垂泪，饭菜吃不下吞不进喉咙，还没得肾脏病就先饿死了！

殊不知，年轻人吃低盐饮食之时仍然闻得到、尝得到其他的气味和口味，老年人只吃得出咸味，其他味道与气味几乎消失了，让老年人吃低盐饮食，就像要他的命一样。所以，即使全家要奉行低盐饮食的规范，也必须另外留适量的菜在锅底多加一些盐巴之后才分装上桌，特别来供养高龄父母。要多注意钾元素的补充，维持钾钠平衡即可。多一点用心，多一点孝行，高龄父母即可重享饮食之乐。

为子女者必须注意家庭中的环境卫生与空气质量，要帮老人家购买一些适合的口罩，出入脏、冷空气与尘灰的地方，都应叮咛他配戴。帮他注意个人卫生与房间的清洁，因为老人家闻不到酸臭味。向医药商店购买适用的通鼻滴剂、喷剂或洗器、蒸鼻器，可以立即自行排除严重的塞鼻之苦。睡觉时，更要注意老年人鼻部的保暖，睡觉时戴医疗用的纸口罩，可维持鼻部保暖与通气，冷天时在大棉被底下要多加一层毛巾被，把毛巾拉到下巴保护咽喉，否则每晚入睡时因鼻塞自动张口呼吸，使得冷空气内外夹攻咽喉，若不得咽喉炎也得夜夜咳不停。子女用心于这些孝行，就能让父母获得较为安稳的睡眠，并减轻父母鼻患之苦。

第五节　牙齿喉咙与孝养

　　牙落嘴瘪，声粗音糙，语言断续，这是每个老年人害怕至极的噩梦。看到别人已经这样，而自己也渐渐齿牙动摇，出血、落齿、酸痛……，垂垂老矣之心，只能自怜自叹了。年纪愈大牙龈和牙齿都会自动萎缩，再加上牙垢细菌经年累月的残害，使得牙周病自中年期就盛兴，到了老年期更几乎人人中奖。

　　蛀牙、牙周病、牙神经炎，令人满口坏牙、黑牙、掉牙、牙齿酸软，以及牙痛痛得想自杀。60至69岁时大约只剩14颗牙齿，70至79岁就只剩11颗左右，到了80岁以后大约只存7颗牙齿。再加上口腔黏膜变薄，喉肌失去张力，唾液腺细胞萎缩，唾液淀粉酶分泌量减少1/3至2/3，使得老年人嚼食困难、吞咽痛苦，垂垂老态令人触目心惊。

　　为子女者，要费心教导老人家正确刷牙，正确使用牙线（棒）的方法。亦要叮咛细嚼慢咽，叮咛饭后嗽口、清洁假牙。定期陪老人家看牙医、清牙垢、补蛀牙，装假牙的钱更绝对不能省。饭桌上的饭菜，切记要留一些在锅底煮软，再装盘伺候父母享用。千万别粗心大意，什么都要鲜脆好吃，没为老人家特别料理，而令高龄父母吃在嘴里吐在心里。

　　老人家能够整天"唠叨"个不停，字字句句清楚有力，当子女的就要烧香谢神，感谢父母精力旺盛喉肌有力。父母渐趋高龄，子女就要想办法让父母多讲话，并培养唱歌吊嗓子的喜好和习惯，千万不要让父母没话讲，没人可以讲话。否则，喉肌会逐渐萎缩，声带的弹性也会渐渐松弛而不受控制，讲起话来就不再流畅而断续难解。

既不是口吃，也不是哑巴，可是却有嘴不能言，有牙不能咬，有口不能吞，有苦不能表白，子女不孝的老人家就落得如此下场。

第六节　皮肤与孝养

年纪愈长，表皮中的色素细胞会渐渐消失，真皮层中的油脂腺体就愈不活动。真皮层的弹性渐失，皮下脂肪层变薄，且皮肤中血管壁变厚，皮脂腺与汗腺还会萎缩，因此使得皮肤变得松弛，皱纹变多，寿斑、皮斑、白斑全都跑了出来。老化的皮肤干粗，不仅易患各种皮肤病，又易搔痒难挡，不但怕冷又怕热，排汗也不顺畅，各种触感、温感、压感、痛感及各种皮肤的功能也都逐渐消失殆尽。

为子女者，必须为高龄父母准备一个温度适合的居家环境，一个温度计、一台电视、一台除湿机、一台电扇、一台冷气或一桶水来平衡环境的舒适度，这些细节只要用心就都可以很简单地搞定。我们为老人家准备乳液、滋润霜、婴儿油、高系数防晒油，避免烈日曝晒或紫外线伤害；我们要协助父母适当地运动，帮助他们维持运动与体能，提供老人家均衡的饮食、营养和水分，尽量不让肌肉与骨骼萎缩，而能更有效地对抗皮肤的老化。对于脸部松垮的皱纹，已经垂落的眼袋，子女不妨鼓励父母，尝试接受外科整形医学手术。简单安全的拉皮和割眼袋手术，可以让高龄父母倏然找回自己的青春。能帮父母再造青春10岁，父母的心理年龄至少可以年轻20岁，这是多美好的孝行啊！

第七节　肌肉骨骼与孝养

　　心肺功能的老化，使得输送到肌肉的氧气变少。缺乏规律的常态运动，更导致肌力变小肌肉萎缩。50岁以后，肌纤维会变小、变少，肌肉的质量降低，人的体重也会减轻。肌力在30岁时最大，中年以后就加速减弱，体力也就跟着急速下滑。肌肉被脂肪取代，新陈代谢变慢，肌肉容易疲劳，容易抽筋或拉伤。

　　骨骼中有2/3是钙盐，钙盐的流失大于补充之时，整个骨架就会变得脆弱。钙盐与骨胶原流失愈多，骨骼中无机盐的含量就会变多，年轻人骨骼中存有50%的无机盐，中年人约62%，老年人则将近80%。无机盐愈多，骨骼愈疏松愈容易骨折，骨折后也不容易愈合。脊椎骨节之间海棉质部位的萎缩，以及肌肉与韧带的退化，又导致了背痛、驼背和缩矮等现象。退化性关节炎、风湿性关节炎、骨刺、骨质疏松症，让一个老年人变得瘦小无力，站立不稳。

　　从40岁起骨骼开始嘎吱作响，硬痛酸软无力，到60岁以后全身无力、无法行动。从40岁到60岁，大约只有短短20年的时间，如果能从40岁就开始调养当然最好，到了60岁事态严重才开始紧张，虽然已经无法挽回，却可维持不再变坏。解决的方案，除了基本的均衡饮食外，就是运动。每一个壮年子女都应该养成规律运动的习惯，更要全力协助父母，养成规律的有氧运动。运动能够改善整个神经内分泌与心肺功能的大环境，也能直接强化肌肉细胞与肌力，并促进关节灵活，调整背腹肌肉与脊椎，预防骨质疏松。

有些老年人不运动，有些老年人只要"被动运动"，更有些老年人乱动而毫无章法。老年人的运动真的是五花八门，可是子女们却都缺乏真正的孝心及老年运动专业评鉴的专业知能，而不知如何去照顾或辅导老人家做正确的运动。全身运动与有氧运动，是最简易的两个目标，可以有效地增加心肺功能，防止全身肌肉与骨骼的老化。帮助老人购置适当的运动衣、帽、鞋、袜、毛巾、背包、运动器材与护具，定期协助清洗与补充运动设备，甚至家人轮流陪同去运动。让老人家在运动时既安全又有效，又能感受子女的孝心，当个快乐的老人休闲运动家。这样子才能协助高龄父母延后全身肌肉骨骼的老化，让父母自觉有体力有活力。只是买钙片给父母吃，是没什么用的；只是催父母去运动，却不管他动得对或不对，也是没啥用的。尤其是买张电动按摩椅让父母躺在那，除了"被动运动"什么也不动，更是父母的杀手。所以，实质上促进父母肌肉与骨骼的强健，才是孝顺的正道。

第八节　胃肠与孝养

老人的胃肠黏膜会变薄，腺体与小肠黏膜会逐渐萎缩，胃酸及各种消化分泌物的量会变少，肠道肌肉会萎缩，肠蠕动能力会变弱、变缓慢，全身消化器官的功能全部都因老化而消退。便秘、慢性胃炎、胃下垂、胃溃疡、十二指肠溃疡、胃出血、胃癌，以及痔疮、疝气、肛裂、腹膜炎、直肠肿瘤等病变，却让老人消化不了食物、吸收不了营养，排解不出废弃物、毒素、大便等，还让老年人胃肠疼痛、虚寒泻痢、燥热便秘；出血失禁，恶痛难耐。

事实上肠胃的老化，并不足以损伤性命，但所有胃肠老化之后转生的病痛，都是后天人为所致。人们不能顺应胃肠老化的实况，而以不当的方式进食不当的食物，才是胃肠恶疾的主因。所以，为子女者的孝心与孝行，也就在此凸显得特别重要。

子女必须明白地告诉高龄父母，让他们了解胃肠老化的历程，以及顺应之道的养生之法。我们要叮咛老人家，吃饭务必细嚼慢咽，勉强多吃一些高纤粗食，忍耐少吃一些油脂炸物，不要常吃辛酸或酒精类食物饮品，饭后要适度运动，晚上不要吃夜宵，注意补充维生素B群，少吃甜食多喝水，生活规律多运动，尽量不用通便剂。只要老人家吃得对、喝得正确，没有郁闷紧张的心情，自然就能顺应老化的胃肠而快乐地生活。可是，老人家不一定做得到，因为口腹之欲与疏懒之心，所以更需要子女及全家的孝心来协助克服。

第九节　心肺血管与孝养

呼吸系统的老化，使得气管极易感染慢性支气管炎与肺气肿。胸廓肌肉的老化，肺部组织与气管的硬化，会使得肺活量降低35%，输氧量大幅降低50%，呼吸频率加快、效率降低。

心、肺与血管，连结成人体的循环系统。50~60岁的人，心、血管及瓣膜，已经硬化、增厚、阻力加强，易造成心肌无力、心肌缺氧、心绞痛、高血压、脑缺氧、脑溢血等症状。

50%以上的70岁老人患有高血压、心脏病变，而心血管疾病已经成为世界性人类致死的主因。每个人的高龄父母，都或深或浅地接受此类疾病的威胁，因此为子女者除了嘘寒问暖之外，更要深层地体悟遭受心血管病变侵袭者悲惨的生活。这绝不是单纯的探病问候，"好一点没有？"、"很难过喔"、"忍耐一下！"、"帮你顺顺心！"、"多休息！"等语句可形容一二的。

为子女者必须提供一个健康环境，让老人家远离疾病。并且要带着老人家做呼吸运动，从腹式呼吸法到各形各色的气功、吐呐等，只要老人家能持之以恒地锻炼呼吸器官，就能加强肺部及气管的抵抗力，增加肺活量及血液中的输氧量。为子女者，一定要协助父母持续而规律地进行有氧运动，多吃低脂低胆固醇及高蛋白质的食物，尽量远离烟酒及刺激性食物，保持情绪稳定与适当的体重。

我们必须注意一些病征，提醒自己一定要抽出时间来关心，注意高龄父母的"咳嗽"、"气喘"，绝不能以"老毛病"视之为平常。一定要定期量测血压，定期测量动、静态心电图，才能有效监控与发现高血压及冠状动脉病变。谨记血压、冠状动脉病变及脑溢血的各种病征，以及紧急处置与居家照护的技巧。否则中风瘫痪，及心绞痛、猝死等可怕的后果，将彻底击毁这个家庭。

第十节　肾脏膀胱与孝养

肾脏负责血液中有用物质的再吸收,以及废弃物的交换,再交由膀胱排放。老年人肾脏的体积和重量减少20%,肾小球的数目减少30%~50%,血流量降低至50%;肾小球的滤过率大幅降低,整个肾的功能也大幅衰退。所以肾硬化、急性肾衰竭、尿路阻塞、尿路炎、尿路结石、肾血管栓塞、肾脏癌、膀胱癌、前列腺癌等病变,也就层出不穷地侵袭老人家的身心。

为子女者必须告诉父母这些病征,甫一发现就要明白告知子女,期能早期治疗免受肾脏与膀胱疾病的困扰。小便频繁与困难、夜尿、血尿、尿失禁、腰痛、解尿疼痛、腹部肿痛等,都是易于自我觉察的病症。协助父母控制血压,按时服药多喝水,不吃乱七八糟且来路不明的药品,定期陪同父母去做尿液分析,都能积极有效地抗拒肾脏与膀胱的老化及变异。

我们一定要了解高龄父母承担的心事,咳嗽打个喷嚏,竟然会尿流满地。出门不喝水,一喝水就频频找厕所。卫生习惯稍一疏懒,泌尿系统就立刻发炎肿痛。看到老朋友提着尿袋走动的样子,只觉得尊严扫地,暗忖晚景是否如此凄凉。老人家的心,薄脆不堪轻触,子女一定要轻柔抚慰。

第十一节　运动与孝养

高龄父母的身体正在急速老化之中,又因为身体的急速老化与退化性或并发性病症的侵袭,使得父母的心理卫生、家庭生活与社会适应，都出现了倍数的负面效应。为子女者，务必要比父母更了解这种急速老化的历程与影响（表18-1），才能妥当地孝养父母。

表18-1　身体器官老化的比率

老化项目	下降（减少）比率	老化项目	下降（减少）比率
脑神经细胞	25%	肾脏血流量	10%
神经传导速度	10%	肾丝球滤过量	30%
基础代谢率	15%	唾液淀粉分泌量	50%
心脏血液搏出量	40%	味觉	80%
肺活量	35%	嗅觉	25%
输氧量	50%	消化力	65%
肾小球数目	40%	发、眼、鼻、牙、喉、肌肉、骨骼、内分泌系统、免疫系统	大幅下降

子女不但要教育父母认识老化的历程和常见疾病，更要与父母共同注意各种病症，一经发现立刻陪同就医，以避免不必要的身心痛苦与臆测。十大器官系统在相同时间的多重急速老化与病变，其实并非必然的结果。每一个人老化的速度和患病的程度，因个体生活条件与生活状态而有显著的差异性。当代医学的成就，已经可以用外科手术或人工器官或功能替代机械，解除部分老化或病变坏死器官的困扰。

大部分器官的急速老化与病变，其实并非全部来自机体因素，而是源于个体内外环境的严重污染，以不当的方式摄食吸取不洁不营养的食物、空气和水，再加上运动量不足，才造就了孱弱多病的老人。

运动是延缓老化及防制十大器官系统病变的万灵丹。运动的时候，肺的通气量增加2～3倍，毛细血管的扩张率增加19倍，氧的利用率增加4～8倍。大量的氧气和养分，灌注并强壮心肌和全身的组织细胞，全面促进新陈代谢，让个体充满活力增强免疫力。运动的功效胜过任何药物，所以为子女者务必要想尽办法，为父母规划正确有效而且适应父母兴趣的运动。想尽办法不让父母急速老化并发病变，让父母活得久活得健康活得快乐，才是子女最大的孝思与孝行。

延伸思考

1. 所谓从父母的切身之痛来孝养父母，是什么意思？
2. 高龄父母为什么越来越不喜欢出门？
3. 和高龄父母说话，尽量要摸着他们的身体，搓揉他们的手，为什么呢？

老人心理学

　　子女成家立业并负担起整个家庭的生计时，父母已年迈退休不再工作赚钱。家庭中的权力结构随之改变，掌控经济大权的子女，成为家庭的重心与权力至尊。年迈父母退位后虽仍保有尊荣升格为"祖父母"，可是不但没有实权，还得自己咀嚼吞咽失权之后的空虚与无力感。家庭中权力交替的成败？新国王如何"善待"旧国王？旧国王如何"自处"？新旧国王及家中臣民们，如何面对新旧权力核心的交替、重组与冲突呢？

　　爱与权力是家庭的两大轴心，在孝养心理学所作用的家庭生涯中，"权力"似乎掌控了绝大部分的影响力，"爱"的示威与绝地大反攻，端视为子女者奉行孝养心理学的成败。孝养心理学的起点，就在了解年父母急速老化的处境；终点则在于老人心理学的信受奉行。

　　面对分崩倒塌瓦解的身体，一个人的心要如何自处？如何与别人相处？如何继续活在这个世界上呢？老人心理学就是要解答这些问题，老人心理学要告诉老年人如何快乐安享余年，还要告诉年轻人——认识老人、体贴老人，及早为自己做准备，因为有一天你也将成为老人。

第一节　如何面对急速老化的身体

每个人一到65岁,就不得不诚实地面对自己,面对一个事实——我老了!太多的人不甘心,不服老,可是心有余力却不足——身体真的老了。身体十大器官系统的急速老化、退化与病变丛生,像刀刃入肉一般深深砍伤老年人的心灵。我怎么了?头发白了、掉了、秃了;眼睛模糊了、要瞎了;耳朵背了、听不到了;鼻舌失灵、全无味道了;牙齿酸软及掉落折损,也咬不上力了;皮肤松弛、皱纹多了,肌肉没力气、整个骨架松软欲散;胃肠消化不良、吸收不了营养;心、脑血管硬化、肺功能、肾功能、泌尿功能全部节节败退,内分泌失调、神经系统传达速度变慢……,这就是老年人的处境。

"回春术"是每个老年人的梦想,每个人都想青春永驻、寿与天齐。可是,想归想,做归做,几乎每个老年人都在慢性自杀。不运动、乱运动,无效地运动,甚至从事有害的运动,都是在谋杀自己的身体。饮食起居不正常,不肯淡食、少食,睡眠不安稳、水分补给不足,有病不就医、乱吃药、不吃药或不配合医生治疗,都是在谋杀自己的身体。尤其是乱发脾气、放纵情绪、老想不快乐的念头,而催快老化的身体,催发出更多的病变,然后呼天抢地或是自怨自尤,这是许多老年人的通病。

现代医学的进步,已使得老化得以舒缓,退化性病变得以减轻甚或免除。之所以会产生一些致命的急性症状,以及不治的绝症，几乎都可以归因于人体高度的自我污染与自我迫害。所以老年人务必通晓下列五项"现代回春术"，并且彻底执行，否则身体不好，其他一切就免谈了。

一、认识自己的身体

先要想办法弄清楚，自己的身体如何老化？十大器官系统会退化成什么样子？老年人好发的疾病有哪些？各种病征应如何判定？所谓知己知彼，百战百胜。先了解自己会怎样老化与老化的踪迹，就可以预先防治并循迹处理。因为知道，所以不会惧怕；因为预先知道，所以知道布阵以待。

二、寻找提供信息与支援的管道

主动要求子女提供相关信息，或向相关医疗单位、老人公益社团，家庭医生或图书馆索取相关医疗信息。图书、报纸、杂志、广播、录像带都有相关信息，获得任何信息都应向专业人员求证。老年人的族群中，口耳相传着许多错误的信息与非理性方法，带给老年人下半辈子永久的遗憾。

主动与子女协商，建立紧急援助管道。或向各社福机构、社团，索取提供援助单位的联络电话。什么症状找哪个医生？什么症状要自己紧急处理？子女不在身边可以找谁？各种紧急联络电话号码放在哪里？有没有电话速拨明细表？已经行动不便或卧病在床的老人，更需要紧急播报器。凡此种种，都不能疏忽，平时没准备妥当，一出事就会忙乱自误。

三、建立正确的饮食、生活与运动习惯

人性本懒，活到老也懒到老。许多高龄父母，每日端

座专属的大椅上，茶来伸手，饭来张口，吆喝小辈替他做这做那，不入厨房，不操家务，这里坐坐，那里躺躺，四肢不动，毫无生趣。老人想要回春就得动，整天动、到处动，只要不累的范围，就想办法让自己四处动。并不是早上去公园做运动，然后就整天不动；而是竭尽所能去操持家务，分担家事，照料家人——这才是恒动的法宝与最佳舞台。

　　早晨的公园几乎都是老年人，运动的方法真是五花八门无奇不有。每个老年人几乎都带着两种以上的慢性病，可是并没有针对他的体能状况，为他量身规划适宜的运动方法与运动量。公园里许多的老人胡乱运动，也没有人知道动对了，还是动错了。政府或社会福利团体或公私专业机构，却没有任何人站出来提供这项咨询或辅导服务。而能到高级运动俱乐部，获得专人指导的人当然有限。可是子女孝心如何彰显，到底要如何帮助高龄父母，规划正确的运动计划呢？孝思浅白，可就见笑了。老年人最好主动去找儿女商量，找家庭医生商量，或者不妨去找专业的体能教练商量，至少挂号找康复科医生商量，也胜过在公园瞎学乱动。就怕老年人嫌麻烦，干嘛要求子女，干嘛要求别人，有动就好了，死了就算了。以上这些想法才是自己最大的杀手，如果对自己的健康不积极、不主动、不负责，那就只能加速老病而去，怨不得人了。

　　饮食无味的确是辛苦，咀嚼无力吞咽困难更是令人丧气，但是低盐和高纤粗食，却是延年益寿保养健康的必要条件。老年人必须用力地自我调适，主动要求低盐的高纤粗食，并进而在淡味中尝得甘美，在粗食中得到健康的肠胃，千万不能要求重味饮食自误误人，懒得咬就可胡乱吞下肚，怕频尿就减少喝水，结果让身体的机能越走越下坡。老年人要告诉自己，自己面临一个全新的生活舞台，中年以来的习性都必须更改。需主动锻炼一个坚强的心智和意志力；建立正确的饮食习惯——高锌、低盐、低糖、低胆固醇、均衡营养与充足的水分，当一切都习惯成自然的时候，老年人的健康身心才有安顿之处。

四、唱歌跳舞

老年人的喉肌乏力无法控制声带，肺活量降低30%，基础代谢率降低15%，输氧量降低50%，心脏血液搏出量降低40%，全身肌肉细胞、骨骼细胞退化、无力、松软……，再加上一些慢性病缠身，真叫人不知如何是好。要挽救这么多日薄西山的窘境，不让自己的心理被生理打败，就得靠一帖综合性的良方——唱歌跳舞。

唱歌让老年人喉肌有力，有效地训练声带的操作，提高肺活量，增强神经传导速度和记忆力。尤其是唱卡拉OK，对于老年人耳、口、脑、喉、心的同步协调训练，更具有莫大的功效。跳舞对旋律感、节奏感、音感、动作与全身肌肉骨骼的整合运动，具有强大的功效。不论是独唱独舞，还是合唱群舞皆可。唱歌与跳舞，足以令老人身心畅快欢乐无比。

老年人没事，就该唱歌跳舞、练歌练舞，唱歌跳舞不只在生理上具有整合性预防保健的功效，更能在心理上创造一个卫生而纯净的空间。老年人最忌胡思乱想，常烦恼一些坏念头，更忌无事可想加速痴呆的病变。唱歌跳舞不但有生理反馈的正向机转，更能经由歌词与旋律，抒发感情、澄清心灵、鼓舞欢笑、与人同乐。老年人只要养成喜欢唱歌跳舞的习惯，就能够强化体能，远离老人痴呆症，保持心情愉快。

五、生与死的出路——老有所欢

许多老年人面对老化时，吓得不知所措。面对急性症状时，更是惊慌恐惧。面对好几种慢性病缠身时，恨自己生不如死，一言以蔽之即为——怕死。每个人都怕死，尤其是老年人最怕死。因为余龄大概估计得出来，身体频繁发布的警讯更催得人面无血色。人的一生当中，面对死亡威胁的强烈，面对生命自我终结的残破，没有任一发展阶段可与老年期相比。所以，人一上了年纪，生与死的念头就非得搞清楚不可了。

在个体毕生发展的历程中，人事无常难以预料，喜怒哀乐悲恨难当。人生观坚定的人，知其所以然，而为之承受。没有人生观的人，随波逐流不知所措而莫名以对。人生观的最后，就是老年人的生死观——老有所欢。因为人什么时候会死，决定权并不在自己手上。太多太多的"意外"，一转眼间就夺走人命。

人无法决定什么时候生什么时候死，人只能抉择"在生之后死之前"的日子，用什么方式活下去。在生命尚存之际，选择用快乐的形态活下去，这就是老年人的生死观——老有所欢。生既无欢，死亦何伤？人生在世，就只得一个"欢"字。余生尽欢，死亦何憾！所以，不是死不死的难处，而是欢不欢的问题。

每一个老年人，不管是荣华富贵，还是饥寒交迫；不论是体健如牛，或是缠绵病榻，都必须守住灵台的一点清明——老有所欢。每个老年人都必须自我抉择，为谁而欢？为何而欢？然后才无怨无悔地去尽其所"欢"。所欢的对象都不一定是人，也可以是物；不一定是自己人、配偶或家人，也可以是路人、宠物、事件、物品、思念或想法。所欢的原因也不一定是喜乐利益、美善或恩爱，也可以是一种情绪、一种动机、一种感动或一种希望。

老有所欢的抉择，让老年人超越了老化、病痛，超越了生与死的杂沓念头。只是很多老年人不知道可以抉择，不知道如何抉择，不知道如何坚守抉择，所以才为俗业牵绊羁留，生死不替。老年人还得面对病痛与死亡，确立了生死观之后，就容易有乐观豁达的心，懂得以心灵来关照肉体。懂得欢笑，懂得不以不乐为苦；懂得受苦，懂得不以苦为苦。

第二节　如何面对角色的权力更替

子女接掌家庭经济大权登基为王之后，老年人就升格变成太上皇（后）——祖父（母）。本来权倾全家的老年人，突然之间，权力系统架空。家中任何决策都不经过他，不必向他咨询，不必向他知会。开始时，是样样事儿都是最后才知道。后来才发现，原来儿女认为，让不让他知道根本就无所谓，既然无所谓，就不须让他知道，能少一事干嘛多一事呢？许多老年人无法接受这个事实，便开始怨天怨地，怨子女不孝，怨自己老而无用。把自己的心灵砍得血迹斑斑，把自己的生活搞得妒恨难平，把全家搞得鸡犬不宁，或者心死人困，招病入疾加速死亡。

一、老年人的权力心理学——享清福

老年人最忌弄权，以及恋眷权力。家庭中权力交接之

后，看不惯子媳行事风格，看不起子媳决策质量，只要不是他老人家主导的，他都不认可。他希望子媳能征询他的意见，可是征询后若未采用立即翻脸，"不听我的，干嘛还来问我？以后不必问了！"

有些老年人失权后专营弄权，弄权的对象不是子女而是媳妇和孙儿辈。他不向儿女问东问西，却向媳妇唠叨诘问；他不向子女批评决策质量，却向媳妇痛骂失策；他不向子女要求权力，却向媳妇侵权、夺权，强权恶行于孙、媳的家庭生活之中。

老年人必须放弃权力，绝对地、彻底地放弃权力欲，权力欲一旦割舍，老年人家居生活的冲突立即减少50%。因为权力交替是必然的事实，困兽之斗的结果，只是害苦了子媳儿孙，害苦了一家人。老年人一定要充分了解"黄金年华"的第一层意义。老年期是个体毕生发展阶段中的黄金年华，因为个体打从儿童期懂事以来，一辈子都在权力体系中打滚，先由无而有、由弱而强，再须由强而弱，由有而无，请参见下图19-1。

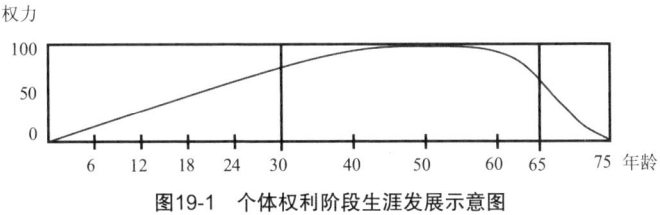

图19-1　个体权利阶段生涯发展示意图

个体在儿童期才一懂事，立即知道家庭中谁是老大，儿童很清楚他在家庭体系中的排行榜。儿童甫一上学，也立即了解到他在班级同学权力体系中的排行榜，以及整个学校组织的权力结构。随着个体的发展，他慢慢地在家庭中、在学校班级中、在同侪、在社团中、在职场中、在各个团体中，建构自己的权力位阶。他一直都很清楚他自己算老几，所以他才能够适度地要求别人和自己。

人的一生都在争权、弄权与用权，经历沧桑上了年纪的人，总是会感叹用权的日子几时可免。可是一进入老年期，退休后解除了职场的权力，交棒后家庭的权力也解除了。这一辈子梦寐以求的——真的可以不必负担权力，相对地也不必再承担责任，真正到了可以无权一身轻的时候了。可是，许多老年人却紧抓着家庭的权力不放，或明放暗不放，或夺权弄权之于极致。总认为失了权，这个家就不是我的了。家人不尊敬我，不重视我，我就没有用了，甚至出现早死早超生等负向的思想和行为。

这种老年人只有一句话可以形容，就是"身在福中不知福"。俗称"老了，可以享清福了！"，清福这个"清"字的意思，就是指"放下权力"，就是指"无权"，全然无权就是全然无责，这就是清福。想想看，一辈子权责杂沓此起彼落，人生有哪个阶段能够不被要求承担责任呢？只有在婴儿期全然无知的时期，以及拥有毕生发展经验与智慧的老年期。

老年期真的可以享清福，这是人类忙碌一生之后，唯一在没有外在责任的逼迫下，可以随心所欲地去"实现自我"的黄金年代。虽然体能变弱，但是可以慢慢行事；虽然直接的经济资源变少，但累积的人脉与环境资源却非常丰富。老年人可以在盘点既有资源的现状下，毫无压力地去规划，去实现现在的理想或未来，这就是享清福。

可是老年人想要享清福，就要先"清心"。清心有两大标的物，第一个是"清除权力与权力欲"，第二个是"清除非自己能力（权力）所及范围事物的忧虑"。清心和享清福之间，还有一个中介变项，就是"抉择所欢——自我实现"。老年人必须去抉择为谁而欢，为何而欢，亦即为谁而活与为何而活？再继之以行为的实践，亦即自我实现，老年人才真的能享清福。缺乏中介变相的抉择与实践，老年人就好比身处黄金年代而自我糟蹋一般，愈清心愈烦闷，愈享清福愈觉得没有尊严，愈觉得老而无用、老而无欢、生不如死，愈不齿自己贪生，愈想死了算了！

二、发展老年期新角色：圣诞老公公

个体从子女的角色，复加上父母的角色之后，新角色的权力位阶与角色行为的内容，对其他角色有绝对的排除作用。在个体家庭角色之多重扮演的系统里，个体会以父母角色为核心和重心，用较少的时间和心力来执行其他附属角色，例如：子女的角色，是最容易被排除的"附属"角色。而个体一生的成就，也几乎都在这一个阶段完成，父母角色是毕生发展阶段的第一个核心。

老年期所被授予的新角色，就是——祖父母这个角色的权力位阶与行为的内容，更与原先父母的角色完全不同。除了老人与婴幼儿之外，所有的角色都是以"权/责"为角色结构的核心。老人与婴儿的角色，却无权也无责。老人与婴儿的角色，都只是"受体"，只要"接受"，不必"给予"。不同的是，婴儿有人端菜、有人喂养，老人却须自己去端菜，自己喂养自己。

老年人的新角色，以"老有所欢"为角色结构的核心，

以"支持性激励"为角色功能的主轴,以"笑口常开与人为善"为角色行为的规范。老年人的角色,可以化约成"圣诞老公公",他只负责给快乐,给人温暖、给人感动。老年人的新角色,是激励专家,专门与人为善,绝不能去执法判决、量刑或施加压力给亲人。如果你能扮演好老年人的角色,并调适自己的人格与生活形态,你就会成为一个成功的、受欢迎的老年人,你就是人见人爱的家有一老,如有一宝。如果没扮演好这个新的角色,仍然以旧酒来装新瓶,你就会造成老有所"蓄"与老有所"烦",甚至老有所"患"!

第三节　老年人的动机与需求

老人的心,截然不同于年轻人。老年人的动机与需求,总是被家人误解,被所有的人误解,甚至被自己误解。老年人会被既存的家庭关系所牵绊,而模糊了自己真正的动机与需求。老年人必须清楚自己在这个生涯发展阶段的任务与危机,了解自己的动机与需求,才能有效地面对家人、朋友与这个世界。

一、阶段任务与危机

(一)老年期的任务有三:

1. 主动照顾好自己的身体。
2. 主动发展新角色。
3. 主动创造健康的心理卫生。

每一个老年人都必须明确地认知他的三大任务。他若未主动执行三大任务，用尽全部心力和资源来完成三大任务，他就会面临三大危机的威胁。

（二）老年期的危机有三：

1. 身体机能的老化与病痛，丧失生存的能力与动力。
2. 角色扮演失败、失调，造成冲突与挫败，丧失家庭生活的能力与动力。
3. 价值失败、心灵失序、情绪失控与行为失常，丧失生命的能力与动力。

（三）老年人如何面对危机：

老年人面临的核心问题是，如何在处身三大危机当时，一面去对抗危机的压迫，一面又能主动积极地去执行三大任务。建构正确的生死观，正是老年人唯一的法宝。知道生死不由人，人所能决定的只有——活的方式。老年人必须抉择"老有所欢"，抉择为谁而欢，为何而欢；他才有能力去对抗既存的危机，他才有动力去完成他的三大任务。

二、动机与需求

马斯洛描述人类的五大动机与需求如下图19-2。

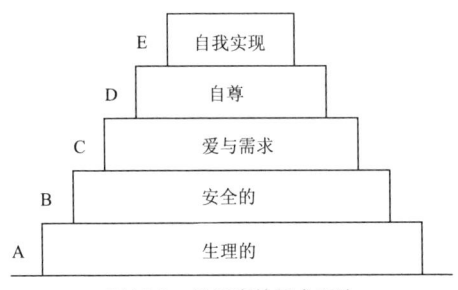

图19-2 马斯洛的需求理论

他认为人类的需求是阶层性的，底层的满足了，才会向上需求更高一层的动机之满足。这个理论广为学界所接受，也易于描述人类生活共相。这个理论适用人类发展阶段中的青年、中年、壮年时期，唯独不适用于老年期与儿童期。

老年人的动机与需求恰好相反（图19-3）。

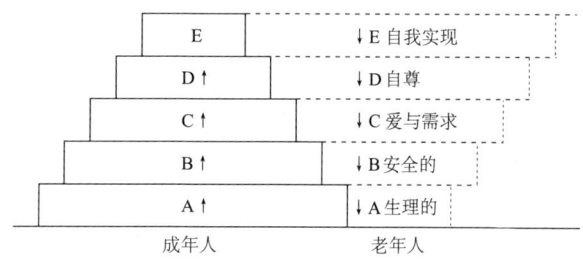

图19-3　老年人的动机与需求

成年人的动机需求层次是由下而上，A→B→C→D→E；老年人却是由上而下，E→D→C→B→A。一般而言，在非异常状况下（贫病独居），老年人不会在意衣食住行育乐，对AB两大基本需求全不重视。他宁可不要锦衣玉食、不要华屋仆役，他宁可吃不饱睡不暖，只企求子女能真正地关心他、在乎他、爱他、让他爱、让他觉得还是这个家的一份子。他最希望的是，达成毕生最后的心愿——自我实现。

老年人可以割舍一切，只为了自我实现。老年人不需要汲汲于AB的追求，他可以用一整天，用每一天的时间来实现自我。老年人自我实现的目标又可分为三大类：第一类是源于自我的成就动机或情绪；第二类是源于其他生物、自然现象或大我的公益事务；第三类是源于家子女孙的成就与家庭的和乐。大部分的老年人，都以第三类对象为自我实现的目标。他把子孙的成就，当做他自己的成就——与（家）人为善、助

（家）人为乐——这就是他所要实现的自我；就算是子女不尊重他也没关系，就算是子女不爱他也没关系，就算是子女供不起他温饱也都没有关系。

老年人用整天、用每一天的时间，在索求自我实现，在索求自尊，在索求爱与归属感。可是子女们不知道这个真相，人们总是认为，让他们吃好穿好不愁钱，就是孝养父母。子女忙着赚钱养家，满足全家人的生理与安全需求，可是AB这两层如果发生危机，他就顾不到夫妻子女间的CDE，当然也会疏忽了父母所需的CDE。虽然生活是现实的，可是能因为家贫就弃置父母的CDE吗？如果子女的AB不虞匮乏，他往往又钟情于自己的自我实现，满足自己的自尊，追求相称的爱与归属感。这追求如果能在其夫妻、子女与家庭之内发展，已经万幸怎还会焦注到父母身上呢？老年人一心一意，只想在有生之年完成他最后的心愿，他每天所有的言行思绪，都是为了自我实现。只要朝着心愿的方向走，再苦的日子他都甘之如饴。只要背着心愿的事发生，他就痛苦气愤无奈。老年期，是一个人毕生生涯发展中，最强烈索求CDE的阶段。无C无D无E，毋宁死。

三、自我实现之目标的调整

老年人必须接受子女自我需求满足的历程——子女可能无法分心到我身上，子女正由下往上辛苦地攀爬。所以，所有想要实现的目标，都只有靠自己去争取、去努力实现。老年人必须评鉴自我实现的目标，并且学会调整自我实现的目标"种类"与"排序"（表19-1）。

表19-1　老年人自我实现之目标调整示意表

老年人自我实现之目标调整示意表				
重要性等级	目标类别	目标名称	可达成率	调整后目标执行排序
1	三	A	20%	3
2	一	B	80%	1
3	二	C	60%	2

许多老年人设定错误的目标，该目标对他很重要没错，可是客观条件达成率低，所以就终日面对目标无法实现的苦楚。目标务必依其达成率来调整其排序，老年人才能在目标达成的成就上，继续达成后续的目标。许多老年人把第三类目标，排在第一重要等级，可是家人根本就不让你参与也不理你，其可达成率微乎其微；所以就必须调整目标，这个目标最重要但执行排序把它调整到最后；而把其他可控制的容易达成的目标，向前调整为自己当前生活的重心。

第四节　老年的生涯规划

以台湾地区为例，65岁以上称为老人，但有些人才50岁、55岁、60岁就退休了，或者身体就不行了，或者心灵早就老化了，早就变成"老人"了！不管真老、假老，只要认定自己"老了"，身心都真的会变老，而且愈来愈老！最重要的是，他已告别中壮年的生活阶段，让自己的生涯进入最后一关——老年期。进入老年期的台湾人用平均寿命75岁减去65岁只余10岁。亦即，台湾地区的老年人理应有10年的余龄可活。至于，每一个老人实际的寿命，（人命）会超过10年还是少于10年呢？就看老人怎么样去"活"65岁起的每一天，就看怎么安排能让老人的人命＞天命。而这些安排，这些活下去的方法，就是老年人的生涯规划。

一、第一个步骤：客观环境的抉择

老年人必须先决定或被决定客观环境，亦即决定接下来生命中的第二春——老年期，他想要或者会住在哪里？跟谁住？他必须一个人独居还是老夫妻俩一起"独居"？与哪个孙子一起住？还是住哪个儿子、女儿家？还是住哪个女婿、媳妇家？要不要负责照顾孙子？要不要负责协助家务？还是住老人公寓？或者是养老院？护理之家？或是医院？

当然，这一切的抉择与被抉择，都决定于老年人是否经济独立，有无足够的财力可以充裕地运用。有的老人善于运用钱财来欢度余生，比如某些外国老年人可以住到环境设备一流的老人社区（如：sun city）；比如安排各种旅游……有的老人却把钱财产业都分给子女，然后看人脸色过日子。也有的老人守着毕生积蓄不用，而被客观环境绑住自己至死……

有的老人有能力抉择客观环境，有的老人没有能力或没有条件去抉择客观环境，而只能被环境抉择。最重要的是，老年人必须明白地觉知自己的处境，接受自己的处境就是如此。接受自己没能力改变各方的条件时，环境就一定得如此，日子就必须这么过。若不能觉知自己的环境，不能接受自己的处境，尤其是不能接受处于如此环境中的自己，以及正视自己老年期的生涯竟是如此，都将导致老年人各种自我与人际关系的重大冲突。

二、第二个步骤：家庭角色规划

老年人必须自我评估与自我设定，我是"老有所烦"还是"老有所患"？还是真的"老有所欢？"前两者会让老人成为自己和家人的冲突源与压力源。后者会让老人成为自己和家人的"宝"——家有一老如有一宝。当老年人"老有所烦"之时，他也会成为家人的"烦"。当他老有所患，把某些人事物当做心头大患时，他也将成为家人的"患"。只有老有所欢，老而尽欢，他才能变成家人的"宝"。

三、第三个步骤：主观目标的设定

第二春，接下来这10年，人生的总目标是什么呢？如果超过了10年还活着，那么第三春的人生目标为何呢？这两个目标设定好了，就可以详加思考第二春每一年的年度目标了。

（一）目标的种类

前述三大类目标又可细分为：生理健康导向目标、心理健康导向目标、精神健康导向目标、财务管理导向目标、自我个性改变目标、自我影像改变目标、身体心像（Body image）改变目标、自我生涯改变目标、家庭人际关系导向目标、家人成就导向目标、家庭生涯导向目标、慈善公益导向目标、志愿服务导向目标、人类援助导向目标、动植物援助导向目标、地球环保导向目标等。

（二）目标的"可达成率"与排序

任何种类的目标都可以，但是"可达成率"高的目标，才是各年度要努力的目标。可达成率愈高，执行的年度就愈往前。

四、第四个步骤：生活管理

最后就是生涯实践了，亦即日常生活的自我管理。老年人生活管理有三大原则，亦称"老人三宝"——说好话，做好事，想快乐的念头。绝对不"不说好话、不做好事、不想快乐的念头"，更不能"说不好的话、做不好的事、想不快乐的念头"。不论老年人设订的目标为何，生活管理上只要守着这三好六不好，就可以简易地达成目标。尤其"想快乐的念头"，是最基本最重要的生活守则，常常检查自己要求自己想快乐的念头，才有可能说得出好话、做得出好事。

五、老年人生涯规划管理表

老年人生涯规划管理表（表19-2），每年重新填写一张，把过去历年资料累积起来，再把未来年度目标依现况做适度调整。这张表填写之后，最好是放大影印多张，放在居家明显之处或随身携带，每日拿出来看看，心情好不好的时候都拿起来看一看，这就是日常生活自我管理的法宝。主动积极的把自己、自己的生活、自己和家人或所有人事物的关系，都趋近于生涯目标的实践，将带给老年人全新的第二春。

运用这张表来做生涯规划与管理，有三大优点如下。

（一）三春式的生涯规划

把毕生生涯发展，分成三个阶段：第一春0~64岁，第二春65岁~74岁，第三春75岁~。让老年人清楚知觉，无论自己满不满意第一春已经结束；又让老年人清楚知觉，第二春刚刚开始，为期10年，必须及时把握；更让老年人清楚知觉，只要第二春的日子过得好，他还会赚到第三春，而且他有多努力，第三春就有多长。

表19-2　老年人生涯规划管理表

姓名：　　　　　　　　　　　　　　　　日期：＿＿年＿＿月＿＿日

生涯别	年龄		人生总目标		满意度%
第一春	0岁~64岁				
第二春	65岁~74岁				
第三春	75岁~				
第二春	客观条件		主观条件	自我实现：年度生活目标	满意度%
	钱财	住所	老有所欢		
第1年65岁					
第2年66岁					
第3年67岁					
第4年68岁					
第5年69岁					
第6年70岁					
第7年71岁					
第8年72岁					
第9年73岁					
第10年74岁					

"切断或封印第一春，结束过去的影响，重新开启新的另一阶段的人生！"这是每个人进入老年期后，日子能否过得快乐的重要关键。三春式的生涯管理，正是欢渡老年期的利器。

（二）三栏式的年度目标管理

年度生活目标的标题，加入"自我实现"的引文，便清楚明白地揭示与提示老年人动机与需求的主轴——自我实现。每一个年度生活目标前，又增加两个栏位，包括客观条件（钱财/住所）与主观条件（老有所欢）。清楚明白地协助老年人，时刻不忘日子里最重要的两个基本条件，尤其是他对这两个基本条件的抉择。

（三）满意度管理

每一列目标之后，都设置"满意度%"栏位，协助老年人以满意度代替达成率，来评估或预设历年来的生涯成就。

延伸思考

1. 试解析老年人的（家庭）爱与权力有什么特色？
2. 老年人的动机与需求有何特色？
3. 试说明什么是"三春式"的生涯规划？

爱情心理学

Appendix

附录

就动物行为而言，炫耀（display）与竞争是为了诱惑与吸引，进而达到交配与繁殖的目的。而人类的情爱却转化成"动机性"行为，不再为了"交配"而动情与示爱，也不再为了"繁殖"而交配。这种从生物机制的（以繁殖为目的）目的性行为，转变成心理或精神机制的动机性行为历程中。动情与炫耀变成了爱情，交配变成了性行为，且性行为可以避孕而不生殖。人类摆脱了"动情激素"的影响，不再一年"发春"一次，而是一年到头随时都能发春。十大器官系统成熟后，人类可以享用无止尽的性，以及无止尽的爱恋。不同的文化，规范着爱与性的不同形式，可是每一个个体，却又都从零开始去"经验"自己的爱与性，而在"文化、次文化、经验、需求、欲望"的拮抗过程中撞得满头脓包或痛苦欲绝或一死了之。几千年以来，人类用各种方式歌咏爱情，却一直不曾有效地累积爱情心理学的知识，以致超越个体经验的智慧不能流传，知识的学习也独缺这个部门，而令人生变得光怪陆离。

爱情是什么

爱情到底是什么？为什么时候到了，人人都开始谈起恋爱来？为什么任何时候、任何地方、任何年龄，都有人在恋爱？爱情的本质到底是什么呢？为什么令人魂牵梦萦？为什么令人死生相许呢？一生之中，我们不断地问别人、问自己：爱是什么？答案每次都不同吗？问题是恋爱总联结着失恋，最大的幸福总联结着最深的痛苦。爱情到底是苦还是乐？是幸福还是灾难呢？

第一节 爱的本质

爱的本质包括：爱与美；爱与我；爱与你；我爱你；我爱、爱你五大部分。这五个主题，从人与自己的关系，以至人与他人的关系，建构了爱情内蕴的基本特质。一般人在爱情的世界里总是不知而行，以致在现象上冲突、错乱、不知所终。学而知之，知而行之。明明白白地去实践或操作或建构这五大特质，就是搏取爱情之美的基本要件。

一、爱与美

爱就是美，美就是我。当一个人成长自己、实现自我、自我满意之时，就会出现绝美的身影、意念、精气与神情。一个人贴心疼爱自己、满意自己之时，他就会变得好美好美。一个人获得别人的疼爱或疼爱别人时，享受着爱与被爱的两种荣宠之时，他就会美之又美、美而更美。任何人一谈起恋爱，就会变得美美的！爱到深处又浓又腻之际，更是美得不可方物。任何人都能一眼就辨识出来谁在谈恋爱。因为谈恋爱的人，言行举止衣饰器物，全部变得好美好美。

美感经验，就是一种绝妙的幸福感。不管是来自于自己或他人，来自于人、事、物或言语、动作、表情、情绪、意念或行为，来自于植物、动物、景物、艺术物品或大自然。终其一生，人都在追求带来美感经验的人、事、景、物。许多的自然景物、公共空间、艺术品都好美好美，可是人们不一定看得到。但是任何平淡的生活空间或闲杂人等，只要加进了"情"和"爱"，就会变得璀璨漂亮美之又美。人们终于发现，爱就是美。

为什么有人爱而不美？愈爱愈丑？因为"爱人"的先决条件是"爱己"。爱自己让自己变美，再用自己的美，去让对方也变美，这才叫爱别人。当别人也如此对你时，双方就互相美之又美了。"美1"是自己让自己漂亮；"美2"是自己的美强烈到足以启动别人的美；"美3"是对方用绝美来帮自己的美互相增长。爱不是对自己好或满足自己的需求，更不是对别人好或满足别人的需求，而是美1→美2→美3的互动历程。没有美，就不是爱，横竖看他，都不觉得美，就是没有爱。生活中的相处，你觉察不到美感经验，就是爱已流逝。爱而不美，不美还是要爱，这就是自欺欺人。

当美与美相互发现、相互契合，相互激励、相互成长、相互美之又美，这就是爱。这"爱"发生在异性之间，就是俗称的"恋爱"；发生在同性之间，就是"同性恋"；发生在亲子之间，就是"亲子之爱"；发生在兄弟姊妹之间，就是"手足之情"；发生在同学朋友之间，就是"友情、友爱"；发生的对象是广大的生灵，就是"民胞之情"；发生的对象是大自然，就是"物与之爱"。

所有的爱，都会让双方美之又美。尤其是恋爱，因为是异性的探索与拥有，因为又加入了性行为，因为是双方的互动，更因为由浅而深由小而大的全部的爱与被爱，所以恋爱变成"绝美"，恋爱中的人变成"绝色"。

二、爱与我

爱就是我，我就是美。人类一直依赖"文明"而活，可是也一直被文明所埋葬。"我VS文明"的战争，一直是每一个个体努力的标的。"我"消失在文明之中，是非常自然的现象。透过生活与学习，自我的"独特性"很容易就消失，于是从众性与集体性就极为招摇地跑出来。在生涯发展的每一个阶段，我们最易犯的错就是——遗弃了自我。

自我的迷失，分成四种现象。第一种是"我大"：自我的膨胀；第二种是"我小"：自我的缩小；第三种是"我乱"：自我的错乱；第四种是"我无"：自我虚无。自我膨胀的人，骄傲、自大看不到真心。自我卑贱而畏缩的人，怯弱得看不到自己的真意。自我错乱的人，样样都要，样样都要不到，动机意念杂沓，心情起伏波动，看不到自己的真情。自我虚无的人，价值观完全破灭，什么都放弃，什么都不要、看不到自己的真爱。

　　有了爱就找得到自己。爱自己的人，看到"心中之我"，能够去实现自己的意志。被别人爱的人，看到"镜中之我"，愿意去调适自己的意志。爱就像巨型放大机一般，把个体的"我"放大千百万倍，来和整个文明鼎足而立。为了爱自己，就要让自己千百万般地好。为了爱别人，更要让自己愈来愈好，而且不是我所知见的好，还得是对方所知所见所认同的好。为了关爱所以必须伟大，为了爱别人所以必须谦卑。

　　在爱里，人类成就了自己的伟大，更成就了自己的谦卑。一辈子傲慢不是真正的伟大，一辈子怯弱也不是真正的谦卑。在爱里，我们仔细地端详自己，看到自己卓然不群的"独特性"，允许与要求自己要好之更好，而且要美之又美。

　　为了爱，我们谦恭地卑微地弯下身段，把对方捧在掌心呵护。为他而活，他说什么就是什么，他是上帝是太阳是星辰是唯一在风中欢唱的花朵。甘愿为他做任何事，任何原本不喜欢做的事，甚至否定或抛弃一切，而在所不惜。为了爱，人类方才放下"我执"，愿意"无我"，只有"你"。你就是你，你就是我，我没有我。我甘愿为臣，甘心为仆，甘愿伺候喜乐欢笑，甘心煎熬苦痛悲凉。有人爱，人类才能在他人的面前谦恭卑微，才能在他人的面前宏伟仁厚。因为爱，人类才真正地拥有——自我。

三、爱与你

我们从来没正眼瞧过别人，从来没仔仔细细听人说话，从来没清清楚楚看人每一个表情。每遇争执之时，第一个想到的，一定是别人的错，就算别人没错，我也不会有错。我们把身边的每一个人，都压缩成一个简码，我们习惯于用"第一印象"或"刻板印象"来概括每一个人。如果某甲是1、3、5、7、9、11等人格特质，我们可能只把他压缩成1、3。看到他或想到他，都只想到或看到1、3这两种特质，其他特质都会被我们存而不论。因此，我们总是"看不到"别人，别人也总是"看不到"我。

当爱上一个人，我们就会把他"解压缩"，把"1、3"简码人，"还原"成"1、3、5、7、9、11"这个完整的人。我们方才看到、听到、感受到他的每一个人格特质。我们才会觉察某甲原来是"独特"的人，觉察他实在不同于任何人，觉察他每一个特质不可替代的独特性。

通常，我们只帮爱上的那个人"解压缩"，其他人一律简码伺候。其实，每个人都有他的独特性，都有他独特的美感，不论高矮、胖瘦、男女、老幼。当我们解开那个人的封印（解压缩）之时，我们方才解了自己的封印——原来不只封印别人，我们也封印自己；别人封印自己，也封印别人（包括我）。

当封印解开的时候，是多么美妙的事啊！彼此揭开自己和对方的封印，这两个人碰触得到真正的自己与对方，而且费尽心思要让自己和对方美之又美。最奇妙的是，"他"变成了世界上唯一解开封印的人，"他"变成了世界的代言人，

"他"甚至就变成了整个世界。所以"人v.s世界"的关系,就变成"人v.s情人v.s世界",甚至变成"人v.s情人(世界)"。

当个体把庞大不可捉摸的"世界","压缩"为"情人"之时,人与世界的关系突然全部改观。只要取得他的同意和认可,只要搏得他的欣喜和喜悦,就等同于摆平了整个世界。当我们把三千宠爱齐聚一人身上之后,他的喜怒哀乐都变成整个世界的欣喜厌憎。每一缕心绪牵引,都变得深邃沉重。只要他不高兴,就等同整个世界的震怒,你就会活不下去了!因为爱你所以你变成了"我的世界";因为爱你,你主宰了"我的世界";因为爱你,你成为我生命的全部。因为爱你,我的生命为你而活。因为爱你,我把这一生送给你;因为爱你,你成为我生命的主宰。

四、我爱你

"我爱你"这三个字,改变了许许多多人的一生。可是,谁知道它是不是谎言呢?其实它是誓言,而且是双重的誓言。"我爱你"的第一个誓言是:因为我有能力爱你,所以我发誓要成为你身边最好的男人或女人。因为我无法和每个人相比较,所以我要对你发誓——今天的我一定要比昨天的我更棒更好更美妙,而且我发誓明天的我一定还要比今天的我更棒更好更美妙。第二个誓言是因为我要比任何人都爱你,所以我要对你发誓——我将成为你身边最能够欣赏你的美、激发你的美、享受你的美,让你因为有我而美之又美的男人或女人。

这两重誓言,就是"我爱你"。我爱你不是一种感觉或动机或需求或情绪,而是一种自我期许的行动,更是一种实现诺言的行动。如果，双方都能如此许诺——我爱你，双方成就的爱恋与情谊，将绝美而令人艳羡。包括亲子之爱、手足之情、友情与爱情，如果每一种爱都能实践这二重誓言，人世间不知有多么的美好。人类就可以不必把时间和生命，糟蹋在虚情假意、疑情惑爱、错情乱爱、生情涩爱与粗情笨爱之上。

五、我爱，爱你

　　缺了这二重誓言所引领的行动，"我爱你"就会变成"我爱"而非"爱你"。绝大部分的人，挟"我爱你"之名，大行"我爱"之实。什么是"我爱"呢？它是一种动机，是一种欲望，是一种给予，是一种占有，尤其是一种"自我实现"。我想爱，我要爱，我有能力爱，我必须爱，我喜欢这样子爱……；而你，只是"受体"，只是"标的物"，只是我所爱的"对象"。我依照我的需求，用我选择的方式和内容来"爱你"，而不是依照你的需求，不是用你喜欢或选择或能够接受的方式来爱你。"动不动就说爱我，也不问我要什么？"动不动就说爱我——这首歌，道尽了"我爱"的真相。其实，不只是爱情，许多的亲子之情更是我爱的大本营。每一个父母都必须扪心自问，我做的到底是"我爱"还是"爱你"？

　　什么是"爱你"呢？"我爱你"的真谛，就在"爱你"两个字，就在那二重誓言。找出你的渴望，用你喜欢的方式来满足你的需求；找出你的美，用你喜欢的方式来激发你的美感经验。找出你生命的价值，用你喜欢的方式，协助你实现生命的目标。忘了我，放下我，搁着我；一心一意以你为念，帮你欢喜，帮你心满意足，帮你美之又美，这就是"爱你"，就是

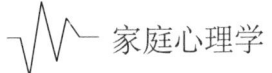

"我爱你"。

第二节 爱与被爱

我爱你！你愿意接受我的爱吗？我愿意接受你的爱！你爱我吗？原来，爱自己是一回事，爱别人可就是另外一回事了。你要爱别人，别人可不一定愿意"被你爱"。我期待"被你爱"，你却不一定愿意"爱我"。而且，我今天爱你，是否一辈子都必须继续爱你？以前的你娇嫩欲滴，我当然爱不释手，但现在的你，蓬头垢面粗声秽气，叫我如何再爱你？爱与被爱，有没有条件呢？海誓山盟，能不能毁约呢？

一、爱与被爱的价值

爱的价值，由被爱的方式决定。爱不是"给予"而是"被接受"；被爱不是"接受"而是"给予"。没有被接受，就不是爱，不管你付出多少。许多人都单纯地、片面地认为，爱就是给予，只要我真心地付出，毫无保留地付出，就证明"我爱你"，其实这是错的。送出的礼物，对方拒收，你总不能说"管你收不收，管你是否丢到垃圾筒，反正我礼物已经送出去了！"单恋就只是单恋，不被接受就不是爱，就不能说"我爱你"。爱，必须被接受。不被接受就只是单恋，只是喜欢你、欣赏你，只是想对你示好、想获得你的青睐。如果"给予"就是爱，岂不天下大乱，岂不人人假"爱"之名，妄行强逼胁迫之实。单恋之情杀或毁容案件，大多是自愚于此。

part 20　爱情是什么

为什么被爱才是给予，甚至爱的价值由被爱的方式决定呢？请进入虚拟实境，来体验下述三个爱与被爱的价值。

[情境A]

老公下班回家后，身子靠在客厅沙发上，边翻报纸眼睛边盯着电视职棒的比赛。看到兴奋处，帮跑垒者喊加油，还喊到咳嗽"咳、咳、咳！"。厨房里煮晚餐的太太听到咳嗽声，赶忙拿杯水到客厅来，"嗯！"一声，伸手把水递给老公。老公"哦！"的一声，伸手接水杯喝了一大口水后，只用眼角余光瞄了一眼，又把水杯放回老婆手上，两眼一直盯着电视机不曾离开。老婆就这么悻悻然转身，回厨房继续准备晚餐。

[情境B]

老公下班回家后，身子靠在客厅沙发上，边翻报纸眼睛边盯着电视职棒的比赛。看到兴奋处，帮跑垒者喊加油，还喊到咳嗽"咳、咳、咳！"。厨房里煮晚餐的太太听到咳嗽声，赶忙拿杯水到客厅来，"嗯！"一声，伸手把水递给老公。老公回头接了老婆手上的水杯，还先说了声"谢谢"，咕噜咕噜喝了半杯后；"啊……！"吁了一口气后又对老婆说"喉咙都干了，这一喝就舒服了。真好！谢谢你呀！你在忙着煮饭还帮我倒水，嘻！真好！"老婆手上捧着空杯子，高高兴兴地走回厨房，老公又继续看他的职棒。

[情境C]

老公下班回家后，身子靠在客厅沙发上，边翻报纸眼睛边盯着电视职棒的比赛。看到兴奋处，帮跑垒者喊加油，还喊到咳嗽"咳、咳、咳！"。厨房里煮晚餐的太太听到咳嗽声，赶忙拿杯水到客厅来，"嗯！"一声伸手把水递给老公。老公转身接了老婆手上的水杯，咕噜咕噜喝了半杯后，拉着老婆的手说："谢谢你哦！厨房忙着，还知道我咳嗽，还帮我倒水，真是太神奇了，真是好老婆。"一手揽着老婆的肩膀，边拉她坐下边告诉她："坐一下吧！我说我的好老婆，我就不信有哪个老公比我幸福！你要不要也喝口水？这比赛可精彩了……哦！好呀！那你先去煮饭。来，亲一下再走。"

三种情境中，老婆都用相同的方式"爱"老公，但是老公用三种不同的"方式"来"接受"老婆的爱。第一种被爱的方式，让老婆的爱就像踩在脚底的烂泥——一文不值。第二种被爱的方式，让老婆的爱变得珍贵无比。第三种被爱的方式，则让老婆的爱闪耀金黄色的光泽，有如珍珠宝石般的璀璨耀眼。第一个老婆觉得自己的行为是没有意义的，第二老婆觉得自己的行为是有价值的，第三个老婆会觉得自己这个人是被疼爱的。同样的爱，同样的给予的形式，却因为被爱方式的不同，而被赋予三种截然不同的价值。所以，爱的价值，由被爱的方式决定。

问题是，在爱与被爱的互动历程中，人们几乎从来就不曾思考过"被爱的方式"，遑论主动"抉择"被爱的方式来成就对方的爱，让对方的爱更棒、更美、更有价值。从小到大，父母、家人、亲友、师长、同伴，"爱"我们的时候，我们总是困在相对角色的行为期待中，认为那是"应该的"、"本来就该给我的"、"那是他们的责任"等，而用最不尊重的方式接受、取用、使用、享受，就如[情境A]的老公一样——糟蹋别人的爱。

人们都非常地介意当我爱别人时，对方不理不睬或随便指使的态度。从小到大，人们都不知道主动去抉择最棒最美最有价值的方式来被爱。所以，在儿童教养历程中，父母和师长必须协助孩子，觉察、抉择与发展被爱方式的能力。否则，对于孩子的一生，爱只会变成负担，被爱也只能变成索然无味。

二、爱与被爱的条件：上菜论

爱与被爱的条件是相对的，相对在双方准备的自己，是否两相足称。谈恋爱时，两个人都把这辈子以来所积蓄的一切涵养、知识、气度、风范与人格特质，"炒"成一道一道的美食——我，在每一次约会穷尽时"上菜"，互道"请品尝"。就在衣着打扮与言行举止之间，两人互相品味对方这个人，就好像互相品尝对方这道"菜"一般。"好吃！"就想相约再见，"不好吃！"就想席散走人。

如果两人都觉得"好吃！"，就会又相约再见，而于第二次约会时，再"上"第二道菜——展现自己另一种风华。穿不同的衣着，到不同的地方，谈不同的主题，表现另一种才能与趣味。如果两人又觉得"好吃！"就约三度相会，再炒第三道菜"请品尝"。要思考的第一个问题是：双方炒得出几道菜？如果某甲炒到第12道菜已无新菜可上，只能回锅再上第一道菜。如果某乙却能炒20道菜，那么从第13次约会起，某乙就只能眼睁睁地看着某甲炒冷饭，然后某甲看着某乙津津有味的说"好吃！再来！你真好！"这时候，某甲觉得某乙真好，可是某乙还会觉得某甲也真好吗？在连吃几道回锅菜之后，某乙还愿意继续上新菜吗？这时候如果还没结婚，试问该否分手呢？

如果双方在上第10道菜就结婚了，婚前两人对对方满意极了，可是婚后没多久，当发现两人有8道菜或18道菜的悬殊差距时，日子要怎么过下去呢？忍耐吗？还是赶快离婚？谈恋爱以及结婚之前，每个人都必须自我评估——这辈子我准备了多少材料？可以出几道菜？我有能力一直出新菜吗？还必须相对地评估——对方能出几道菜？有能力一直出新菜吗？到底要找一个菜色比我多、菜量比我大、菜味儿比我好、菜的样子比我优的人？还是样样菜都比我差的人？还是旗鼓相当的人呢？

如果两人都只有30道菜，不管婚前婚后30道菜上完之后，两个人都能一起耐着性子——每天炒回锅菜给对方吃，每天也吃对方的回锅菜吗？如果只有一人有能力炒出新菜，日子要怎么过呢？如果两人都能炒出新菜，可是上菜的速度差得太远了，日子又要怎么过呢？谁等谁？谁让谁？又能等多久？又能让多久呢？因为爱，能力好的人就得"忍耐"或"持久"的"怜爱"那个能力差的人吗？如果当下又有能力好的人，端着崭新味美的好菜在身旁，他得一直拒绝好菜，然后一直吞下陈旧的老菜吗？

谈恋爱是有条件的，不只是一见钟情，不只是天雷勾动地火，不只是二情相悦相谈甚欢，不只是情投意合两不相厌，以上这些都是因为菜色口味相合，可是重点真的不只在于菜色口味相合，而在于面临在上几道菜就没菜可上的窘境。

如果你这一生涵养成1000毫升的水瓶，面对500毫升水瓶时，该怎么办呢？对方说我爱你，我全心爱你，我用整个生命爱你，500毫升的水全倒过去给你。然后呢？你还是饥渴难忍。为什么？因为你的瓶子还有500毫升的容积是空的！对方已经尽力但你仍饥渴难耐，你说你该怎么办？一直忍，要求对方？给对方期限？还是找别人补充剩下的500毫升呢？对方该怎么办呢？他尽了全力却喂不饱你！看着你忍饥耐渴，心中又不舍你却又无能为力！霸着你强迫你喝完500毫升就不准叫饿喊渴，心中虽不舍你的饥渴，难道还要主动找人来"帮忙"喂你不成？似乎又该如此？可是，一旦如此，谁又受得了呢？因为我真的把自己"倒光"了呀！

要谈恋爱就得避开以上的陷阱，否则谈一半分手了倒还好，要是结了婚生了小孩又困在上述的陷阱里，岂不连神仙也难救？想要避开这个陷阱，就必须拥有正确的知识，知而后行才能避免遗憾。所以婚前教育，就变得重要无比。那么，恋爱的条件是什么呢？答案就在前文"我爱你"的两个誓言里。

恋爱之前、之中与之后，如果你能在两个誓言中，不断地激励自己与对方的成长，每天都孜孜于创造与维护双方的美感经验，那就继续谈恋爱吧！如你发现有一方做不来，那就分手吧！原来，两人相恋时各自炒得出几道菜？这并不重要。重要的是，两个人在一起后，两个人是否每天都炒得出新菜来？这才是最重要的条件。奇妙的是，一个人一辈子炒不出几样菜，多个人却能炒出一大堆想也没想过的菜。不过，谁是那个奇妙的人呢？

三、爱与被爱的能力

当我们了解：爱不只是给予，被接受的给予才叫做爱；被爱更不只是被动的接受，而是主动抉择被爱的方式，来"赋予"爱的价值。爱与被爱，不再只是一种需求，或是一种动机，或是一种情绪状态。爱与被爱，更是一种"能力"。爱的能力与被爱的能力，是个体成长过程中，最不可或缺的能力，更是谈恋爱最不能缺乏的基本能力。

爱的能力，不只是一种成人之美的善念，更是一种助人的善行。尤其美妙的是，爱的能力让人变成善人。"爱"让人至少会对一个人，起善念、施善行而成为善人。因为爱屋及乌，所以善念善行也会迁移到其他相关的人身上，而让一个人变成真正的善人。

爱一个人，就会一直想着他、看着他、护着他。想尽一切办法去知道他要什么、不要什么，喜欢什么、讨厌什么，会去做一切能让他高兴的事。会用尽所有的方法，来满足他的需求，实现他的理想，让他美之又美。这种发自内心的利他行为，展露的是单纯动机状态的绝对真诚。奇妙的是，这个无私无求的纯真之心，不但以善行的模式来展现其生活实践，更归结于绝美的美感经验中——觉察、抉择、发展与享受自己与对方的生命之美。

爱人的时候，你会体验到"真、善、美"这三种奇妙的生命力。一个有能力去爱别人的人，在给予和被接受的历程中，会出现纯真至善的美感经验。如果没有美感经验，如果没有善心善行，如果没有"给予"，那么你就没有"爱"人，就没有爱人的能力。你的念头只是唐突，你的行为只是莽撞，你的人亦非善人。当你的给予没被接受时，当"拒绝"成为"耻辱"或"笑话"之时，你还可能出现恶念、恶行，而变成恶人。

爱的能力必须在原生家庭中培养，更必须在原生家庭中实践。难以相信的是，一个没有能力（或无法或不愿）爱家人的人，他会有能力去爱一个陌生人。屡见不鲜的个案是，谈恋爱时"爱"得死去活来，却和家人疏远离异反目成仇。事实告诉我们，家庭人际关系中，情爱经验挫败的人，都将无法好好地去"爱"任何陌生男人或女人。当一个人把所有绝对与相对的情爱关连，全部加诸或寄托在男女朋友身上时，内心强大的欲求、挫败、冷漠、绝望……，会成为"鬼魂"套索在对方身上，所以爱情会破灭，婚姻会离异或不幸福。原生家庭之爱，是恋爱的基础条件。不爱家人的人，就没有爱人的能力。勉强行之，恋爱只是一段又一段的错爱。

被爱不只是被动的"接受"，不只是茶来伸手，饭来张口。原来，伸手的方式，张口的表情，就是所谓"接受的方式"。不管对方用什么方式来"爱我"，我都可以主动地选择各种不同的方式来"接受"对方的爱。原来，我采用的"被爱的方式"不同，就赋予对方的爱不同的价值。这种"让"对方先出招，然后"后发先至"的奇招，看似被动实则主动，看似接受实为给予。

其实，不管你有没有抉择被爱的方式，你都不只是因为接受而被爱，而是已经因为被爱而给予。只是你不知道在接受的同时，你给予了什么？以及你给予的东西，是让对方悔不当初还是欣喜若狂？最要命的是，你一直是如此漫不经心地挥霍别人对你的爱，你从小就习惯把别人的爱踩在脚底。

我们在原生家庭的初始生活经验中，享受着绝对的、单向的、无条件的"被爱"。从小到大，不管我们用什么方式来接受父母的爱，父母不论罹受多大的创伤，都仍不改初衷地爱我们。可是从亲子之爱，次而经验到手足之情、同窗之谊、朋友之爱与人情义理之时，我们"理当"发现"异状"。因为绝对的关系转化为相对的关系，无条件的给予变成有条件的给予。稍不留意，对方的爱就"死"给你看。

然而，有许多的人就是学不会，就是无法从生活中创造与累积生命的智慧。别人"缩手"了，他就只是一口咬定"你不爱我了"、"你变心了"、"你的爱经不起考验"、"你原本就不爱我"，从来不反省自己，从不知道自己用粗鄙拙劣的方式来被爱，是自己"打死"了对方。有些人条件很好、姻缘也不差，只要身边没人就有人抢着补位，所以就一辈子玩同样的游戏，折磨着一段又一段的感情与爱人同志。有些人条件不好、姻缘也差，所以干脆关起门来，独身自爱睥睨人生。

很多人都没搞清楚，父母子女的亲子之情挥霍不完，并不代表恋人之爱与夫妻之情同样挥霍不尽。大部分的人更没搞懂，在不同的情爱关联里，爱与被爱的比例不同，在某些关系中必须主动去爱，然后等着被接受！而在某些关系中，必须等着被爱，然后主动抉择被爱的方式来给予。打从一开始，对方就爱你较多，不代表他永远喜欢如此，反之亦然。所以，被爱的能力就更加重要。

你有能力被爱吗？回顾这一生的各种情爱关联，从为子女到为人父母，试问：你都如何来被爱呢？你的被爱只是被动地接受，还是已经进化为主动接受性地给予呢？评鉴的标准

part 20

在于"谦恭"。谦卑的心恭敬的行为,对待谁呢?当然是对"爱你"的人。"爱"与"权力"这两样不是东西的东西,一直横亘在恋人与夫妻的眼前。趾高气昂地去"爱"人吗?错,是趾高气昂地去"施舍"予人。爱一个人,一定是把他捧在掌心中呵护,像神般敬畏,像花朵般爱怜。气焰凌人、蛮横粗暴,绝非爱人之人。因为爱所以怜惜,所以被爱的人反而容易趾高气昂。

气焰凌人、蛮横粗暴之辈,竟然大都是被爱之人。被爱的人被捧在权力的上位,所以很容易就迷失了自己。他们总因为"得之容易"而"掉以轻心";总因为"不劳而获"而"不知珍惜";总因为对方无尽的爱,而不知担心会得不到或失去了爱;总因为习惯被爱,而忘了也必须去爱;总因为被爱时气焰高涨,以至于爱人之时威猛如狂;总因为嚣张跋扈,以至于动辄生怒,而轻率的口出恶言,甚或以恶形恫赫,毁情灭爱在所不惜!自己却忘了自己一直在"接受"对方的爱。

真爱是绝对的、无条件的、单向的,绝不因为被爱的方式粗鄙就掉头而去。当对方一直接受你的爱,却又以粗暴的方式来被爱而不知珍惜时,爱人的人就陷入恒久的苦痛。可是不论再苦再痛,爱人的人还是会继续爱人。所以被爱之人反而容易口出狂言:"受不了就走嘛!我又没有拉你!"、"不必委屈啊!不必忍耐呀!何必呢?没人要你这么可怜吧!""怎么了,我对不起你吗?我就是这个脾气!受得了,算你倒霉。受不了,随便你爱怎么办就怎么办!"、"我可没要求过你,你要怎么随你。我高兴怎样就怎样,我从来不后悔。告诉你,我还嫌烦!"、"滚!""你不走,我走!"被爱的人老是忘了自己从头到尾一直都在"接受"对方的爱,可却一边被爱,一边又辱骂或践踏这份爱。

对方愈是爱你,被爱的人就愈容易掉入权力的陷阱。如果觉察自己处于被爱的情境,千万要仔细地叮咛自己——谦卑的心与恭敬的行为。主动压制权力的制约,主动表达谦恭的态度,主动抉择有效的被爱方式,甚至主动地找机会去"爱"对方,才能让这份上天厚赐的真情美爱相伴一生。否则的话,虽说真爱不灭,如果被爱的人一再侵袭禁忌之地,真爱亦将消殒殆尽。

什么是真爱的禁忌呢?第一个是:动辄生气。轻易就动怒,莫名就生气,无理也一直取闹,有理更是不饶人。自己犯错,不准对方生气,不准对方犯任何错,否则挟带恶念、恶言、恶形的怒气,排山倒海地惩罚万恶不赦之徒。第二个是:侮辱人格。用眼神、用嘴角、用不屑的表情、用羞辱的态度、用污秽的言语、用唾弃和破坏的行动,毫不避讳地明目张胆地、张牙舞爪地、一而再再而三地侮辱对方的人格。第三个是:暴力暴行。动辄摔门、掀桌、砸东西,动辄打对方或打自己。第四个是:作贱自己。这让爱你的人,从头冰寒到脚底,因为你毁了过去、毁了现在、毁了未来,因为你毁了双方一切的信诺与努力。第五个是:以死相逼。动辄自伤、自残、自虐、自杀,动辄以寻死的方式来表达自己的伤悲、愤怒或意志。任何真情挚爱都会在这五大禁忌面前灭绝,任何海誓山盟都必须在这五大禁忌跟前碎为尘粉。

什么是被爱的能力呢?你没有"接受",对方就不可能"爱你"。你既然接受对方的爱,为何又摧残这份情爱呢?有些人说:"没有啊!我只是不知道该怎么办?我就是控制不了自己呀!"没有被爱的能力,却有人爱他,他却也"接受"对方的爱,这到底是"错爱"?"错被爱"?还是"孽缘"呢?事实上,学习与发展被爱的能力,明白地告诫自己:真爱相逢时,被人百般宠爱时,已经接受对方的百般宠爱之后,自己绝对不可"任性妄行"。自己一定要谦恭以对,一定要选择最好的被爱方式,一定要主动地去爱对方,一定要珍惜真情挚爱,一定要控制自己的脾气,一定要控制自己的行为,一定要感恩惜福虔心爱怜。这样的自我要求,这样的自我训练,这样的自我成长,就是在涵养被爱的能力。

爱情的考验

part 21

如果两个人都已经拥有爱与被爱的能力，爱情还有什么考验呢？第一个是心爱与性爱，第二个是爱与被爱的动机，第三个是爱与被爱的情绪。每一个考验都像大山一样盘踞眼前。没有爬过去就只能停留在原地，原地踏步的爱情就会自然冷淡稀薄而消逝无踪。如何面对这三大考验呢？第一重要是知识，学习知识才能涵养智慧。第二重要是实践，只有不断地激励自己、要求自己，才能在生活的困顿中，享受真情挚爱的考验与奖赏。

第一节　心爱与性爱

心爱是情，性爱是欲。情欲相连，爱情就炽烈如火、浓腻不舍。情欲分离，爱情就沉浮欲海、随性寻欢。心爱之情不进则退，性爱之欲只进不退。爱恋之人，寻欢之辈；真情假意，心性互见。谈恋爱是谈心还是玩性呢？心性相生又如何取舍呢？没有心的性爱是什么？没有性的心爱又是什么呢？婚前与婚后的性行为，又有什么区别呢？

一、心爱

爱一个人，就是把他摆到心坎儿里，时刻都会想到他，做什么事都会顾着他。疼他、惜他、爱他，为他设想打点一切，为他设想打理自己。就在惊觉自己的渺小，而崇敬对方的伟大时；就在惊觉自己的平凡，而敬仰对方的奇妙时；就在惊觉自己的孤单，而沉醉在对方的温柔时；就在放下自己傲慢，而曲意讨好对方的欢喜时；就在放下自己所有的知见，而处处附和对方的心意时；就在舍弃自己生命的价值，时时刻刻都只想成全对方的想望时；就在不思不想不吃不睡间，就在思他想他吃他睡他间，我已经把他摆到心坎儿里。心爱是情，情牵梦回不能自己。

心爱，就是为了对方，而改变了自己生活的形式，改变了价值观的关连，改变了自己对自己的看法。心爱，就是把对方捧在自己掌心，为他而喜、为他而忧、为他而苦、为他而狂。心爱，就是看着他、摸着他、搂着他、抱着他，就是每天愈来愈爱他、愈关心他、愈依赖他、愈顺从他，而且言行举止还愈来愈像他。心爱，就是把灵魂交给对方，随便他捏，随便他水煎火熬。心爱的难处，就像爬一把滑溜的天梯，双手要用力攀住才能往上爬，只要稍一松了手，整个人就会溜下去，溜离天堂，溜回人间。心爱不进则退，进之时甘甜鲜美，退之时苦涩悲愁。

二、性爱

心爱之情的高下深浅，要看两个恋人的知识、智慧、教养、才气与胸襟。性爱之欲的爆裂与缠绵，却只要一个男人和女人（或者两个男人或两个女人）性器官的成熟，保证性能力的拥有；性心理的成熟，就像战鼓般，鼓舞着性行为的尝试。谈恋爱的时候，有的人是起心动爱，有的人是起性求爱。起心动爱的人，心爱在前性爱随后；起性求爱的人，求爱在前性爱随侧。

起心动爱之处，爱意滋生、爱苗渐长，心念细细密密地滋生，爱意深深浅浅的溢流，两个人有较长的时间互相了解与选择，就算起了性动了欲，也还有个初心本意可以追循。起性求爱之人，则是起了色心动了性欲，所以才有求爱的狂烈行动。求爱是目的行为，为了"求"到爱，不择手段，不肯罢休。目的是什么呢？是得到对方的爱。得到对方的爱又拿来做何用呢？拿来做爱之用，拿来满足色想与性欲之用。自己当然可以分辨自己到底居何心思。问题是，没人会老实讲，没人问得出端倪。

问题是有了性爱，不一定会有心爱；有了心爱，却一定会连结着性爱。求到性爱之后，当然不会轻易罢手，为了维护长期的性爱关系，可能会出现真的心爱，也可能出现假的心爱，当然地可能继续求爱——每当性爱的关系出现问题，就出现短期的狂烈求爱。

问题在起心动爱的恋侣，也会开始牵手、拉肩、搂腰、亲吻、拥抱、拥吻、抚胸、摸腿、玩弄性器官与做爱，而且一搭上手，起了性动了欲，心爱之情较会被替代而遏止。起心动爱会被起性求爱所替代，心爱的融合转换成性爱的探索历程，而且只进不退。上次约会亲了嘴，这次约会不可能不亲吻，下次约会不可能不拥吻。就这么勇猛直前，朝着上床做爱的关口猛攻直打。婚前性行为，在避孕技术的普及下，就变成不是问题的问题了。

　　当代的文化中，结婚已和性行为无关，性行为也与生殖无关。那么性行为和什么有关连？对爱情又有什么影响呢？一般的性行为只与两情相悦有关，夫妻间若常生嫌隙，当然就常常做不了爱，然后再增嫌隙。爱情呢？性爱当然可以帮心爱加分，难处在于如何控制双方或单方，不因纵情性爱而冷淡了心爱。性爱的狂热会自然生出嫌隙与不快，但是在以男性为中心的性爱文化中，女性常会成为一段恋爱一段性爱中的祭品。男性容易流为以征服多少女人做爱为荣，女性则于一段段挫败的恋爱中，转变成用身体与性来交换情爱。"既然给了上一个男人，为什么不能给这一个男人呢？"、"既然给了那么多个男人，这个身体又有什么好珍惜呢？"

　　男女两性的性关系中，女性才是性爱的王者。可是，以男性为主的性文化，却把女性设计为性爱与性行为的弱者，甚至成为男人的性工具。男性勃起快速，但是性高潮连结着射精，让男性的性兴奋重新归零。归零后重新勃起坚硬的时间，则视年龄而递减（体能愈差时间愈长）。男性所经历的性心理与性生理，每次都从零开始无法累增。女性却刚好相反，女性性生理的激发历程较慢，但是性高潮却能一波一波地相叠与相加乘，只要男性不停止抽动，女性的性心理和性生理可以累增，而且没有止境与界限。男性的性兴奋集中在性器官，身体其他部位只在射精时一阵痉挛酸麻，然后就松软无力需要休息。女性的性兴奋，却从性器官直冲脑门，又扩及整个身躯，快感传遍周身上下里外每一个细胞，整个身体会忽冷忽热，时而透明失去感官知觉，时而波涛汹涌侵袭全身里外。

　　60分钟以上长时间做爱，可以持续激发女性的性生理与性心理，有效活化全身每一个细胞，让女性获得完满的自足感。但是男性无法体验这个境界，卸褪对方衣服、性器官侵入对方体内，这种征服感和拥有感，似乎成为性心理最大的酬偿。而性行为的后效，几乎只有——疲劳、入睡与酣声，所以，女性是性关系中的王者。可是在我们的文化中，女性却被教育成性关系的弱者，男性却被塑造成性关系中的强者。此所以，男性常以性行为来示爱，或者变成惩罚女性的工具。其实，只有女性才有能力，操控性行为的次数与时间，男性根本无法望其项背。

两性平等的性爱关系，女性优势的性行为模式，将有效地创造男女两性更健康的性爱。两性的性教育，就此显得非常重要，尤其是女性优势主义的性关系抬头，更能直接促成两性平等的性爱关系。在恋爱之中，女性的身体常成为求爱的祭品，而重创终身之婚姻与家庭的幸福感。两性平等的性爱关系，女性优势的性行为模式，将有效地创造男女两性更健康的性爱关系，并让女性主动积极地享受性爱，而不再被男性用性爱来欺凌侮辱。它将为爱情与婚姻加分，否则就会两个都扣分，严重地扣分。

第二节　爱与被爱的动机

爱的动机启动爱的能力，爱的情绪释放爱的能力。爱与被爱的能力，应该在原生家庭中训练。童年期至青春期这段生涯发展历程，若爱与被爱的能力，未能在原生家庭中训练成功。青春期时，爱的动机将引爆爱的情绪，被（求）爱的情绪也将引燃被爱的的动机。爱与被爱的动机互相牵引，爱与被爱的情绪互相纠缠，爱与被爱的能力不是带来幸福就是带来苦难。

一、爱的动机

突然间就开始喜欢一个人，爱的动机启动爱的能力之后，方才觉察自己偷偷地想他；方才觉察自己在人群中偷偷地看他；方才觉察自己痴痴地傻笑；方才觉察自己在人群中傻傻地张望；方才觉察自己关心他的一切；方才觉察自己想参与他的一切；方才觉察自己想成为他的一切。爱的动机帮对方"解码"，让对方看起来千娇百媚。爱的情绪帮助自己"解码"，让自己看起来艳光四射。

天人惊艳、目眩神摇、情迷意乱、魂销魄散，想要去爱一个人的心思意念，从痴心妄想到告白、示爱，从单恋、求爱到相恋被爱，是一个既漫长且又短暂的过程。是机缘凑合呢？或是能力不足呢？有的人卡在"恋"爱的动机与情绪，有的人卡在"求"爱的动机与情绪。卡在"恋"爱的人，一心迷恋，满脑子都是对方的身影容颜，满肚子都是对方的爱欲好恶。他的爱，只停留在"恋"的动机与情绪状态之中。他享受那种动机与情绪的自体状态，他不必去靠近或触碰对方，就能乐此不疲欢喜度日。"求"爱之人可就不一样了，求得到当然欢天喜地。求不到呢？靠了过去，表了白，示了爱，对方都不接受。这时候，如何灭了心头爱火呢？或者，拼死不退，燃油添柴愈烧愈旺而百般纠缠呢？

"求"爱，让人心焦如焚，让人形容枯槁，让人行止倒错而无以自止。初心是情本心是爱，求之又求，求之不可得，得而复失，失而复得，失失得得，让"求爱"只剩个"求"字而没了"爱"字。"求的人"混浊了初心，"被求的人"鲁钝了本意。为爱而求，到最后变成为求而爱，以及为了求得被爱而求爱。

求，让人尊严扫地，让人自信瓦解，让一个人觉得自己蝼蚁不值。求，也让人英气冲天，让人行动力坚强，让一个人觉得自己恢弘大度。求爱，就让人在这两种心身状态间，不可自制地转换，而令人时喜时悲，时而欢时而愁，某些时候自信坚定，某些时候错乱迷离。求爱的人，最可怕的不是对方，而是自己，另外一个叫自己不要再"求"的自己。到底求或不求呢？求几次后就别再求呢？或者再求最后一次好吗？为什么每次都是最后一次呢？绝对是最后一次吗？求，就得掉入那两个漩涡中；不求呢？难道我的爱是假的？真爱在哪里呢？我是这么容易受挫的人吗？如果不再求了，是不是我很寡情呢？如果不再求了，以前的"求"，岂不一点意义都没有了？可是，再求下去，我又算什么呢？我怎么对得起自己呢？

求爱有两个层次，第一个层次是："求对方接受我的给予，求你让我爱你"；第二个层次是："求对方反馈我的给予，求你爱我"。第一层次的求爱不成，我就只单恋于你，因为你不接受我的给予，我就不能自吹自擂说"我爱你！"。第一层次的求爱，是一种追求自我实现的历程，重点是"我要"，是"我爱你"的"我爱"。奇妙的是，这种自我实现的历程，却把脖子放在人家的手掌中。

第二层次的求爱，是在对方"已经"或一直"接受"我的"给予"的条件下。亦即，在对方已经接受我的爱的条件下，要求对方"爱我"。这下子问题就严重了，我拼命付出，你照单全收；却不表现出"爱我"的动机、情绪与行为。问题变成：你让我爱你，可是你却不爱我！求爱，是为了爱与被爱。求爱的结果，却变成爱而不被爱；或者被爱的质量、数量或程度比不上爱；或者被爱常处于不稳定状态，时有时无时多时少；或者被爱常处于威胁恫吓状态，一下子以"不爱"相逼，一下子以"不再被爱"相迫；或者任何芝麻绿豆小事，都可以扣减或威胁或毁灭爱与被爱的恒定状态。试问，你还能爱多久？

第二层次的求爱，是要求对方自我实现，来契合于我的自我实现。双方自我实现的标的，必须是互补的——我爱的是你，你爱的是我，相爱的是我们。所以，牵扯的问题，就不只是"我要"或"我不要"；而是"你要"或"你不要"。我们可以约束别人的行为，却没办法拘禁别人的意志。也没有人愿意对方是个没有行为能力的人，只能懦弱地、怯怯地、虚弱地爱你。或者，你教他怎样爱你，他就怎样爱你，像个泥娃娃随你捏随你爱！我们总是希望，对方是一个有高度自由意志的人，而且他抉择"爱我"。问题就在于对方的"自由意志"，他现在"爱我"没错，但等一下一言不合，他又会选择不爱我。我根本没有把握他爱不爱我，就算与我同浴共寝，谁能确认梦中人就是你呢？

第二层次的求爱，还剩下什么呢？只剩下"相信"和"让对方相信"。爱他，让对方相信我爱他，相信对方爱我，让对方相信我相信他爱我，让我自己相信我爱他，让他相信他爱我。爱与被爱不只是"求"，更难的是"相信"，以及"被相信"。所以，第一层次的求爱，关键点在于"被相信"。第二层次的求爱，关键点在于"相信"。

爱的动机，到底该停留在第一层次，还是第二个层次呢？完成了第一层次，又去追求第二个层次，是不是太贪心呢？只是，求到了，不是更完美吗？为什么不再求呢？求不到的时候，才退回第一个层次；只要能守住第一层次，日子就还过得下去吧！怕就只怕，第二层次没求到，第一层次也毁了！

有一些孩子，从小接受父母第一层次的求爱，并且向父母需索第二层次的求爱。他们向父母需索情爱，也接受父母的情爱，却从来不知向父母或向谁求爱。这些孩子长大成人之后，一辈子都要求别人爱他，他却不曾爱人。他们认为别人爱他，是天经地义的；别人替他做许多的事，而他闲在那儿是应该的。他们认为，别人本来就该把所有事准备好，他们不需要去为别人打点什么。他们只照顾自己，不但不照顾别人，还会要求别人照顾他们。这些人需要教育与再教育，学习或重新学习如何"爱人"。

二、被爱的动机

婴幼儿与童年时期，我们自然地接受父母主动地给予亲情之爱，自然地发生被爱的情绪。但是，当需求无法适时或完整地满足时，当父母之爱偶有疏漏，或者兄弟姊妹分享父母之爱时，被爱的动机就会诱发而出，伴随着需索被爱的情绪，像山洪一样爆发狂涨。

被爱，让人充满了自信，让人容光焕发，让人抬头挺胸，让人觉得世界是多么美好。让人觉得生活是多么舒畅，让人觉得生命是多么珍贵。被爱，让一个人拥有至高无上的尊严，拥有至高无上的权柄，拥有至高无瑕的深情，拥有世上的一切。被爱,最重要的效益是,让人对自己极度地满意,满意自己生命的价值,满意自己生活的惬意,满意自己被人尊荣怜爱的感觉。

被爱所涵养的,是生命中最原始、最初级的快乐——我的需求被满足。被爱的人,所享受的快乐是被动的,而一直处于被爱状态下的人,他会习惯于被动性地快乐,而不会自己去追求主动性的快乐。所以,当他觉察自己不快乐的时候,不是自己去寻求快乐。而是埋怨为什么没人爱我,那些原本爱我的人怎么了?他们怎么可以不爱我?没人爱我了,我好可怜啊!我该怎么办呢?于是出现偏差行为,甚至出现病态行为——自伤、自残或自杀。

有些人,终身都在追求"被爱"。他们跟一般人相同,追求知性与感性的人生,追求卓越的成就与幸福的人生。可是,他的路径是被爱,终极的目标也是被爱。他一辈子所做的各种努力都是在做准备,准备一个更好的自己,然后"等"着被爱。被谁爱呢?从被父母所爱,被师长所爱,被兄姊所爱,被同学所爱,被长官所爱,被同事所爱。他只能从被爱的历程中,得到幸福感。爱别人,并无法让他得到幸福感。就算被迫非去爱别人不可,骨子里要的却还是被爱。这辈子,他就这么一件功课——让自己相信有人爱我。

被爱分成三种,一种是"等"来的(简称A),一种是"求"来的(简称B),一种是"被强迫"的(简称C)。A:时有时无,完全不受自己控制,所以日子里悲喜交迭判若两人。最大的特色就是"等",一直等,总是在等,他的日子就只有一件事——等别人爱他。B:则全力追求,他不等,他主动去"求",求人爱他。在生活的每一个场域里,他都要求或请求别人爱他,他要求别人"给",自己却不"给"。他想尽办法"接受"别人的爱,别人给的好处;却没人能够"接受"他的爱,因为他从不给别人好处。C:则老是被强迫必须接受别人的爱。爱的、给的不一定是他要的,但是他必须满脸欢颜、照单全收。他一辈子总遇到同一件事,就是在不同的生涯发展阶段,总是会有人强迫他接受某人的爱。他一辈子不必"等"、不必"求",就一直不停地"被爱",而且强迫他不能不被爱。

如果没有幸福感,被人爱根本就毫无意义可言。A、B、C三种被爱,又依被爱的内容是否符合我的需求,以及被爱的方式是否为我所喜爱,又各被分成四大类如下(表21-1):

表21-1 被爱的四大类型

		被爱的内容	
		符合我的需求	不符我的需求
被爱的方式	为我喜爱	A1B1C1	A3B3C3
	不为我喜爱	A2B2C2	A4B4C4

第一类(A1B1C1):是被爱的内容符合我的需求,被爱的方式也为我所喜爱。所以不管是等到的、求到的或被强迫的,都能滋生强大浓烈的幸福感。第二类(A2B2C2):是被爱的内容符合我的需求,被爱的方式却不为我所喜爱。所以不管是等到的、求到的或是被强迫的,都令人悲喜"交替"而苦乐莫名,时而幸福洋溢又时而哀凄苦闷。第三类(A3B3C3):是被爱的方式为我所喜爱,可是被爱的内容却完全不符我的需求。所以苦中有乐、乐中有苦,幸福的人生和悲惨的岁月融合

一起。就像面对着一杯奶茶，你没法子分出哪个是奶？哪个是茶？第四类（A4B4C4）：是被爱的内容不符我的需求，被爱的方式更是不为我所喜爱。这时候不管是等来的、求来的或是被强迫的，都绝对不会有幸福感。被爱变成一种折磨、一种苦痛，被爱变成一生的罪孽，变成一辈子的灾难。

三、爱与被爱动机的发展

起心动念之处，是爱还是被爱呢？哪个比较好呢？爱还得对方愿意接受，被爱还得对方愿意给予。爱是被接受，被爱才是给予；而且，爱的价值，由被爱的方式决定。所以，爱与被爱动机的发展，会发展出四种不同能力的个体，如下表（表21-2）：

表21-2　爱与被爱所发展的四种个体

		爱的动机	
		○	×
被爱的动机	○	1	3
	×	2	4

第1种人：同时具备爱与被爱的动机，所以只要具足爱与被爱的能力，他就能从爱人的过程得到幸福感，也能从被爱的历程得到幸福感。这种人左右逢源、福慧双全。就算万一爱而不可得，也可以由被爱而萌生的幸福感来救援，反之亦然。

第2种人，具足爱的动机，所以爱人的时候，就可以获得幸福感。因为没有被爱的动机，所以身边不管有多少人爱他，不管多么地爱他，他都毫无幸福感可言。想得到幸福感，就得不断地去爱。这个对象爱完了，爱不下去了，或者爱已经消失了，就得再去找下一个对象来爱。爱之不可得，就会苦不堪言。爱到了，却又怕失去，怕失去又真的失去，他就会痛不欲生。就这当下，不管他身边有多少人爱他都没用，他还是会苦不堪言，甚或痛不欲生。除非，他再找到新对象，去爱他，去成功的爱他。这样子的人日子很苦，当爱不下去了，没人可爱了，不想再爱了的时候，他就只有劳苦一生了。

第3种人：具足被爱的动机，却没有爱人的动机。所以生活里只剩下等着被爱、求着被爱，就算是强迫着被爱也在所不惜。到最后是，只要有人爱我就好，只要有被爱的感觉就好！到最后竟然会变成，"谁"来爱我并不重要，"爱的内容"也不重要，"爱的方式"更不重要，只有我"被爱"这才重要。因此，有人会随便嫁，有人会随便娶等，都是放弃了爱，只要被爱就好！这种人等死了还等不到人爱，或者求死了也求不到人爱之时，他只会怨天不怜、怨人不爱然后痛苦欲绝，却绝对不会主动去爱人。他一辈子都在"等待"幸福，"求"幸福，或者"被强迫"着幸福！

第4种人：没有爱的动机，也没有被爱的动机，他的生活里没有爱。他不去爱人，也不愿意被爱。他不关心不照顾别人，也不接受别人的关心与照顾。独居的人容易如此，家居的人更因此而陷落权力体系中而不可自拔。他严谨行事、严苛待人，他不会无理取闹但会得理不饶人。任何人对他好都是白费心神，因为他不但不感激还嫌你多事。任何人也不可以要求他的爱，因为他认为你无聊并且可笑！他就只生活在权力系统里，汲汲营营于顺从或抗争权力系统。

以上的讨论都假设：有动机，就有能力，就能实现动机。事实上，爱与被爱的能力与动机，发展如表21-3。

表21-3 爱与被爱能力的发展

		爱与被爱的能力	
		有	无
爱与被爱的动机	有	1	3
	无	2	4

第1种人：有爱与被爱的能力也有爱与被爱的动机，这就如上文论述一般。

第2种人：有爱与被爱的能力，却没有爱与被爱的动机。这样子的人非常自恋，他不去爱人也不让人爱，他不觉得自己委屈也不说别人不好，他坦坦荡荡地过着他所选择的日子，倒也没啥分别心或差别意。他很清楚自己是有所不为，而不是不能为、不可为或不想为，所以对自己或别人都没有怨言。他自信心强，感情变易性不大，安闲自适极具安全感。

第3种人：有爱与被爱的动机，却没有爱与被爱的能力，以致于想爱而没能力爱，想被爱而没有能力被爱。因此，心生挫败认知失调，陷入极为恐怖的心理危机之中。这种人没有自信心，感情变易性大，心思浮躁神情不稳定，人格脆弱很容易受伤。他没有安全感，觉得什么事都做不好，觉得他已经尽全力了，可是力不从心，天不从人意，日子里只有失败、挫败、萎缩和精神疾病。

第4种人：没有爱与被爱的能力，也没有爱与被爱的动机。他不爱人也自知没有能力爱人，他没人爱也自知没能力被爱。他的生活绝对不会出现"幸福感"三个字，他为了不幸福而深深地自卑与自我谴责。他知道一切都是自己的错，他怪自己而不会怪别人，他惩罚自己而不会去伤害别人。他放弃爱与被爱，不再希冀爱与被爱，不再向任何人索求爱与被爱，因为他知道自己没能力，自己不配。他很脆弱且生活萎靡，他没有自信且生活懒散，他没有安全感且人际关系浅薄，强拉他出去，一放手他就会又缩了回来。

Part 22 爱情的誓言

谈恋爱的人，祈盼的就是长相厮守，希望时间能够永远地停留在这美好的时刻。海誓山盟的目的，就是要相约相守——不论遇到什么危机或挫折，双方都能坚持初心热爱：誓不相离。问题是失恋的人为什么那么多？问题是为什么有那么多人离婚？爱情的誓言为什么会破灭呢？

第一节 爱与被爱的情绪

爱与被爱的过程中，会萌生与表出许多的情绪，而这些情绪有深度的正向情绪，也有深度的负向情绪。深度的正向情绪，一直是爱情誓言的守护神。深度的负向情绪，却往往成为毁灭爱情誓言的死神。

一、生气

爱情誓言的第一号杀手就是：生气。在爱情的两人世界里，比较爱对方的人，就比较不会生气。不是没有气、不会气,而是能够克制自己不能生气、不可以生气、舍不得对他生气。但是爱得较少的那个人,通常是那个被爱较多的男人或女人,他就会胡乱生气。他几乎不去管理自己的情绪,动不动就生气,任何时间地点都可以生气。不分大小情事、不分轻重缓急、不分是非黑白、毫不克制地生大气。生气的人,不会因此而不爱对方,反而振振有词地说:"如果不喜爱你、不关心你、不在乎你的话,我干嘛和你生气!"更何况"生完了气,我还是一样爱你呀!"

殊不知,生气所伤害的,不是你自己,而是对方对你的爱。我爱你有多深,我就在自己眼前为你挖一个多深的地洞,你骂我的每一句话、每一句咆哮、每一句不堪入耳的侮辱,都被丢到地洞掩埋。随着日以继夜的谩骂,地洞慢慢地被填满。说也奇怪,我对你的爱,也随着地洞变小而愈来愈淡薄。不过,比较爱对方的人,眼看着地洞填高了,都会主动地把地洞挖深,比如说:送东西、外出度假旅游等。但是,有时候在挖洞的工程,硬是比不上填洞的嚣张气焰。所以不但洞填平了,还在洞的上方出现愈来愈高的垃圾山。什么是垃圾山呢?就是恨和怨。

这时候,那个人还在生气前、生气中、生气后,嚷嚷着"我爱你",因为他眼前那个"我爱你的地洞"仍然毫发无伤。却不知道,他已经填满对方那个"我爱你的地洞"。对方如果含恨带怒地走人,还会被他责为"负心人,是不是有外遇,海誓山盟都是假的!"对方如果还没走呢?他就会开始掘垃圾山,来填你"我爱你的地洞"了。最后只有一条路,离不离异是一回事,但两人一定争吵终日——要生气大家一起来,谁怕谁?

相爱，却互相折磨对方，就是用这个法宝——生气。一个七十几岁的老太太在治疗室，对着八十几岁的老公公说："我知道了，只要哪一天不生气、不吵架，那一天就是最好的日子，那就是对我们两个人最好的一件事！"同居的恋人和夫妻的爱，却会被两人的权力系统所支配，比较爱的人，会赋予对方较高的权力位阶。一方是：爱＞权力；另一方却是：权力＞爱。权力上位的被爱者，如果不知珍惜这份情爱，权力终究会被扳平而变成对峙的局面。如果双方一直没有分离，不管为了孩子还是面子，相爱只是折磨，誓言只是毒咒。

生气不是因为对方犯错，不是因为自己怒火难消，而是"吃定了"对方不敢生气，而是"吃定了"就算决裂也在所不惜！生气的问题在于，一个"敢"一个"不敢"。敢的人一定要学会用心思量，你之所以敢，是因为对方的不敢。对方的不敢，是因为"他爱你"，他爱你所以不敢伤害你，你爱他却敢伤害他，试问"天良何在？"生气、谩骂、辱骂、横眉竖眼、脸红脖子粗、转头翻身、摔门砸东西、转头就走、嘶吼狂叫、打人踢人、甚至以死相逼，这样一路走来三两天就玩一次，甚至日日争吵。你可知道，你的每句话，都重若千斤，都一而再再而三地摧毁对方对你的爱！你可知道，对方边为你挖洞，边看着厉声怒斥而张牙舞爪的你，看着你又是沙土飞扬往他身上砸过去……他挖洞的手会变软，软得没力气拿住圆锹，软得没能力再为你做任何事。

对方不是不爱你了，而是再也无法忍受那种确定与不确定感。确定感是：确定你随时会因为任何芝麻小事，侮辱他的自尊和人格；他确定你"爱"他，但也随时会诋毁他、践踏他、蹂躏他；他确定你"不尊重"他。不确定感是：不确定下一秒或下一分钟或下一句话或下一件事,你会不会突然开始生气?而且是一发不可收拾,不管前一时刻可能还在温存,不管下一时刻是否在重要的公开场合里。

那种随时会被攻击的"不安全感",那种随时必须承受被大呼小叫的"胁迫感",那种随时都得任人宰割的"无力感",那种……。尤其是那种不安全感,那种人类最深层的恐惧——不安全感,会把一个人逼疯,逼到他没能力爱人,逼到他瘫痪而没有能力做任何事。所以不是对方不爱你了,而是对方被你折腾得只剩一口气,只因为爱你,所以还活着。如果你真的爱对方,一定要开始学习控制脾气,控制发脾气的时间、地点、方式与久暂,最重要的是——不要再对他发脾气了。

二、悲伤

爱情誓言的第二号杀手就是:悲伤。在爱情的两人世界里,比较不成熟的人,就会时常悲伤甚至哭泣。两人相爱之后,我们会估量对方有多爱我,然后在自己身后挖一个一样深的洞。每一次的悲伤与哭泣,都会倾倒到那个"你爱我的地洞"把它填起来。一次又一次的伤悲,一夜又一夜的哭泣,终有一天会把地洞填满,然后你就会知道:他不爱我了!地洞还会填出垃圾山,那时你就会知道:他不但不爱我,而且看不起我、憎恨我!

为什么悲伤会这般严重地伤害自己,伤害自己对别人的信任呢?因为你不够成熟,所以脑子里经常胡思乱想,不是"卡"在三个时相(过去、现在、未来)里,就是卡在自己的自卑中。老是想到过去:过去他会那样,谁能保证现在他会不会也那样?如果不能保证不会那样,现在干嘛要这样?常

part 22

常想到"未来":未来既然不能保证不会有意外、不会有差错、不会有……,那现在这个样子又有什么价值呢?总是想到"现在":现在我既然会乱想、会伤悲,就代表一定有哪里出错?现在我不能接受这样的我,就代表以后我也不可能接受那样的你。所以,现在如果是不好的,那又何必……!

不只是悲伤与哭泣,而是所有负向的情绪;所有的负向情绪,都来自于负向的动机念头。所有负向的动机念头,都来自于以自卑为核心的基本前题所完成的推论。认为自己不够漂亮,所以怀疑对方会喜欢任何比较漂亮的异性,就质疑对方所有行为的动机、企图和目的,然后引发大量的负向情绪反应。认为自己不够有能力,就会怀疑对方会喜欢任何比较有能力的异性,就质疑对方所有行为的动机、企图和目的,然后引发大量的负向情绪反应。因为自己不够成熟、不够坚定、不懂得爱与被爱,就把自己对身边异性所引发的杂思绮念,"投射"到对方身上去解释或臆测,对方会与身边的异性发生相类似的动机、情绪或行为,然后引发自己大量的负向情绪反应。

最可怕的是因为上述的负向情绪,所引发的"反向"行为。因为不能接受自己的伤悲,所以故意去想不该想的事,故意去说不该说的话,甚至故意去做不该做的事,而让自己陷入更深的伤悲、更深的冲突或更深的危机与险境中。最最可怕的是,以上的每一种负向情绪出现时,都会被自己归因到同一句话:他不爱我!他不爱我了!他不会再爱我了!

每一缕悲伤,每一滴泪水,都把自己的自卑包装成相对的不信任,然后启动自我防卫机制,生出许多的负向动机,再引出更多的负向情绪,最后再以"他不爱我"的归因,包扎成一颗大雪球,填入"他爱我的地洞"。垃圾山填起来之后,想的念头就变成：既然不爱我了，为什么~，难道是~，一定是~，我怎么这样可怜~，我怎么会~，他又何必~，他就是想对我~。一直到反目成仇时，有人离异，有人坚持不分手！沦落到这般田地时，爱情的誓言是守还是不守的好呢？

第二节 爱与被爱的承诺

"你爱我吗？"、"爱你，好爱你！"、"我也是，我真的好爱你！"、"不要离开我，答应我好吗？"、"我不会离开你，我会一辈子照顾你，永远爱你！"、"我好幸福，我好爱你！"、"谢谢你让我爱你，我的爱人！"、"谢谢你这么爱我，被你爱，是我这辈子最大的幸福！"以上这些话，就是爱与被爱的承诺。这些承诺，什么时候要守，什么时候不要守呢？

一、不守承诺

什么时候可以不守承诺毁灭誓言呢？人们一直很迷惑，答应了就永远不可以改变吗？如果环境变了、如果对方变了、如果我变了、如果一切都变了，难道还要守住承诺吗？有人还会问，如果对方一直没有改变、如果我根本就无从改变、如果整个环境硬是这么一成不变，还要守这誓约吗？

（一）对方的条件变差了

对方原先像颗红苹果，现在就像颗烂梨，就只因为誓言或婚约，我现在以及可预的未来，都必须死心塌地啃这颗烂梨吗？不管熟红漂亮的红苹果，为什么会变成烂梨，我都可以毫无歉意地离开吗？不管为的是什么原因，对方都该自己负责吗？就算我也得负责，就为了负责，我就必须啃一辈子的烂梨吗？这时候还守住承诺，是为了幸福？还是不幸福呢？

（二）自己的条件变好了

原先两人的水平是一样的，但是经年累月以来，我要的改变了，我要的更多了，我给的也改变了，我给的也更多了。可是对方倾其所有也无法满足我，我给对方的他却满溢一地。我仍然饥饿，他却已胀饱！我索求不得，对方却承受不了！这时候还守住承诺，是为了幸福？还是为了不幸福呢？

（三）环境改变了

环境的改变，逼得有些人必须变，逼得有些人必须不变，逼得两个人变的都不一样了！当两个人在一起，就得互相残杀的时候；当两个人在一起，就得互相欺凌的时候；当两个人在一起，就得互相欺骗的时候；当两个人在一起，就得互相责骂的时候；当两个人在一起，就得互相闪避的时候；当两个人在一起，就有人受到伤害的时候，这时候守住承诺，是为了幸福？还是为了不幸福呢？

（四）单方不变或变不了

有时候一切都变了，就是他不愿改变。他总是说："一切都很好，为什么你不满足？你以前不是也认为很好吗？"可是你知道，日子真的过不下去了！有时候一切都变了，就是自己变不了。自己觉得被捆绑、被拘禁，自己觉得应该改变，却发现连转圜的余地都没有。自己推不动自己，自己也拉不动自己，自己受不了自己，自己把自己骂到体无完肤，自己只想伤害自己。如果人事已全非，这时候守住承诺是为了幸福，还是不幸福呢？

（五）侵犯基本人权或施予暴力

当对方剥夺你的基本人权，限制你法定的自由，或将各种不同的暴力，强迫加诸于你的身上时，就是你该尽快离开的时候了！不管以后幸不幸福、不管有没有人会受伤、不管长辈支不支持、不管娘家怎么说、不管孩子有人照顾或没人管、不管面子挂不挂得住，也不管施暴者是否又跪地认错，又写悔过书，又出动亲友团，又买东西又送大礼，又自己槌打伤害自己，又以死相逼。你都必须尽速离开，你已经不需要再信守承诺，因为对方已毁了誓约，对方已经毁了一辈子所有的承诺。

（六）背叛

当对方又去爱别人，或者不断地去爱不同的人，或者已经爱完别人又回来了，或者正准备去爱别人。或许对方告诉你：原谅我，不要离开，我俩重新来过。或许对方告诉你：接纳这样的我，我并不想抛弃你，接纳我们，三个人住一起好吗？或许对方告诉你：让我走，放了我吧！签离婚协议书好吗？这时候的你，面临一个问题，就是当对方已经不守誓约时，你是否还有必要守住承诺呢？这时候也非关幸不幸福了，而是你必须抉择你还"要不要"这个男人或女人？"要"有要的做法，"不要"就有不要的做法。

（七）其他

其他，是最奇怪的理由。因为，可能是千奇百怪的理由，也可能没有理由。可能是有理由，自己却不知道；也可能真的没理由，自己却硬掰出一个理由来说服自己。反正，不管有没有理由，我都必须离开。反应只有一个理由，就是其他。当然还有一个最简单的其他，就是你自己变心了，背叛的人就是你。

二、信守承诺

探讨了不守承诺的原因之后，就知道守不守承诺的重点，并不在于是否拥有"守信"这个"美德"，或者"守法"这个现代公民的行为习惯。重点其实是在于守了承诺或者不守承诺之后，会变得幸福还是变得不幸福？会更幸福，当然要信守承诺；会更不幸福，当然不要信守承诺。想当初的海誓山盟，不就是为了让双方更幸福吗？原来，重点在于"初心"，而不在于誓言或婚约。如果两人相爱相守的日子里，不管遇到什么矛盾、冲突或挫败，都能共同守住初心，共同努力让下一个当下变得幸福，那就无关誓言与婚约了，不是吗？

未经许可，不得以任何方式复制或抄袭本书之部分或全部内容。
版权所有，侵权必究。

图书在版编目（CIP）数据

家庭心理学 / 林昆辉著．—北京：电子工业出版社，2014.9（2025.11重印）
ISBN 978-7-121-23608-2

Ⅰ.①家… Ⅱ.①林… Ⅲ.①家庭关系－社会心理学－通俗读物 Ⅳ.①C913.11-49

中国版本图书馆CIP数据核字（2014）第134135号

策划编辑：白　兰
责任编辑：张　轶
印　　刷：中国电影出版社印刷厂
装　　订：中国电影出版社印刷厂
出版发行：电子工业出版社
　　　　　北京市海淀区万寿路173信箱　邮编：100036
开　　本：710×1000　1/16　印张：20.75　字数：418千字
版　　次：2014年9月第1版
印　　次：2025年11月第20次印刷
定　　价：49.80元

凡所购买电子工业出版社图书有缺损问题，请向购买书店调换。若书店售缺，请与本社发行部联系，联系及邮购电话：（010）88254888，88258888。
质量投诉请发邮件至zlts@phei.com.cn，盗版侵权举报请发邮件至dbqq@phei.com.cn。
本书咨询电邮：bailan@phei.com.cn，咨询电话：（010）68250802。